“十三五”国家重点图书出版规划项目

国家出版基金项目

2018年度教育部人文社会科学研究规划
基金项目“晚清时期香港城市社会治理研究”
（项目批准号：18YJA770009）阶段性成果

国家出版基金项目
NATIONAL PUBLICATION FOUNDATION

"十三五"国家重点图书
出版规划项目

"港口—腹地与近代中国经济转型研究"丛书

吴松弟 樊如森 主编

晚清时期香港转口贸易研究

(1869—1911)

毛立坤 著

齊魯書社

图书在版编目(CIP)数据

晚清时期香港转口贸易研究:1869—1911 / 毛立坤著. --济南: 齐鲁书社, 2020.6
("港口—腹地与近代中国经济转型研究"丛书/吴松弟, 樊如森主编)
ISBN 978-7-5333-4317-0

Ⅰ.①晚… Ⅱ.①毛… Ⅲ.①转口贸易—贸易史—研究—香港—1869—1911 Ⅳ.①F752.865.8

中国版本图书馆 CIP 数据核字(2020)第 034242 号

策划编辑/赵发国
责任编辑/向 群 范丛丛
装帧设计/郭 觐 李 生

晚清时期香港转口贸易研究(1869—1911)
WANQING SHIQI XIANGGANG ZHUANKOU MAOYI YANJIU(1869—1911)
毛立坤 著

主管单位	山东出版传媒股份有限公司
出版发行	齊魯書社
社　　址	济南市英雄山路 189 号
邮　　编	250002
网　　址	www.qlss.com.cn
电子邮箱	qilupress@126.com
营销中心	(0531)82098521　82098519　82098517
印　　刷	山东新华印务有限公司
开　　本	710mm×1000mm　1/16
印　　张	18
插　　页	3
字　　数	294 千
版　　次	2020 年 6 月第 1 版
印　　次	2020 年 6 月第 1 次印刷
印　　数	1—1000
标准书号	ISBN 978-7-5333-4317-0
定　　价	76.00 元

总 序

近代是中国由传统社会向现代社会转型的时期，经济上的转型是其中的重要方面。尽管经历了艰难曲折的过程，而且近代经济的发育总体水平不高，但毕竟改变了中国几千年的传统经济面貌，成为后世发展的基础。

近代经济转型的动力，来自外来因素和本国内在因素的共同作用，空间上则表现为“港口—腹地”的双向互动作用。“港口”，指位于我国东部的大连、营口、丹东、天津、烟台、青岛、连云港、上海、宁波、福州、厦门、高雄、基隆、广州、香港等沿海主要港口城市，以及汉口、重庆等长江沿岸的主要港口城市。而且，它并非仅指承担客货运输任务的港口部门，而是包括港口部门和它所在的城市。广而推之，凡通过航空、铁路、公路等交通枢纽而成为一片较大区域的交通中心，均具有“港口”的作用，只不过人们常用“交通中心”“口岸”来代替“港口”一词而已。

“腹地”指位于港口城市背后的吞吐货物和集散旅客，以及大机场、铁路和公路交通中心所及的空间范围。在通常情况下，这一范围内的客货经由该港、机场和公路、铁路枢纽进出，在人和物的运输方面比较经济与便捷。港口城市的对内联系范围与海港、机场、公路和铁路的腹地范围空间上十分接近，因此，港口、机场、公路和铁路枢纽进出的腹地范围几乎都可视为港口所在城市的腹地范围。

我国是一个幅员辽阔的大国，河流多自西向东流，注入大海，在现代交通兴起以前，东西向的河谷往往又成为新式交通发达之区。近代外来的先进生产力在沿海口岸登陆，之后再顺着东西向的水路或陆路往西拓展。在边疆地区，内陆口岸也扮演了沿海口岸的角色，只是影响力基本集中在边疆地区，受其影响的空间范围较小而已。来自沿海和沿边口岸往自己腹地的经济辐射，推动了腹地经济变迁，改变了中国的交通格局、城市分布和区域经济差异，并促使新型经济区形成。

本人长期研究近代经济地理，所提出的“港口—腹地和中国现代化的空间进程”观点，已被学界认为是从空间角度分析近代经济不平衡发展的很好的解释，所指导的硕士、博士研究生一直是国内近代经济地理研究的主要力量。由我主编、戴鞍钢副主编，来自全国的25位学者联合撰写的九卷本《中国近代经济地理》，填补了近代经济地理研究的长期空白，一定程度上满足了学术界和各地政府的需要，2018年获上海市第十四届哲学社会科学优秀成果奖著作类一等奖，2020年获教育部第八届高等学校科学研究优秀成果奖（人文社会科学）一等奖。这次出版的“港口—腹地与近代中国经济转型研究”丛书，抓住经济转型这一重大课题，从空间角度深入论述区域经济变迁的过程，具有重要的学术价值，获得了学术界和出版界的广泛认可，被列入“十三五”国家重点图书出版规划并获得国家出版基金资助。

本丛书的九位作者中，樊如森、方书生、张永帅三人都是九卷本《中国近代经济地理》的作者，陈为忠、张珊珊、徐智、毛立坤、王哲、杨敬敏等人在区域、城市、贸易等方面都发表了有影响的学术论文。各位作者在自己博士学位论文的基础上加以时空拓展，以全面展现一批主要港口城市及其经济腹地，描绘近代时期所发生的宏大经济变迁画卷。本丛书的出版，不仅可以进一步丰富近代中国历史地理研究的学术成果，也能为中国今天的经济建设实践提供扎实的实证基础和智力支持。值此丛书出版之际，谨对齐鲁书社的大力支持表示衷心的感谢！欢迎读者对本丛书提出宝贵的修改意见。

吴松弟

草于2020年4月5日

目 录

绪 论

一、香港转口贸易兴起的历史背景

香港地处珠江口东侧，南海之滨，距广州市中心约140公里。域内群山相连，岗峦起伏，三面环海，是和巴西里约热内卢、美国旧金山齐名的世界三大天然良港之一。香港地区包括香港岛（含邻近小岛）、九龙（九龙半岛界限街以南部分）和“新界”（包括界限街以北、深圳河以南的大片土地和大屿山等200多个离岛）三大部分，全境面积1104平方公里。香港古称香江、香海，明万历年间因转运东莞所产香木始有香港一称。香港自古以来就是中国的固有领土，很早就有居民在这里进行渔猎和采集活动，在清代隶属于广东省新安县。但近代以来，香港地区先后分三次被割让或租借给英国，成为英国人统治下的自由港，港英当局对进出口贸易的管理极为灵活宽松，香港遂被纳入了近代资本主义殖民地经济的发展轨道。①

19世纪最后30年，第二次工业革命以前所未有的深度和广度改变了人类社会生活的面貌，继而给东西方之间的贸易带来革命性的转变。首先是钢、镍、铝等以往比较稀有贵重的金属材料大批量地用于工业生产，显著扩大了工业生产的规模。接着便是电力作为一种新的能源，在提供光、热、动力等方面获得广泛运用。化学工业尤其是石油工业的兴起，使美、

---

① 张晓辉：《香港近代经济史（1840—1949）》，广东人民出版社2001年版，第1页。朱大仁主编：《分省中国地图集》，中国地图出版社2003年版，第131页。

德两国作为新兴强国崛起在世界舞台上。而医药、卫生、营养诸领域的各项创新，则为大量新产品涌入市场创造了条件。如巴氏灭菌原理的广泛应用，使消毒牛奶和食品罐头的长途运输成为可能。与这些技术革新相配套的是铁路干线系统逐步建成、大吨位汽船应用于远洋航海，以及冷藏技术的日趋完善等。① 所有这些科技进步与交通条件的改善相叠加，为东西方贸易向更广的领域深入推进创造了条件，全球经济一体化初露端倪，而晚清时期的中外贸易就是在这样一种变局中兴起的。

自《南京条约》规定以五口通商取代原先广州一口贸易的格局，到《天津条约》规定继续增开口岸对外通商之后，中国对外贸易的空间格局发生了很大变化，全国对外贸易枢纽由广州逐渐北移至上海，并次第兴起了一批区域性外贸中心口岸。其中，上海在全国对外贸易领域居于头等重要的地位，而其他口岸的贸易额均相形见绌。在中国沿海地区唯一能与上海争雄的口岸只有香港，香港不仅是面向中国沿海地区的贸易中转站，其转口贸易的辐射范围还远及美洲、欧洲、印度、南洋、日本等地，故其重要性不亚于上海。这首先得益于中外贸易的兴起为受英国殖民统治的香港创造的历史机遇，其次也获益于香港优越的地理位置和英国殖民统治时期实行的自由港政策。就近代中国对外贸易的发展而言，上海和香港据有极其重要的地位，沪港两埠分别发挥着对北方及长江流域和华南及西南内陆地区的贸易转口功能。但沪港两埠所发挥的转口功能的持久性又有所不同，进入20世纪以后，北方重要口岸相继摆脱了对上海转口功能的依赖性，而华南和西南地区的口岸对香港转口功能的依赖性则一直很强，这就显示出沪港两埠作为南北两大贸易转口港的差异性。同时，中国现代化的空间进程也从上海、香港开始起步，先传导至有埠际贸易关系的各口岸城市，再深入到广大内陆地区。香港通过开展转口贸易，将中国沿海地区和西南地区纳入了世界贸易圈，促进了这些地区外向型经济的兴起。香港和

① ［英］杰弗里·巴勒克拉夫著，张广勇、张宇宏译：《当代史导论》，上海社会科学院出版社1996年版，第36～48页。

内地之间密切的转口贸易联系是香港得以迅速实现繁荣的关键因素。基于以上原因，我选择了香港面向主要沿海港口城市及西南内陆地区口岸的转口贸易作为研究主题。

二、本书选题的意义和学术史回顾

近十年来，吴松弟教授所领导的研究团队，从空间相互作用的角度切入研究主题，以港口城市与其腹地的经济互动关系及这种互动对中国现代化进程的影响为线索，对沿海、沿江地带的主要港口与腹地的经济关系进行了全面的研究，本书的选题也是围绕这一主题展开的。我所在的研究团队一致认为，在开埠通商以后的相当长时期里，中国与各国的贸易，主要是通过上海、香港两大港口城市中转进行的；在转口贸易不断发展的过程中，来自国外的先进生产力和西式文明也通过上海、香港的中转，次第送达与其存在埠际贸易关系的各口岸城市，再深入到广大内陆地区。上海、香港是中国现代化进程的两只领头羊，而转口贸易则是这两个城市和其他地区发生经济联系、继而产生重要影响的首要途径，所以研究香港面向中国其他地区开展的转口贸易具有重要的学术意义。

香港转口贸易，主要是指以香港为货物中转地，将外洋来货转往国内口岸，或将本国土货转往国外，此外还包括将一口岸运来的本国土货转往国内其他口岸，共计有这样三种转口类型。本书的研究还包含一种例外的情形，即香港本地产工业品的出口问题，特别是香港本地产精糖大量出口到东部沿海市场。虽然这不能算作严格意义上的转口贸易，但因精糖属香港对内地特别是对北方环渤海地区重要的贸易商品之一，故也将此类贸易纳入分析。

本书的题目定为《晚清时期香港转口贸易研究（1869—1911）》，是基于如下考虑。本书研究时段内的香港是英国殖民统治下的一个自由港，商船进出港都不收税，因此缺乏完整连续的贸易统计数据。本书中所运用的有关香港与中国沿海及内陆各口岸的贸易额统计数据，主要取自各贸易对象口岸的海关贸易统计和贸易报告。在1869年以前，中国海关的对外贸易统计制度还处在建立过程中，统计数据很不完整，不少口岸的统计数据都是缺失的，使用起来很不方便，所以只得以 1869 年作为研究的起始年份。1911 年清朝灭亡，故作为研究的终止年份。

到目前为止，专门以香港面向东部沿海地区和西南内陆地区开展的转口贸易为题进行研究的专著极为少见。以近代香港经济发展史和对外贸易发展史为研究对象的专著有两部，就是暨南大学张晓辉教授的《香港近代经济史（1840—1949）》和《香港与近代中国对外贸易》。① 张晓辉教授的研究广泛利用了当时香港和内地发行的多种报刊资料、年鉴、中国近代经济史资料丛刊、企业史资料及日本人撰写的调查报告和部分海关报告，其中很多都是相对稀见的资料，特别是《华字日报》等多种报刊资料，以及汇丰银行编辑的资料集《百年商业》等。这两本专著对近代香港的经济发展过程论述得非常详尽，深入探讨了香港对外贸易在不同阶段的特色，为本书从各贸易对象口岸与香港的经贸联系入手进行研究提供了良好的起点。

目前已经出版的代表性香港史著作主要有如下 8 部：欧德理著《欧西于中土：从初期到 1882 年的香港历史》②；赛耶著《香港的诞生、少年和成年（1841—1862）》③《谨言慎行年代的香港（1862—1919）》④；安德葛著《香港史》⑤；王赓武主编的《香港史新编》⑥；余绳武等主编

---

① 张晓辉：《香港近代经济史（1840—1949）》，广东人民出版社 2001 年版。张晓辉：《香港与近代中国对外贸易》，中国华侨出版社 2000 年版。

② Ernest John Eitel, *Europe in China: The History of Hong Kong from the Beginning to the Year 1882* (London: Luzac & Co., 1895).

③ Geoffrey Robley Sayer, *Hong Kong 1841 - 1862: Birth, Adolescence and Coming of Age* (Hong Kong: Hong Kong University Press, 1980).

④ Geoffrey Robley Sayer, *Hong Kong 1862 - 1919: Years of Discretion* (Hong Kong: Hong Kong University Press, 1975).

⑤ George Beer Endacott, *A History of Hong Kong* (London: Oxford University Press, 1973).

⑥ 王赓武主编：《香港史新编》，三联书店（香港）有限公司 1997 年版。

的《十九世纪的香港》《20 世纪的香港》①；霍启昌著《香港与近代中国》② 等。

这 8 部香港史著作，从不同的角度展示了香港被纳入英国殖民统治体系以后，经济的发展、政治沿革、社会结构的变化，也涉及对外贸易的兴衰走势，有助于使读者从宏观的角度和几个主要领域了解香港一百多年来的历史变迁，从而为本书的研究提供了相关的背景知识。但这几本书几乎都是通史性的著作，对贸易问题论述得比较简单，有的甚至完全没有提到贸易情况。

此外，东部沿海地区和西南内陆地区作为香港重要的转口贸易辐射区域，早已引发了学者的关注，学界关于这些区域对外贸易问题的研究已经非常丰富了，海峡两岸的学者特别是台湾学者的研究成果尤为突出。按照从北到南的顺序，雷慧儿研究了民国时期东北最大宗出口商品豆货的出口贸易③，姚洪卓研究了天津和北方地区的贸易④，刘素芬研究了烟台的贸易情况⑤，对台湾本岛贸易情况的研究首推林满红的著作⑥，上海和福建两地的贸易情况也有专门的著述加以阐释⑦，范毅军撰文分析了汕头口岸的贸易情况⑧，雷慧儿、刘素芬、林满红、范毅军都是台湾学者。此外，学界素来关注广东、云南等地的对外贸易发展史，也不乏相关研究专著问

---

① 余绳武、刘存宽主编：《十九世纪的香港》，中华书局 1994 年版。余绳武、刘蜀永主编：《20 世纪的香港》，中国大百科全书出版社 1995 年版。

② 霍启昌：《香港与近代中国》，商务印书馆（香港）有限公司 1992 年版。

③ 雷慧儿：《东北的豆货贸易（1907—1931）》，台湾师范大学历史研究所专刊（7），1981 年。

④ 姚洪卓主编：《近代天津对外贸易（1861—1948 年）》，天津社会科学院出版社 1993 年版。

⑤ 刘素芬：《烟台贸易研究（1867—1919）》，台湾商务印书馆 1990 年版。

⑥ 林满红：《茶、糖、樟脑业与台湾之社会经济变迁（1860—1895）》，联经出版事业股份有限公司 1997 年版。

⑦ 上海社会科学院经济研究所、上海市国际贸易学会学术委员会编：《上海对外贸易（1840—1949）》（上），上海社会科学院出版社 1989 年版。林仁川：《福建对外贸易与海关史》，鹭江出版社 1991 年版。

⑧ 范毅军：《对外贸易与韩江流域经济变迁（1867—1931）》（未刊本）。

世。① 姚永超、樊如森、陈为忠、唐巧天、王列辉、方书生等先后对大连、天津、上海、宁波、广州等口岸与腹地的互动关系进行了比较深入的研究，撰写了相关的硕士、博士学位论文。这些研究都以各自所侧重的地区为主体，虽然香港与上述所有地区都存在密切的贸易往来，但有关的论著都只是简略提及当地与香港的贸易情况，因此涉及面不广、研究深度不够，与香港的经贸联系在这些著作当中都不是重点论述的对象。

就几种重要的大宗进出口商品来说，相关的研究成果亦层出不穷。台湾学者陈慈玉对茶叶贸易②，美国华裔学者 Lillian M. Li（李明珠）对生丝贸易③，上海社科院经济所对百货、五金、西药等商品在上海的交易活动④，都进行了深入研究，但这些研究同样也没有突出香港在中转这些贸易商品的过程中所扮演的角色。

有鉴于此，关于近代香港的转口贸易这一问题仍有深入研究的余地，在目前资料条件相对比较完备的情况下，可以分地区、分时段对此问题进行比较细致的探讨。

三、关于研究资料的说明

本书依据的资料主要是海关贸易报告和一些地方文献。自 19 世纪 60 年代中期开始，各海关的税务司每年都要撰写海关年度贸易报告，自 1882 年开始逢十年撰写一份海关十年报告，均上呈给海关总税务司署。由于从中央的总税务司到地方各个口岸的税务司都是外国人，因此这些海关报告

---

① 徐德志等：《广东对外经济贸易史》，广东人民出版社 1994 年版。董孟雄、郭亚非：《云南地区对外贸易史》，云南人民出版社 1998 年版。

② 陈慈玉：《近代中国茶业的发展与世界市场》，台湾“中研院”经济研究所现代经济探讨丛书第六种，1982 年。

③ Lillian M. Li, *China's Silk Trade: Traditional Industry in the Modern World, 1842 - 1937* (Cambridge, Mass.: Harvard University Press, 1981).

④ 上海社会科学院经济研究所等编：《上海近代百货商业史》，上海社会科学院出版社 1988 年版。上海社会科学院经济研究所主编：《上海近代五金商业史》，上海社会科学院出版社 1990 年版。上海社会科学院经济研究所等编：《上海近代西药行业史》，上海社会科学院出版社 1988 年版。

都用英语写成。1888 年开始有称作《通商各关华洋贸易总册》的中文译本，但其内容要比英文报告简略，尤其缺少对于本课题研究而言特别需要的香港贸易流量统计数据。迄今为止，除了少数重要口岸的英文海关报告有一部分翻译出版，其他多数口岸的英文贸易报告一般都没有被全文翻译成中文，故阅读起来有一定难度。2001 年，京华出版社将南京第二历史档案馆所藏的部分海关档案影印出版，其中涉及晚清时期的资料有年度贸易报告 56 册、十年报告 6 册，这套海关资料成为本项研究所依据的主干资料之一。此外，姚贤镐编辑整理的《中国近代对外贸易史资料（1840—1895)》也是最为基本的一部贸易史料集，分门别类收集了甲午战争以前多种有关中外贸易的资料文献，这部资料集成为笔者获取相关贸易背景知识的必备参考书。

就研究香港本地历史的资料情况而言，20 世纪出版的外文资料集共有如下四部：

Arnold Wright, *Twentieth Century Impressions of Hong Kong*: *History*, *People*, *Commerce*, *Industries and Resources* (Singapore: Craham Brash, 1990). 这部资料集就是口岸贸易史研究领域经常被引用的所谓《20 世纪商埠志》。

G. B. Endacott, *An Eastern Entrepot*: *A Collection of Documents Illustrating the History of Hong Kong* (London: Her Majesty's Stationery Office, 1964). 此即《香港转口港资料集》。

Bedikton Co. , *Commercial and Industrial Hong Kong*: *A Record of 94 Years Progress of the Colony in Commerce*, *Trade*, *Industry and Shipping*, *1841 - 1935* (Hong Kong: Bedikton Co. , 1935). 此即《香港 94 年工商航运全记录》。

Noronha & Co. , *Historical and Statistical Abstract of the Colony of Hong Kong*, *1841 - 1930* (Hong Kong: Noronha & Company, Government Printers, 1932). 此即《香港地区的历史统计》。

以上这四部资料集，记录了香港 100 多年间的历史、社会、市政、企业、贸易以及教育等多方面的变迁，为相关的研究提供了宝贵的资料。但就贸易情况来说，除了记载有1864—1940年间不同统计标准的进出口贸易总额，基本没有再提供其他有价值的资料，就连有关商品的来源地和出口地都没有记录，商品结构的分类表也付诸阙如，成为一大缺憾。这样一来，就只能从其有关商业活动的记载当中寻找零星的资料。这四部资料集都是2004年12月笔者在香港查找资料时获得的。

四、本书的研究内容、研究方法、主要创新点

本项研究的基本构想，就是在前人研究的基础上，扩大空间范围，深化研究主题，比较全面地探讨香港面向中国沿海地区及西南内陆地区开展的转口贸易。通过对海关全国年度总报告和各口年度贸易报告、十年报告的细致梳理，以不同时段香港面向不同地区转口贸易结构的变化为线索，运用历史经济地理学的方法进行实证研究，以期尽可能准确地恢复东部沿海各区域和西南内陆地区与香港之间贸易往来的原貌，这也就成为本书的主要创新点。

就对港贸易极为发达的两广地区而言，通过对海关全国年度总报告，和晚清时期两广地区所有11个口岸、特设海关、租借地等的历年海关年度报告及十年报告，外加不设海关的租借地广州湾这个地方的《湛江文史资料》，澳门的《港史资料》进行细致的梳理以后，发现一些看似相对比较次要的口岸，如珠江三角洲边缘的江门、三水，海南的琼州，西江的门户梧州，中国和越南交界处的龙州，以及特设海关九龙和拱北，其实际地位并非次要。在对这些口岸的贸易资料进行归纳和整理之后，笔者发现有不少贸易活动需要以新口岸的开辟时间作为分期依据，进而分时段、分区域进行详尽的阐释，最终可以对一些传统的观点做出比较大的修正。

就闽浙台地区而言，海关贸易报告反映出闽北和闽南两地的贸易取向有较大差异，体现在厦门和福州作为南北两个重要口岸，在贸易领域所发挥的功能有很大不同，两埠与香港和上海的贸易联系也有所区别。上海虽然是浙江最主要的贸易对象港，但香港的转口贸易辐射力在少数几类特色商品方面也表现得比较突出。台湾的对外贸易则表现出高度的市场化取

向，当地商人善于把握经济发展的契机，特别是当邻近地区出现了一个能够向远方需求旺盛的国家中转进出口贸易的强力口岸时，必然会大大刺激台湾当地进出口产业的发展，而香港恰恰扮演了这样一种角色，继而促使台湾由“小型半开放性经济体系”转变为“小型开放性经济体系”。这些观点在以往的研究当中大都没有受到应有的重视。

就北方环渤海地区而言，香港面向该区域开展转口贸易的辐射面除与上海转口贸易的辐射面有部分重合（如欧美、印度），南洋一带、华南地区，以及香港本地，甚至对朝贸易等领域都是上海发挥的转口功能所不能涵盖的。因此香港在本区域转口贸易领域的地位虽不及上海，但也是本区域相对重要的贸易对象港，且双方的贸易以特色商品为主。香港是本地区特色外贸商品糖、印度棉纱、废旧金属、军火、高丽参、豆货的重要中转市场。这些新的发现在前人的相关研究成果当中均没有给予适当的强调。

就云南而言，香港一直是其最重要的贸易对象港，而两地的贸易结构又极为单一，主要就是矿产品和棉纺织品的对流贸易。这样一种能够在晚清最后 20 多年里基本维持不变的格局，和其他口岸日趋多样化的对港贸易结构大相径庭。滇港两地简单的贸易结构中也包藏着比较复杂的进口货补偿商品的前后更替问题，特别是不见于海关统计的云土（云南本地产鸦片）贸易的兴衰在前人的研究当中往往语焉不详，香港在云土转口贸易中发挥的功能值得推敲。

在此基础上，本项研究力图总结出转口贸易对香港自身经济的发展产生的影响，进而对汪敬虞和林满红关于贸易对经济发展所生利弊的几点争论加以辨析，然后会澄清郝延平、王良行、聂宝璋等学者有关商权问题的一些看法，最后对吴松弟教授从经济地理学角度提出的中国经济现代化的空间进程理论做一些检验和补充。

五、本书的结构安排

第一章题为“香港转口贸易的空间差异性和总体特点”。这一章选取了 5 个大体以 10 年为间隔的标准年份，考察香港在国内主要贸易对象港的排名顺序，这种排序基本上表现出“上海称雄—华南为主—兼及北方”的特征。香港面向不同地区的转口贸易商品结构差别非常大。在此基础上，笔者总结出香港在面向所有上述地区开展转口贸易的过程中所发挥的一些共同功能，此即香港转口贸易的五大特点。

第二章到第六章拟分区域展开研究，按照空间的顺序从北到南分成4个地区，也就是北方环渤海地区、闽浙台地区、两广地区、西南地区，深入研究这些地区与香港的贸易是如何进行的。由于上海在贸易上的独立性比香港更高，故单独开列一章对沪港两埠的贸易专门加以论述。第七章和第八章分别涉及贸易纠纷的解决机制和应对贸易萧条局面的策略。

结语部分简略考察转口贸易的发展给香港城市经济本身带来的巨大变化，包括华商对香港经济繁荣做出的巨大贡献，贸易活动对香港航运业的兴起、金融中心地位的确立等产生的重要推动作用，最后以香港转口贸易为切入点对一些经济史理论进行检验、修正和补充。

另外，对于“番人”（泛指台湾地区的少数民族）、英国“殖民地部”等历史名词，我们纯取其作为特定族群名称及机构名称之单一义项，用于文献引述和历史事实的陈述。

第一章　香港转口贸易的空间差异性和总体特点

第二次鸦片战争结束后，更多的口岸对外开埠通商，苏伊士运河建成通航，欧亚海底电报线完成铺设，这就使东西方开展贸易活动的条件有所改观。与此同时，香港本地航运业、金融业勃兴，港口设施进一步完善，这也为香港转口贸易的大发展创造了更为有利的条件，使香港得以同上海一样成为中国开展对外贸易的大型转口港（即枢纽港）。香港不仅是中国沿海地区的贸易中转站，其转口贸易的辐射范围还远及美洲、欧洲、印度、南洋、日本等地，重要性实不亚于上海。本章力图从总体上阐明，香港通过发展转口贸易，将中国东部沿海地区和西南内陆地区纳入了世界贸易圈，促进了这些地区外向型经济的兴起。

一、晚清时期沪港两埠洋货转口贸易在中外贸易领域所占有的地位

图 1. 1 为晚清时期洋货进口额波动图，显示了对外贸易在若干阶段的波动趋势，读者可据此对这一时期洋货进口贸易的演进过程有所了解。1891 年以前的几十年当中，洋货年度进口额一直未突破 2 亿海关两，基本上保持了缓慢增长的趋势；此后 10 年即翻了一番，到 1901 年突破 4 亿海关两的大关，至 1904 年一直维持了比较快速的增长势头。

值得注意的是图 1. 1 所展示的上海与香港在全国洋货进口贸易领域发挥的转口功能。如果不计经上海转口运往其他通商口岸的货值，历年的洋

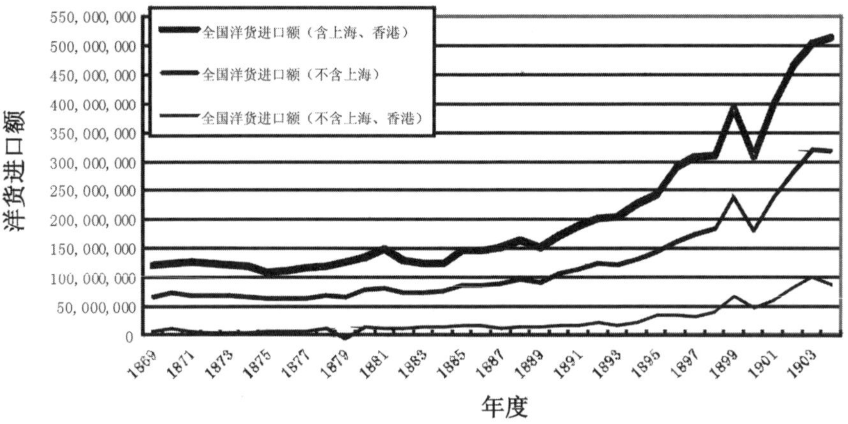

图1.1　晚清时期洋货进口额波动示意图

资料来源：据《中国旧海关史料》（中国第二历史档案馆、海关总署办公厅编，京华出版社2001年版）各有关年度贸易统计值折算。

注：①1873年以前的单位为两，此后为海关两。

②1879年统计数据疑有误，该年上海、香港两埠转口总额竟超过全国进口总额。

③1887年九龙、拱北相继设立海关，但此二关的性质更接近于常关，故未纳入统计。

货进口额就会有较大下滑，如图1.1第二条曲线所示；如果再将洋货经香港转口国内的份额去掉，那么历年的洋货进口总额就所剩不多了，如图1.1第三条曲线所示。至此，我们可以对上海和香港在晚清时期中国对外贸易领域扮演的角色，形成一个初步的认识。

图1.2为晚清时期历年洋货进口额中经上海与香港转口数量的比例图。从中可以发现在1869—1904年这36年当中，洋货经香港转口输入各通商口岸的比重在全国洋货进口总额的30%上下波动，1888年达到最高值38.2%，1903年达到最低值24.6%，基本上以19世纪90年代中期为界，此前大多在30%以上，此后有所降低。这就说明近代前期各口较少直接从外洋进口洋货，而是主要通过上海和香港这两个枢纽港口转口进货。到了后期情况逐渐发生变化，一方面新辟口岸不断增多，逐渐分流了一些主要转口港的贸易额；另一方面各个区域的主要口岸趋向于直接从外洋进货，

对上海和香港转口功能的依赖性减弱了。

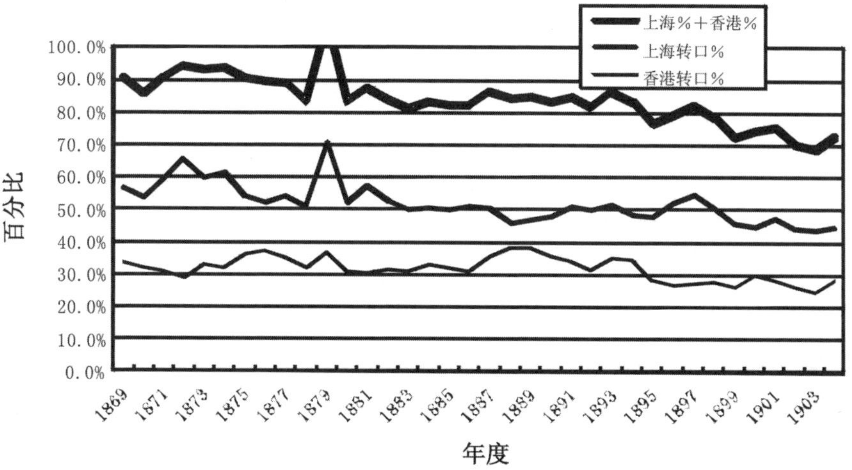

图 1.2　上海与香港进口洋货转口贸易额比例图

资料来源：据《中国旧海关史料》各有关年度贸易统计值折算。

注：①1879 年统计数据疑有误，上海、香港两埠转口总额竟超过全国进口总额。

②1887 年九龙、拱北相继设立海关，但此二关的性质更接近于常关，故未纳入统计。

③上海洋货转口额百分比 = 上海洋货复出口内地额/全国（不含上海）洋货进口总额 ×100%，香港洋货转口额百分比 = 各口（不含上海）自香港进口洋货额/全国（不含上海）洋货进口总额 ×100%。[按：因香港不设海关，无进出口贸易额统计，故将历年各口（不含上海）自香港进口洋货总额视为洋货自香港转口内地的总额，其中将上海除去可使两埠的转口对象划一，有助于增强两埠的可比性。]

表 1.1 显示了历年来洋货经香港转口内地的总额，从中可以看出转口额基本上保持了不断增长的势头，前期（1887 年以前）增速平稳，后期（1887 年以后）增速加快，而且越来越快，考虑到后期中国所进口的洋货经香港转口输入的比重在逐渐下降，这就更能反映出中国对外贸易的总额实际上在以更快的速度增长。这种增长势头和与之同时发生的第二次工业革命带来的技术进步以及西方列强对华经济侵略的加强密不可分，同时也无可辩驳地证明香港的繁荣得益于同内地间密切的贸易往来，英国殖民者

在香港实行的自由港政策并不是成就香港繁荣的唯一原因。

表 1.1　1869—1904 年香港洋货转口额

单位:1873 年前为两,此后为海关两

年份	转口额	年份	转口额	年份	转口额	年份	转口额
1869	22158055	1878	21719039	1887	31694538	1896	42810539
1870	23035501	1879	24003791	1888	36246206	1897	47793178
1871	21138162	1880	24071093	1889	34789066	1898	51416117
1872	19207780	1881	24748838	1890	37766130	1899	62693463
1873	22836107	1882	22991132	1891	38712736	1900	54226004
1874	21281086	1883	22900027	1892	38911562	1901	67764521
1875	22565763	1884	25067395	1893	42703622	1902	73606419
1876	23542150	1885	27378553	1894	45260369	1903	78508866
1877	22295406	1886	26717544	1895	41155577	1904	89759388

资料来源:据《中国旧海关史料》各有关年度贸易统计值折算。
注:①1879 年统计数据疑有误,该年各口细数与总数不符。
②1887 年九龙、拱北相继设立海关,但此二关的性质更接近于常关,故未纳入统计。

通过对上述香港转口贸易额的波动趋势进行考察，可以发现一个与香港和其内贸对象口岸都有关系的现象，那就是在贸易总额不断增长的大背景下，转口额所占的比率反而下降了。这种现象不仅出现在香港与华南口岸的贸易联系当中，上海与北方口岸之间也经历了这样一个贸易总额增大而贸易依存度却不断降低的过程。特别是到了 20 世纪以后，这种趋势更为明显，转口贸易经历的这个起伏波动的过程将是后文论述的重点。

二、香港面向东部四大区域及西南地区的转口贸易结构分析

下文拟选取 1869 年（本书研究的起点时段）、1874 年（明确采用海关两作为统计标准）、1885 年（上海金融投机风潮基本结束，中法战争结束，贸易恢复正常）、1894 年（甲午战争尚未对中外贸易及国内经济产生严重

影响），以及1904年（中国海关将对香港贸易单列统计的最后一年）5个大致以10年为间隔且中外贸易相对正常的年份作为样本，以洋货经香港转口国内主要通商口岸为考察指标，解析香港与内地的贸易关系之发生机理，最终可得出在5个不同时段与香港贸易关系较为密切的口岸排名次序（见表1.2）。总体而言，其排名次序表现出"上海称雄—华南为主—兼及北方"的基本特征。

表1.2　若干年份香港对内地主要贸易对象港排名表

（以洋货转口额为指标）

排名	1869	1874	1885	1894	1904
1	广州	汕头	上海	上海	上海
2	福州	上海	厦门	广州	广州
3	厦门	厦门	汕头	汕头	汕头
4	汕头	广州	广州	厦门	厦门
5	上海	福州	福州	福州	梧州
6	芝罘	宁波	北海	北海	福州
7	天津	台湾	琼州	天津	蒙自
8	牛庄	天津	天津	淡水	牛庄
9	宁波	淡水	淡水	台湾	汉口
10	台湾	芝罘	台湾	琼州	天津

资料来源：据《中国旧海关史料》各有关年度贸易统计折算排列。

表1.2清楚地呈现出与香港维持了密切贸易关系的口岸基本上是稳定的，但也随着时间的推移而有所变化。其中5次均榜上有名，可称为"亲港"的口岸（即对香港贸易依存度最强的口岸）有6个，按平均名次排列分别是：上海［2］（5、2、1、1、1）①，广州［2.6］（1、4、4、2、2），

① 方括号内为5个样本的平均名次，圆括号内为历次名次，下同。

汕头［2.8］（4、1、3、3、3），厦门［3.2］（3、3、2、4、4），福州［4.6］（2、5、5、5、6），天津［8］（7、8、8、7、10）。4次（前4次）榜上有名的仅有台湾（也称打狗、台南）一口［9］（10、7、10、9）。鉴于台湾岛已于甲午战争后被日本割占，此后的海关统计付诸阙如，故难以对1895年以后的港台贸易额做出精确的估计。因此在本书所研究的时段内，特别是在前期和中期，台湾（台南）也是与香港维持了密切贸易关系的“亲港”。3次（2、3、4次）榜上有名的仅有淡水一口［8.7］（9、9、8），与台湾（台南）的情况相似，也可将其视为“亲港”。下文即试图探讨香港与这些区域口岸间贸易结构的变化趋势及其货物流向的空间分布特征。

（一）两广地区（广东、广西）

从海关贸易统计来看，晚清时期广东和广西两省在对外贸易领域对香港的依赖性极强。广东省自西向东共计有北海、广州湾（湛江）、琼州、三水、江门、广州、拱北、九龙、汕头9个口岸面向香港展开大宗进出口贸易，而且几乎所有的沿海沿河地带都可直接（有时甚至都不经海关）与香港互通有无；广西则借道北海和本省的水运枢纽梧州通过香港与世界市场发生联系，并将香港的辐射力通过南宁和龙州等商埠扩散到整个西江流域，直至百色等桂西南偏僻地区。

从贸易结构来看，两广口岸进口的洋货与国内其他口岸并无显著不同，鸦片、棉制品、煤油、火柴等都是进口的大宗产品。在土货出口领域则有所不同，海南岛和雷州半岛良好的气候条件适宜大批养殖多种禽畜，因此禽畜类产品的出口贸易长盛不衰，香港市场行情一直看好，成为本地区最盈利的出口贸易之一，有些货源（如鲜蛋）甚至达到了香港市场需要多少琼州产地就能供应多少的程度。① 此外，其他一些新兴商品出口贸易

① Trade Report，1891年，1892年，1893年，1900年，1901年，1903年，1909年，琼州，见中国第二历史档案馆、海关总署办公厅编《中国旧海关史料》，京华出版社2001年版，第17－588，589，19－88，89，21－82，32－158，34－158，38－204，50－169，154－394页。（这里采用的是复式页码，先册后页，例如：“17－588”表示第17册588页。下同。）

也次第兴起，如席子和席制品、芝麻、高良姜（Galangal）、烟叶、水果及各类水果罐头等，香港都是其主要销场。① 而广州口岸除了丝、茶大量出口，新鲜食品“因香港逐日所需，水程甚近，如蔬菜、鸡鸭、鲜鱼、鸡蛋等物，贩去者日见其众”②。这是广东对港贸易的一大特色，主要是由于鲜活农畜产品的供应对运输的速度有特殊的要求，只有邻近香港的广东省比较容易具备开展此类贸易的条件。另外，潮汕地区出产的蔗糖、陶瓷、夏布、土布、抽纱、潮绣、潮州柑、渔网、咸菜、菜脯、锡箔纸等当地土特产品的出口，也主要经过香港转口外销，这些过港商品大部分都会被转运到海外华侨聚居地。③

广西具有独特的亚热带山地气候条件，当地出产的多种农副产品大量出口香港以满足国际市场需求和香港本地消费，这就使得梧州—香港两地的贸易结构别具特色。首先是各类油料大批出口，八角油（Aniseed Oil）、肉桂油（Cassia Oil）具有多种用途，可用于制药、酿酒和充作食品添加剂，欧美市场需求旺盛，成为广西通过香港出口国际市场的重要原料④；桐油（Wood Oil）是制漆的重要原料，对香港这类船舶修造业发达的航运中心而言，更属不可或缺的资源类产品，国外市场的需求也很强劲⑤；花生油则是日常烹饪必需的油料，广西花生油出口香港满足了香港城市经济

---

① Trade Report，1889 年，1892 年，1895 年，1896 年，1911 年，琼州，见《中国旧海关史料》，第 15 - 538，19 - 88，23 - 590，24 - 597，56 - 246，155 - 700 页。

② 粤海关税务司：《光绪二十一年广州口华洋贸易情形论略》，见广州市地方志编纂委员会办公室、广州海关志编纂委员会编译《近代广州口岸经济社会概况——粤海关报告汇集》，暨南大学出版社 1995 年版，第 356 页。

③ 《明清时期潮汕的主要出口商品》，见杨群熙辑编点校《潮汕地区商业活动资料》，潮汕历史文化研究中心、汕头市文化局、汕头市图书馆，2003 年，第 253 ~ 267 页。

④ Trade Report，1898 年，1899 年，1902 年，梧州，见《中国旧海关史料》，第 27 - 554，30 - 28，36 - 169，170 页。

⑤ Trade Report，1898 年，1907 年，1910 年，梧州，见《中国旧海关史料》，第 27 - 554，45 - 724，725，53 - 210 页。

发展的需求。[①] 其次是禽畜类产品、林业品的出口，主要满足香港本地日益增长的消费需求及海外华侨的生活需要。如牛、生猪、家禽成批出口香港，获利丰厚，不仅满足了香港本地的需要，还转销菲律宾市场。皮革类产品，经香港外销新加坡等地。材炭输港主要满足香港城市日常生活对燃料的需求，适销对路；樟脑（Camphor）在香港市场上供不应求，以转销欧美为主。此外，香港市场对干蛤蚧（Dried Lizard）、鲜斛斗（Orchid）、钩藤（按：英文海关报告原文未给出该商品的英文名称，而是直接用繁体字标示）、蝉蜕（Cicada Skins）、薄荷叶（Peppermint Leaf）、忍冬［又称金银花（Honeysuckle）］等广西特色药材的需求也日趋旺盛。[②]

（二）西南地区（云南、贵州）

云南地处西南内陆，本身并无出海口岸，但与越南、老挝、缅甸毗邻，商人还可取道云南向北进入四川等广阔的内陆市场。云南拥有丰富的矿产资源，有金、银、铜、铁、铅、锡、锌、煤、大理石、雌黄、辰砂等多种矿藏，还有琥珀、翡翠等宝石矿[③]，矿业在云南经济中占有重要地位，矿产品由此也就成为云南重要的出口商品。由于偏居内陆，云南通往内地的交通条件极其不便。若欲将货物从云南发往沿海港口，向东经过广西或向南经过越南再转至香港，要比北上四川再经长江东下到上海的路线便捷一些。因此早在云南开埠以前，滇南一带与香港之间就存在比较密切的贸易联系，经营云南对外贸易的各家商号将个旧产的大锡采用马帮由蒙自、广南驮运至广西百色，再经水路运至香港；然后从香港将棉花、百货等物品运回云南。中法战争曾一度影响了云南的对外贸易，但战争结束后，蛮

---

① Trade Report，1908 年，1910 年，梧州，见《中国旧海关史料》，第 47－779，53－210 页。

② Trade Report，1901 年，1902 年，1906 年，1907 年，1909 年，梧州；Decennial Report，1897—1901 年，梧州；见《中国旧海关史料》，第 34－137，36－169，43－688，45－724，50－142，154－289 页。

③ Decennial Report，1889—1891 年，蒙自，见《中国旧海关史料》，第 152－674 页。

耗至河内段的红河水路开通，经这一路线跑香港的商帮很快兴盛起来。①而原先作为云南商品主要外销通道之一的西江水路，则因匪患严重，到19世纪90年代前期已日渐衰微。② 20世纪初年，法国殖民当局开始着手铺设滇越铁路，至1903年越段（海防至老开线）已经建成，随即由河口开始接筑滇段，至1910年修至昆明。这条铁路的修建使云南区域市场与外部市场的联系日益紧密，原先云南的货物运抵上海需四五十天，入广西至北海也要五十多天；而当滇越铁路建成后，云南至香港间的货物运输时间只要六七天，经香港转往上海也只要九天，运输时间明显缩短，而运输量则大大增长，外销商品的种类也日渐多样化了。③

蒙自口岸开埠之初，云南出口商品结构单一，仅个旧大锡在历年全省出口总额中就要占68%～93%。由于云南省内不具备精加工能力，当地锡锭只有运往香港与马来锡掺和，改炼为精锡，才能销往世界市场。因此，云南大锡无论最后的销售市场是在国内还是在国外，都须先运往香港进行精加工，香港由此也就成为云南对外贸易的主要对象之一。以1891年为例，对香港贸易额占蒙自口岸对外贸易总额的85%。④ 云南的进口货以棉纱、匹头、煤油、火柴、烟丝为主，上述诸项在1890年就占蒙自口岸进口额的99.77%；这些货物主要来自印度、越南、香港等地区，其中香港约占一半左右。⑤ 蒙自与香港的贸易关系如此密切，以致作为滇帮“八大号”

---

① 杨枫：《建水县私营商业发展简史》，见中国人民政治协商会议云南省红河哈尼族彝族自治州委员会文史资料委员会编《红河州文史资料选辑》（第10辑），1989年，第26～31页。

② Decennial Report，1892—1901年，蒙自，见《中国旧海关史料》，第154－452页。

③ 董孟雄、郭亚非：《云南地区对外贸易史》，云南人民出版社1998年版，第199、257页。陆韧：《云南对外交通史》，云南民族出版社1997年版，第398页。

④ Decennial Report，1889—1891年，蒙自，见《中国旧海关史料》，第152－667页。

⑤ 董孟雄、郭亚非：《云南地区对外贸易史》，云南人民出版社1998年版，第46、91页。Decennial Report，1892—1901年，蒙自，见《中国旧海关史料》，第154－457页。

的泰来祥、东美和、正顺昌、朱恒泰、豫顺隆、应天号、万盛昌、顺成号都在香港设有分号，而云南当地大锡的价格竟由香港市场价格的涨落决定。作为云南市场上另一派颇有影响的商业势力，广帮“八大号”不仅熟悉香港市场，还和外国资本有许多联系，如法国东方汇理银行的华人买办梁子惠就是广帮的首脑人物。① 除大锡外，思茅地区江城一带出产的茶叶经焙制后往往可存放数年，味道浓香不变，大多销往香港，并经香港转销越南、新加坡、菲律宾等地供华侨饮用。②

晚清时期，贵州经济的发展依然迟滞不前，且本省没有通商口岸，进出口贸易多假道邻省进行。根据邻省海关报告（主要是广西各口岸的报告）记录，贵州的对外贸易间接与香港发生联系，主要以本省出产的土鸦片交易经香港流入广西的棉纺织品，此外别无大宗交易。与云南相比，贵州对外贸易的结构更显单一，也没有长途贩运商人大规模的运销活动，贵州是不沿海、不沿江、不沿边、无铁路、无矿产、无华侨的内陆封闭贫瘠省份对外贸易极不发达的典型代表。③ 香港与贵州两地的贸易对贵州经济发展的影响不大，只是使贵州市场上有了一些舶来品的影子，以及为了交易这些洋货而发展起来的土鸦片加工业。

（三）上海及长江流域

上海是近代香港在内地诸贸易对象口岸中贸易额排名第一的单个口岸，这主要是因为上海的贸易涵盖面广，对内对外的牵引力和辐射力均很强，各类市场发育完善④，由此最终促成并长期维持了上海在全国乃至东

---

① Decennial Report，1892—1901 年，蒙自，见《中国旧海关史料》，第 154 - 458 页。蒙自县志编纂委员会编：《蒙自县志》，中华书局 1995 年版，第 592 页。

② 董孟雄、郭亚非：《云南地区对外贸易史》，云南人民出版社 1998 年版，第 242 页。

③ Trade Report，1891 年，1892 年，1895 年，北海；Trade Report，1897 年，1899 年，1900 年，1904 年，梧州；见《中国旧海关史料》，第 17 - 606，19 - 104，23 - 608，26 - 47，30 - 29，32 - 6，40 - 199 页。

④ 张仲礼、沈祖炜：《近代上海市场发育的若干特点》，载《上海社会科学院学术季刊》1994 年第 2 期。

亚地区的贸易中心地位。而香港就是在进出口贸易领域将上海与世界市场联系起来的重要中转站之一，特别是在一些特色商品贸易领域中发挥的作用尤为明显。

上海口岸的洋货进口贸易素以英国来货所占比例最大，前期香港来货不占重要地位，随着印度及其他英国殖民地对上海的贸易越来越多地经由香港转口①，19 世纪 70 年代沪港之间的轮船航次明显增加了，1874 年从英国属地进口的产品足有十分之一来自香港，1875 年又进一步增加到五分之一②，到了 19 世纪 90 年代，进口到上海的洋货经香港转口的比例已仅次于英国本土来货，香港遂成为上海口岸第二大洋货来源地。③

沪港两地的贸易额迅速增长，主要几类大宗贸易品如鸦片、棉纺织品、丝、茶占较大份额，但这其中大部分是转口贸易，从南洋庄的活动可窥豹一斑。大批身在异国他乡（特别是东南亚）的华侨对国内各种农副土特产品的需求量很大，同时他们也会把当地的农副产品运往国内销售，而当时南洋和上海之间的直航班轮较少，故大部分货物会经由香港转口。④上海与香港就是这条对流贸易路线上最重要的两个点，上海是国内广大腹地各类出口土特产品和进口洋货的集散地，香港则是对土货进行精加工并分销南洋及将洋货转口国内的中转地。上海与香港间对流的大宗土特产品种类繁多，上海口岸的出口货有蔬菜、水果、花卉，这与上海郊区的大块

---

① 《（英国）领事麦华陀 1868 年度上海港贸易报告》，见李必樟译编《上海近代贸易经济发展概况（1854—1898 年）——英国驻上海领事贸易报告汇编》，上海社会科学院出版社 1993 年版，第 169 页。

② 《（英国）领事麦华陀 1872、1873、1874、1875 年度（上海）贸易报告》，见李必樟译编《上海近代贸易经济发展概况（1854—1898 年）——英国驻上海领事贸易报告汇编》，上海社会科学院出版社 1993 年版，第 265、279、318、359、371 页。

③ 《（英国）领事哲美森 1893、1895 年度上海贸易和商业报告》《总领事韩能 1896 年度上海贸易报告》《代理总领事满思礼 1897 年度上海贸易报告》，见李必樟译编《上海近代贸易经济发展概况（1854—1898 年）——英国驻上海领事贸易报告汇编》，上海社会科学院出版社 1993 年版，第 830、879、907、926 页。

④ 上海社会科学院经济研究所、上海市国际贸易学会学术委员会编：《上海对外贸易（1840—1949）》（上），上海社会科学院出版社 1989 年版，第 158 页。

土地在外国人的影响下开始种植卷心菜、花菜、洋葱等西式作物有关①；此外还有南北货、罐头食品、调味品、山地货等几个大类上万种商品。②上海自南洋进口的商品则有海味，柚木、柳安、红木、花梨木、洋松等各类木材，檀香、洋米、食糖、燕窝、胡椒、靛青、藤、栲树皮、苏方等，也包括锡等海峡一带出产的矿产品。③ 经营方式多为先由南洋侨商委托寄售，上海九八行在国内结付，而香港则是这一系列交易环节不可或缺的中转枢纽。

上海与香港只是各自广袤腹地与交易圈的两个端点，香港面向世界的交易圈在上文已经提及，这里就上海对内地转口贸易的辐射力，主要是对长江流域进出口贸易的辐射力略作说明，以展示沪港两埠端点贸易背后的依托。下面按从下游到上游逆江而上的顺序，依次对每个贸易结点（即主要沿江商埠）所传递的辐射力进行简要介绍。

首先是运河枢纽镇江，1861 年开埠。在津浦铁路建成以前，京杭运河是江苏、山东以至直隶部分地区全流域贸易的运输动脉。镇江就像一个麻袋口，把运河沿岸贸易尽收囊中。然后是安徽芜湖，1877 年开埠。芜湖的贸易网主要涵盖安徽省境内的池州、宁国、太平、安庆、庐州等府，六安州、和州，以及江苏境内江宁府的部分地区。安徽省的贸易商品大部分经芜湖口岸进出口。接着是江西九江，1861 年开埠。九江囊括了赣州以北赣

① Decennial Report，1892—1901 年，上海，见徐雪筠等译编《上海近代社会经济发展概况（1882—1931）——〈海关十年报告〉译编》，上海社会科学院出版社 1985 年版，第 44 页。《（英国）副领事阿连壁 1879 年度上海贸易报告》，见李必樟译编《上海近代贸易经济发展概况（1854—1898 年）——英国驻上海领事贸易报告汇编》，上海社会科学院出版社 1993 年版，第 547 页。

② 上海社会科学院经济研究所、上海市国际贸易学会学术委员会编：《上海对外贸易（1840—1949）》（上），上海社会科学院出版社 1989 年版，第 463 ~ 464 页。

③ 上海社会科学院经济研究所、上海市国际贸易学会学术委员会编：《上海对外贸易（1840—1949）》（上），上海社会科学院出版社 1989 年版，第 164、421 ~ 441 页。《（英国）领事麦华陀 1869、1874 年度上海贸易报告》，见李必樟译编《上海近代贸易经济发展概况（1854—1898 年）——英国驻上海领事贸易报告汇编》，上海社会科学院出版社 1993 年版，第 195、334 页。

江流域大宗物资的进出口业务，是江西对外贸易的集散市场。汉口是长江中游最大的集散市场，1861 年开埠。湖北省内的贸易商品沿长江水系汇集汉口，陕南地区通过汉水与汉口相连，京汉铁路修通后，北至直隶、山西、河南等北方广阔地带的商贸活动皆可南下与汉口发生关联，汉口遂成为名副其实的“九省通衢”。从汉口溯流而上可到达岳州，1899 年开埠。岳州的进出口贸易通过长沙的接力作用可辐射湖南全省，进而促使以往湖南省以湘潭、常德为中心的市场网络重新组合，北向长江的商路跃升为湖南进出口物资的主要通道。最后到达四川的门户重庆，1891 年正式开埠，随即迅速成为四川乃至西南地区最大的货运中心。上海拥有沿江六省以及非沿江省份部分地区这样大范围的腹地作为依托，自然会顺理成章地崛起为近代中国对外贸易的中心。①

（四）北方环渤海地区（天津、牛庄、烟台）

天津开埠以后，主要的贸易对象口岸是上海，日用品从上海进口的比例较大，而特种商品的来源地则以香港居多，因为这些特种商品常常是天津市场独需的，而其产地往往又远在欧洲、印度、南洋一带，远洋来船直航天津不能像在上海和福州那样容易获得足够的回程货，因而难以获利。②故采取先将货物运至香港后，转由经营中国沿海航运业务的轮船公司将这些货物与其他北销商品混运北上，途经天津时卸货，再开往牛庄和烟台靠

---

① Decennial Report，1882—1891 年，镇江，见《中国旧海关史料》，第 152－305，308 页。谢国兴：《中国现代化的区域研究——安徽省（1860—1937）》，台湾“中研院”近代史研究所专刊（64），1991 年，第 460 页。江西省社会科学院历史研究所、江西省图书馆选编：《江西近代贸易史资料》，江西人民出版社 1988 年版，第 97 页。苏云峰：《中国现代化的区域研究——湖北省（1860—1916）》，台湾“中研院”近代史研究所专刊（41），1981 年，第 410～415 页。周石山：《岳州长沙自主开埠与湖南近代经济》，湖南人民出版社 2001 年版，第 142～149、160～163 页。周勇、刘景修译编：《近代重庆经济与社会发展》，四川大学出版社 1987 年版，第 1 页。

② Trade Report，1866 年，天津，见吴弘明等译编《津海关年报档案汇编（1865—1911）》（上），1993 年，第 43 页。

泊，以装载回程货物。①

早期天津口岸的洋货进口结构比较单一，鸦片和棉纺织品所占的比例较大，这两种商品的产地远在印度和英国，必然有一部分要经香港转口输入。但后来天津口岸的贸易结构发生了较大变化。当时为了镇压捻军、西北回民起义，清政府不惜花巨资从国外购买新式军火。早在1866年，即有大批加农炮、毛瑟枪、手枪及铜帽进口，另有通常来自英国之火药（概由上海与香港转口）进口量颇巨。② 向清政府出售军火数额最大的国家是德国，大批取道伦敦、鹿特丹和安特卫普的德国商品以英国货、荷兰货和比利时货的名义运到了中国，海关统计表中的"香港"一栏包含了大量的德国商业，因为英国的这个殖民统治地是向中国输出军火的中心。③ 运抵香港的军火再转运到国内各地，其中转运到天津的比例很大。到了1893年，军火的进口已位居天津口岸当年各类商品进口货值的第一位。④ 此外，进口的工业机器和铁路设备也有较大比重来自德国，大部分仍走与军火同样的路线到达天津，反映出随着天津近代工业的兴起，外贸商品的结构出现了较大变化。而香港一直与天津口岸保持着特货交易联系，香港是天津及其周边地区工业建设原料和特种军需品的供应地。

豆货（大豆、豆饼、豆油）自牛庄开埠以来，就一直是东北地区最大宗的出口货。在1907年大连开埠前，豆货主要通过牛庄出口日本、（俄国）海参崴，以及华南一带种植甘蔗的地区。据台湾学者研究，1870—1930年间，豆货占东北地区出口贸易总额的比例维持在65%～90%

---

① Trade Report，1873年，厦门，见厦门市志编纂委员会、《厦门海关志》编委会编《近代厦门社会经济概况》，鹭江出版社1990年版，第110页。

② Trade Report，1866年，天津，见吴弘明等译编《津海关年报档案汇编（1865—1911）》（上），1993年，第32页。

③ ［德］施丢克尔著，乔松译：《十九世纪的德国与中国》，生活·读书·新知三联书店1963年版，第100页。

④ 姚洪卓主编：《近代天津对外贸易（1861—1948年）》，天津社会科学院出版社1993年版，第112页。

之间。[1] 1870 年前后，豆货贸易完全解禁，遂使其成为中外商业势力角逐的大宗出口货。不仅华中、华南一带的经济作物种植区需要用豆货作为肥料，东南亚的甘蔗园也需要豆饼肥田。鉴于东南亚一带没有直通中国北方地区的航线，因此有一定份额的东北豆货须经香港转口输出东南亚。[2] 此外，（牛庄外港）营口还是各种药材的大型集散市场，输入东北地区的外国药品多由香港发货。营口当地的天福堂、魁记号、公裕号、宝安堂、公和栈等多家药材批发商都在香港设有办庄，这些行号直接从香港进口国内外药材，生意兴隆，吸引了八方客商前来采购。[3]

就山东的烟台和青岛两个口岸而言，由于青岛开埠晚，且开埠后发展直接对外贸易的趋势较强，而烟台则在 19 世纪后期直至青岛开埠前一直是山东大宗进出口贸易的门户口岸，因此这里只以烟台为例来进行探讨。烟台腹地出产多种农产品和手工业品，其中豆货、丝及丝织品、粉条、草帽辫、花生及花生油、花边等都是大宗出口货，主要销往华中和华南市场，以及以南洋市场为主、英美等国市场为辅的海外市场，这其中必有一定比例经香港转口。大宗土货如粉条、药材、丝及丝织品等经香港转口国外市场的比例在 40% ~70% 之间。而鸦片、棉纱、匹头等来自欧美、印度的洋货也有一定比例通过香港输往烟台。[4] 需要说明的是，由于烟台更邻近另一远东转口大港上海，因此香港并不是烟台最重要的贸易对象港。[5]

（五）闽浙台地区（福建、浙江、台湾）

福建省的对外贸易南北各有所侧重。就闽北地区而言，茶叶历来是最

---

① 雷慧儿:《东北的豆货贸易（1907—1931）》，台湾师范大学历史研究所专刊（7），1981 年版，“前言”第 1 页。

② 胡雪梅:《近代中国大豆出口贸易述论》，辽宁师范大学硕士学位论文，2003 年，第 6 ~7 页。

③ 张述远:《旧营口的中药业逡巡》，见中国人民政治协商会议营口市委员会文史资料研究委员会编《营口港埠面面观》，1994 年，第 2、6 ~7 页。

④ 刘素芬:《烟台贸易研究（1867—1919）》，台湾商务印书馆 1990 年版，第 11 ~15、28 ~29 页。

⑤ 交通部烟台港务管理局编:《近代山东沿海通商口岸贸易统计资料（1859—1949）》，对外贸易教育出版社 1986 年版，第 4 ~7、33 ~34、43 ~44 页。

大宗的出口货物，福州口岸除与英国和欧洲大陆有直航贸易外，出口美洲、澳大利亚、东南亚和印度的茶叶多须经过香港转口输出。① 福州周围农村出产的马铃薯也曾大批运往香港和新加坡售卖②，证明福州也是香港市场上鲜货的来源地之一。同时，抵补茶叶出超的大批鸦片、棉制品大多经香港输入，福州本地商号在香港派有代理人，两地交易便捷。③ 早在1865 年，定期航行于福州、厦门、汕头和香港之间的英国轮船就有 6 艘之多，这些轮船为外国商人载运鸦片和铅等杂货，这是外国商人输入福州的主要货物。④ 在粮食歉收的年份，大批东南亚大米以及美国面粉会自香港源源运抵福州口岸。⑤ 就闽南地区而言，厦门口岸由于输出的劳动力众多，其本地工业及贸易的兴起屡受侨资及侨需的影响。时有瑞记公司，成立于 1893 年，年产各类罐头四千余担，专销本地及南洋一带。⑥ 而香港就是这些内地土特产品输往南洋和世界其他华侨聚居区的中转站。

浙江省由于邻近枢纽港上海，晚清时期该省的大宗进出口贸易主要通过上海中转，不过香港与该省宁波等口岸的贸易额也略具规模，香港逐渐成为浙江省第二大洋货来源地（仅次于上海），两地在鸦片、糖等少数几

① Trade Report，1865 年，1867 年，福州，见福州海关编《近代福州及闽东地区社会经济概况》，华艺出版社 1992 年版，第 9、49 页。

② Trade Report，1890 年，1892 年，1910 年，福州，见福州海关编《近代福州及闽东地区社会经济概况》，华艺出版社 1992 年版，第 179、221、281 页。Decennial Report，1892—1901 年，福州，见中国人民政治协商会议福建省委员会文史资料研究委员会编《福建文史资料》（第 10 辑），1985 年，第 118 页。

③ Trade Report，1876 年，1881 年，1893 年，福州，见福州海关编《近代福州及闽东地区社会经济概况》，华艺出版社 1992 年版，第 112、130 ~ 131、192 页。

④ 林仁川：《福建对外贸易与海关史》，鹭江出版社 1991 年版，第 198 页。

⑤ Trade Report，1898 年，1907 年，1910 年，见福州海关编《近代福州及闽东地区社会经济概况》，华艺出版社 1992 年版，第 218、265、283 页。Decennial Report，1882—1891 年，1892—1901 年，福州，见中国人民政治协商会议福建省委员会文史资料研究委员会编《福建文史资料》（第 10 辑），1985 年，第 81、106 页。

⑥ 李国祁：《中国现代化的区域研究：闽浙台地区（1860—1916）》，台湾“中研院”近代史研究所专刊（44），1982 年，第 302 ~ 304 页。

类特产品贸易领域的商业联系比较密切。① 除鸦片由香港直接输入宁波口岸外，华南糖、马来亚锡、南洋米、檀香木、苏木、藤器、美洲花旗参等，也经香港转口输往浙江。② 而浙江本地出产的棉花、火腿、烧酒、墨鱼、草席、花生油、明矾等土货则有一定数量经宁波等口岸运销香港，或经香港转往华南地区和海外华人聚居区。③ 浙港两地除鸦片和糖这两类商品的流通量较大以外，其他贸易都不是大宗贸易，说明两地都不是对方重要的贸易对象，但两地间若干类杂货贸易的兴盛恰又反映出其相互依赖性不容小觑。

台湾对外交通便利，早在正式开港通商之前就与香港存在贸易关系。怡和洋行自 19 世纪 40 年代起就从香港贩运鸦片至台湾，用以交易当地的樟脑、樟木等特产。④ 但大宗的贸易往来集中于 19 世纪 60 年代台湾开港以后至甲午战后日本割台前这一段时期，且以稻米、蔗糖、茶叶、樟脑、煤等五种主干商品为大宗出口货，进口货则一直以鸦片占最大份额，其余为煤油、棉布等日用品。⑤ 下面试以国际市场上的紧俏商品樟脑为例，来展示港台间的大宗商品交易模式。随着塞璐璐工业的崛起，欧美等国对樟脑的需求量猛增，但全世界仅有日本和台湾两地的天然樟脑产量较大，故台湾樟脑呈供不应求之势。香港市场上樟脑的价格也顺势扶摇直上，外商在台湾以每担 12 两（纹银）左右的价格揽购到的樟脑，运至香港后每担

① 《（英国）代理领事帕特（Pratt）1905 年度宁波贸易报告》，见《宁波英国领事贸易报告选译》，载《档案与史学》2001 年第 4 期。

② Trade Report，1870 年，1878 年，宁波，见杭州海关译编《近代浙江通商口岸经济社会概况——浙海关、瓯海关、杭州关贸易报告集成》，浙江人民出版社 2002 年版，第 130 ~ 131、198 页。

③ Trade Report，1867 年，1869 年，1870 年，1871—1872 年，宁波；《光绪十九年（1893 年）宁波口华洋贸易情形论略》《光绪十一年（1885 年）温州口华洋贸易情形论略》；见杭州海关译编《近代浙江通商口岸经济社会概况——浙海关、瓯海关、杭州关贸易报告集成》，浙江人民出版社 2002 年版，第 105、122、132、142、282、517 页。

④ 黄富三：《台湾开港前后怡和洋行对台贸易体制的演变》，见黄富三、翁佳音主编《台湾商业传统论文集》，台湾“中研院”台湾史研究所筹备处 1999 年版，第 81 ~ 106 页。

⑤ 《1882—1891 年台湾淡水海关、台南海关报告书》，见台湾银行经济研究室编《台湾经济史六集》，1955 年，第 88 ~ 91、115 ~ 120 页。

可售20两（纹银），多至20余两（纹银）。[①] 大批台湾樟脑经香港运往印度、欧洲，35年间经香港转口外销的樟脑数量占台湾全部樟脑出口量的93.37%。[②] 尽管与其他地区相比，港台两地的贸易关系相对简单，但台湾对香港的贸易依存度高于其他地区。日本割台后，大幅抬高台湾对大陆贸易关税，免除台日贸易关税，遂将台湾大量对外贸易流扭向了日本长崎等地，不过港台两地间的药材等特色商品的转口贸易依然较为活跃。[③]

三、香港作为转口贸易港的特色与职能

通过对香港与各主要贸易对象区域之间的经贸联系进行具体考察，可以发现上海、广州、汕头、厦门、福州、天津、淡水、台南等口岸与香港之间的贸易额较大，贸易关系也较稳定。但香港对内地不同区域（或口岸）的贸易结构极为多样化，比如对云南主要是矿产品贸易，对广西主要是山地货贸易，对广东则是“快速消费品”和“笨重消费品”贸易，对福建主要是大宗日用品和侨需品贸易，对台湾主要是樟脑贸易，对上海则是多样化的大宗贸易，对烟台主要是高丽参转口贸易，对天津主要是军火和机械设备贸易，对东北则是豆货、印度棉纱、糖和金属贸易等。

这种多样的贸易往来使得香港和主要贸易对象区域（或口岸）之间产生了一种互动关系。就香港来说，通过对各个地区开展转口贸易，香港本地商业迅速发展起来，无论是经营外洋来货的各大洋行，还是经营土货贸易的南北行、金山庄，都获得了快速的成长过程。航运、金融、保险等贸易辅助行业同时也取得了长足的进步。就香港的主要贸易对象口岸来说，对港贸易的发展刺激了各个口岸城市外向型经济的兴起，表现为土货的出口结构日渐丰富，民众消费新兴洋货的习惯逐渐形成。总体而言，香港在

---

① 连横：《台湾通史》（下），商务印书馆1996年版，第356页。

② 林满红：《茶、糖、樟脑业与台湾之社会经济变迁（1860—1895）》，联经出版事业股份有限公司1997年版，第33～37页。

③ 朱德兰：《日治时期台湾的中药材贸易》，见黄富三、翁佳音主编《台湾商业传统论文集》，台湾“中研院”台湾史研究所筹备处1999年版，第235～262页。

与内地诸口岸的贸易往来中发挥了一些共同的功能。

第一，香港很早就发展成为大宗消费品及走私商品的输出地，以及特殊贸易的交易所。大批鸦片、食盐、军火从这里走私到沿海各地，南方沿海地区的一些城市则采用沙船将大量供外国消费的中国产品运入香港，此类贸易都没有纳入海关的管辖①，这是香港受英国殖民统治特有的贸易形式。此外，为了逃避繁重的厘金等针对土货在内地流通过程中所征收的税赋，不少商人都会选择先将商品运至香港使其取得洋货资格后，再出口到内地通商口岸，然后凭借洋货进口贸易所配发的子口税单，即可摆脱内地诸多税卡的滋扰。②

第二，香港是内地初级产品的精加工中心。无论是云南的大锡，广西的锑矿，还是广东的土糖、腌姜、蜜饯、禽毛、鲜蛋，上海的杂货，甚至还有北方的皮毛，有时都会先运往香港进行精加工，或精炼，或提纯，或分类，或拣选，或腌制，使之达到国际市场要求的标准，进而可以卖个好价钱。

第三，香港是小额进口特货及出口杂货的重组港。诸如军火、机械、铁路器材等小额进口货大多采取先出口到香港，再由专门经营中国沿海航运业务的轮船公司将这些小额特货与其他进口商品重新加以拼装，然后沿固定的航线运至最终消费地。高丽参、中药材、山地货等小额出口杂货的外销方式则反向进行。

第四，香港还是国内出产的大宗工业原材料、燃料的消费地。这一点可以从香港加工业、制造业、航运业的不断进步中得到解释。如制糖业所需的牛羊废骨来自天津③；再以煤炭为例，“几乎全部用于船只的燃料方

---

① 《（英国）代理总领事哲美森关于中国对外国进出口贸易统计以及银价下跌对中国物价和出口量影响的报告》，见李必樟译编《上海近代贸易经济发展概况（1854—1898 年）——英国驻上海领事贸易报告汇编》，上海社会科学院出版社 1993 年版，第 800 页。

② 曹英：《两难的抉择：晚清中英关于香港在中国沿海贸易中的地位之争》，载《近代史研究》2007 年第 4 期。

③ 《光绪十七年天津口华洋贸易情形论略》，见吴弘明等译编《津海关年报档案汇编（1865—1911）》（下），1993 年，第 23 页。

面，这使香港成为著名的煤炭补给基地，配给中途站”。1905 年共进口各类煤炭达 100 多万吨，足见其航运业的发达。①

第五，香港是内地受灾地区及缺粮省份进口南洋大米的集中转口港之一。以北方的天津为例，因灾害频繁，且驻有大队营兵，粮食消费量大，政府就曾派专员驻港采购粮食。② 广东省由于大面积种植经济作物，经常要通过香港进口西贡米。③ 盛产丝绸的长江下游地区也不例外，必要时也会从香港进口大量洋米运到产丝区交换蚕丝。④ 德商禅臣洋行在香港一直全力经营米谷贸易，从缅甸、泰国、爪哇等地大量进口稻米，然后转售于中国沿海各地。⑤

第六，香港还在与贸易、航运、金融、保险等事项相关的领域，发挥了一些比较零散的功能，如船舶修造、航运保险、金融汇兑等。

综上所述，香港是近代中国外贸领域重要的转口港，凭借其优越的地理位置及独立自由的贸易机制，形成了与国内其他通商口岸有较大差别的贸易模式。这主要体现在香港的贸易活动以转口贸易为主、正常贸易与走私贸易并行、特货贸易发达等方面。借助贸易的发展，香港的航运业、金融业、市政建设也同步跟进，进而迅速实现了城市经济的繁荣，展示出一条充满自由港特色的发展轨迹。

---

① 滨下武志著，马宋芝译：《香港大视野——亚洲网络中心》，商务印书馆（香港）有限公司 1997 年版，第 57 页。

② Trade Report，1867 年，1884 年，天津，见吴弘明等译编《津海关年报档案汇编（1865—1911）》（上），1993 年，第 58、70、226 页。

③ Trade Report，1875 年，广州；《宣统二年广州口华洋贸易情形论略》；见广州市地方志编纂委员会办公室、广州海关志编纂委员会编译《近代广州口岸经济社会概况——粤海关报告汇集》，暨南大学出版社 1995 年版，第 126、499 页。

④ 《参赞威妥玛关于从商业角度看 1864 年度上海港贸易情况的备忘录》，见李必樟译编《上海近代贸易经济发展概况（1854—1898 年）——英国驻上海领事贸易报告汇编》，上海社会科学院出版社 1993 年版，第 85 页。

⑤ 麦劲生：《十八至十九世纪德国商人在中国沿海的活动》，见李金强、刘义章、麦劲生合编《近代中国海防——军事与经济》，香港中国近代史学会 1999 年版，第 419 ~ 434 页。

第二章　晚清时期香港与两广地区的贸易关系

本章力图阐明晚清时期两广地区的通商口岸（广州、汕头、琼州、江门、三水、北海、梧州、南宁、龙州）、特设海关（九龙、拱北）、租借地［广州湾（湛江）］和澳门①与香港之间贸易关系的演进，分析不同口岸对港贸易的特点、商路的变迁，以及香港在其中所扮演的角色。

一、广东三个区域与香港的贸易关系

晚清时期，大珠江三角洲地区和粤东地区、粤西南地区先后开埠通商，香港迅速成为此三个区域重要的贸易对象港。三个区域的对港贸易虽有相似点，但也有各自的特色，尤其是出口土货的商品结构差别较大，从而反映出不同区域的消费习惯和特色经济的发展水平。下文拟分区域来解析这种同异性的形成机理。

（一）大珠江三角洲地区（广州口岸、澳门、九龙关、拱北关、三水口岸、江门口岸）

香港原本就是珠江三角洲的一部分，香港转口贸易的兴起、城市工商业的发展以及市政建设的进步，对珠江三角洲影响甚大。最初的表现是19

---

①　各口岸的开埠时间分别为：澳门（1843）、广州（1843）、汕头（1860）、琼州（1876）、北海（1877）、九龙（1887）、拱北（1887）、龙州（1889）、梧州（1897）、三水（1897）、广州湾（1898）、江门（1904）、南宁（1907），见吴松弟主编《中国百年经济拼图——港口城市及其腹地与中国现代化》，山东画报出版社2006年版，第5～6页。

世纪40—50年代广州口岸的对外贸易相对衰落，与此同时出现了大批人员、资本由珠三角向香港转移的趋势。19世纪60年代以后，随着香港经济的繁荣，珠三角逐渐形成一种面向香港的对外经贸取向，主要体现在向香港输出茶、丝、建材等本地大宗物产及鲜活农畜产品，从香港输入各类日用消费品、粮食，引进先进的商业经营理念等方面。

表2.1　广州口岸进出口贸易额统计表

单位：海关两（1869年为两）

年份	土货出口额	出口香港额	百分比	洋货进口额	香港来货额	百分比
1869	20048975	10900669	54%	8050252	7987867	99%
1874	16287633	9921410	61%	3178859	3145032	99%
1885	13027199	10425292	80%	5710923	5668489	99%
1896	18031721	15324745	85%	13785328	13671853	99%
1904	43361439	39209162	90%	26068065	25664078	98%

资料来源：根据《中国旧海关史料》有关年份贸易统计值折算。

自香港受英国殖民统治以来，广州一直就和香港保持着密切的贸易关系，两地逐渐形成一种内港与外港的分工，即广州成为大批土货出口香港和大批洋货分销内陆的集散地，而香港则是这些货物的国际市场。从表2.1所示的海关贸易统计来看，尽管在19世纪80年代以前，广州尚与其他国内口岸存在一定规模的土货出口贸易；但到了19世纪80年代以后，广州口岸的土货出口贸易已主要指向香港，这反映出80年代以后香港的吸附效应明显增强，而广州口岸的洋货进口贸易历来近乎是全部与香港进行的，可见广州口岸在外贸领域对香港的依存度极高。香港自由港作为多种商品的保税仓库，其廉价便利的仓储条件又使省港两地的贸易更具灵活性。另外，洋商仅在鸦片等少数几类商品的流通领域居于垄断地位，越来越多的贸易活动逐渐转归华商控制，华商往往自行从香港采购货物后运销内地，外商有时只提供一些航运和金融、保险方面的辅助性服务而已。①

前期（九龙、拱北设关前）经广州口岸输往香港的大宗货物有生丝及丝织品、茶叶、爆竹、地席、糖、肉桂；此外各类小宗外销杂货品目繁多，如下表所示：

表 2.2　前期广州口岸出口香港杂货品目表

类别	品名
食品	荔枝、龙眼、蜜饯、良姜、腌制品
日用品	竹器、陶瓷器、衣服、扇子、草帽、漆器、玻璃制品、烟草、夏布
其他	砒霜、藤料、草编制品、靛蓝、铅、药材、纸张、樟木棋子

资料来源：Trade Report，1867 年，1880 年，1881 年，广州，见广州市地方志编纂委员会办公室、广州海关志编纂委员会编译《近代广州口岸经济社会概况——粤海关报告汇集》，暨南大学出版社 1995 年版，第 37 ~ 38、247、259、268 页。

大宗出口商品主要满足国外市场和海外华侨对国内土特产品的需求，如丝、茶经香港转口输往美国、欧洲和澳大利亚，欧洲市场的行情对粤丝的出口贸易影响很大，仅丝、茶两项有些年份就会占广州口岸出口额的70%；广东地席畅销欧美市场，粤米大量出口美国加州以满足那里的大批粤侨对家乡粮食的青睐；桂皮来自广西，经广州运抵香港出口欧美、印度。某些土货则经香港转口北方口岸，如糖、靛青等杂货，镜妆、黄铜器、玛瑙器、玻璃器皿、玉器、烟具等手工业品经香港转口后，依凭子口税制度可大幅降低商人的税费支出。19 世纪 80 年代以后，受其他货源地产品竞争的影响，茶、席等大宗商品出口贸易逐渐发生转型，但其他本地特产品（如桂皮等）则很少受国际市场行情波动的影响，其贸易额在很大

① Trade Report，1871—1872 年，1875 年，1876 年，1877 年，广州，见广州市地方志编纂委员会办公室、广州海关志编纂委员会编译《近代广州口岸经济社会概况——粤海关报告汇集》，暨南大学出版社 1995 年版，第 68、125、168、206 页。王良行：《清末对外贸易的关联效果（1860—1911）》，见张炎宪主编《中国海洋发展史论文集》（第六辑），台湾“中研院”中山人文社会科学研究所 1997 年版，第 283 页。

程度上取决于当年的产量，基本上保持着稳定的供求关系。此外，广东细瓷器、各类扇子、手杖、红木家具等本地手工业品凭借精巧的做工逐渐打开了海外市场，猪鬃、人发则成了国外新兴工业的重要原料，同时蔬菜、鸡鸭、鲜鱼、禽蛋、牛等鲜活农副产品输港贸易也日渐活跃起来，这些商品贸易都成为传统大宗出口货衰落后广州口岸外贸领域出现的新亮点。而另一些土货出口香港则有特殊的背景，如香港制糖业的兴起使得耗糖量较大的蜜饯类产品的生产由广州转移至香港，因为在那里进行规模化生产更为有利可图；抵制洋货运动能够为国货暂时争得一小块市场，但效果难以持久，从1905年抵制美货运动期间国产纸烟热销香港之事可见一斑。①

前期（九龙、拱北设关前）广州口岸从香港输入的大宗洋货有棉花、各类棉毛织品、鸦片、大米、丝织品、金属等，外地土货也有很大比例经香港转口输入广州。进口货除日用品外多为手工业原料，如铅供本地制作茶叶箱的内衬铅箔，汞是制镜业的重要原料，各类奢侈品则主要供富裕阶层消费。鉴于广州城人口众多，大米遂成了省港两地间流通的大宗贸易商品，仅民船每天的运输量有时就可达到7000担的规模，本地粮食收成的丰歉往往会成为决定洋米等多种洋货进口额高低的重要因素。因粮食短缺造成的饥饿与疾病，导致各类药材进口量大增。② 其他各类杂货的进口如以下两表所示：

---

① Trade Report，1866年，1868年，1871—1872年，1874年，1875年，1876年，1877年，1878年，1882年，1907年，广州；Decennial Report，1882—1891年，1892—1901年，广州；《光绪十八年（1892）、十九年（1893）、二十一年（1895）、二十二年（1896）、二十三年（1897）、二十四年（1898）、二十五年（1899）、三十一年（1905）、宣统元年（1909）、宣统二年（1910）广州口华洋贸易情形论略》；见广州市地方志编纂委员会办公室、广州海关志编纂委员会编译《近代广州口岸经济社会概况——粤海关报告汇集》，暨南大学出版社1995年版，第20、53～54、73、81、99、128、132、156～157、188～189、217、275、332、341、355～356、362、370、378～379、386、438、466、490、501、503、864～865、912、915、918页。

② Trade Report，1868年，1871—1872年，1877年，1880年，广州，见广州市地方志编纂委员会办公室、广州海关志编纂委员会编译《近代广州口岸经济社会概况——粤海关报告汇集》，暨南大学出版社1995年版，第49、69、180、251页。

表 2.3　前期广州口岸进口洋杂货品目表

类别	品名
食品	槟榔、海参、墨鱼、鱼肚、海藻、鱼翅、燕窝
日用品	胡椒、油漆、染料
其他	废铜、栲树皮、藤、檀香木、苏木、犀牛角、琥珀、象牙、玻璃、玉石

资料来源：Trade Report，1864 年，1865 年，1867 年，1871—1872 年，1881 年，广州，见广州市地方志编纂委员会办公室、广州海关志编纂委员会编译《近代广州口岸经济社会概况——粤海关报告汇集》，暨南大学出版社 1995 年版，第 7 ~ 9、13、14、33、40、67、158 页。

表 2.4　前期广州口岸土货进口品目表

类别	品名
食品	杏仁、枣、新鲜水果、金针菜、豆货、茶、小麦
日用品	铜器、地毯、棉花、纸扇、毡帽、草席、土布、丝绸、皮革、羊毛
其他	硫化汞、嫩鹿角、药材、烟草、石蜡

资料来源：Trade Report，1867 年，广州，见广州市地方志编纂委员会办公室、广州海关志编纂委员会编译《近代广州口岸经济社会概况——粤海关报告汇集》，暨南大学出版社 1995 年版，第 34 ~ 35 页。

后期（九龙、拱北设关后）多种新兴洋货的进口额有了较快增长，包括煤油、汽油、精制白糖、美国面粉、火柴、煤炭、砑光纸、西式衣帽、手套、鞋靴、香烟、金属管道、机器、铁路物料等，这都与后期大众消费习惯的变化和航运业、本地工业、市政建设、铁路建设的迅速发展或推进有关。奢侈品的进口额大量增加反映出本地人受香港社会奢靡之风影响的程度超过一般口岸，如扶手椅、沙发、弹簧床等西式家具受到富裕阶层的青睐，可这些商品在其他口岸是不多见的；而洋酒、香烟、面粉、洋式服装的销路则主要面向由普通民众构成的低端市场。①

① Trade Report，1887 年，1888 年，1906 年，1907 年，广州；Decennial Report，1882—1891 年，1892—1901 年，广州；《光绪十七年（1891）、二十一年（1895）、三十年（1904）、三十一年（1905）、宣统二年（1910）广州口华洋贸易情形论略》；见广州市地方志编纂委员会办公室、广州海关志编纂委员会编译《近代广州口岸经济社会概况——粤海关报告汇集》，暨南大学出版社 1995 年版，第 300、305、323、355、428、436 ~ 437、446 ~ 447、461 ~ 462、500、858、923 页。

1887年九龙设关，由海关派员接替常关管理内地和香港间的民船贸易，九龙随即以香港为依托，面向广州及其附近的小珠三角地区、澳门及迤西的西江流域、九龙邻近地带（深圳）、粤东地区这四个区域展开接力贸易。① 整个大珠江三角洲与香港间的民船贸易大都须以九龙为途经站报关纳税。经九龙报关的民船贸易与沿海其他海关管理的轮船或外籍帆船贸易相比，具有更宽泛的涵盖面，反映出大珠江三角洲地区与香港之间的贸易往来异常繁密。

土货出口贸易是九龙关贸易的最大部分，某些年份的出口额会接近该关总贸易额的一半。② 经九龙关出口的土货商品结构异常丰富，其中某些类别的土货，如“快速消费品”“笨重消费品”等是九龙关特有的对港贸易，下表按海关的分类大致列出1911年以前九龙关的主要出口品目。

表2.5　九龙关土货出口品目表

类别	品名
农产品	糖、烟叶及烟丝、蔬菜、麻、谷糠、甘蔗、粤米、小麦、生姜、马铃薯
林产品	茶叶、肉桂、桂皮、木材、竹及竹制品、水果、柴炭、橄榄、五倍子、橘皮、樟脑、樟木、干果、蜜饯
副产品	生猪、猪鬃、猪油、牛、烧酒、家禽、禽毛、鲜蛋、腌蛋、生皮、花生油、瓜子、酵母、糖蜜、醋、牛角、鲜肉、干肉、咸肉、萝卜干、咸菜、豆腐
海产品	腌鱼、盐、鲨鱼鳍、墨鱼
手工业品	粤丝、丝织品、丝茧、陶瓷器、玻璃器皿、爆竹、纸张、服装、席、伞、鞋类（鞋、靴、草凉鞋）、土布、夏布、皮革及革制品、神香、扇、棕榈扇、砖瓦、毛笔、眼镜、茶壶（含保温套）、牙刷、白矾、麻袋、草袋、黄铜器皿、金箔、鸦片烟灯、锡箔、坐垫、刺绣、纸钱、字画、镜子、家具

① Trade Report，1887年，九龙，见《中国旧海关史料》，第13－440页。

② Trade Report，1892年，九龙，见《中国旧海关史料》，第19－7页。

（续表）

类别	品名
其他	药材、干蛇、花岗石板材、建材、云母、石棉

资料来源：Trade Report，1887 年，1888 年，1889 年，1890 年，1893 年，1894 年，1897 年，1898 年，1899 年，1901 年，1904 年，1906 年，1907 年，1908 年，1909 年，1910 年，九龙，见《中国旧海关史料》，第 13－441，14－449，15－467，16－483，21－3，22－525，26－76，28－5，30－112，34－39，40－79，43－637，45－674，47－725，50－85，53－153 页。

19 世纪 80 年代以后，香港城市经济日趋繁荣，人口迅速增长，房屋短缺刺激了建筑业的持续繁荣，砖瓦、石灰等笨重建材遂迅速成为珠三角地区的大宗输港货。另外，农家自产的禽蛋中受精蛋所占比例较大，以及新鲜肉制品、各类腌制渔产品等快速消费品均不耐长途运输，适宜进行短程贸易，这都是珠三角地区发展对港贸易特有的优势。珠江三角洲地区的民众素有出洋谋生的传统，由这里走出的华侨为数众多，粤侨分布于世界各地，其对家乡土特产品的需求量极大，本地土特产遂成为海外华侨日常生活及逢年过节凝聚乡谊的必需品，这类商品也逐渐发展成为珠江三角洲适销对路的大宗出口货。以粤米、桂皮、棕榈扇、爆竹、烧酒为例，旅美华侨的需求量相当可观，这几类商品概由香港转口输出。还有一些本地产品须在香港精加工后方能出口国际市场，禽毛即一例。随着香港本地制造业的发展，从内地进口的各类原材料不断增多。珠三角出产的云母、石棉是轮船锅炉良好的隔热材料，这些原材料的出口推动了香港船只修理补给业的兴起。香港的怡和、太古两家大型糖厂也需从珠三角进口一部分原料糖。1894 年，香港出现了史无前例的鼠疫大流行局面，此后鼠疫屡次复发，病人平均死亡率在 90% 以上，从而给各阶层民众造成了极大的心理恐惧。神香、爆竹、锡箔等多种迷信品因被赋予了“驱瘟神”的功能，出口量会在短时间内大幅增长。①

① Trade Report，1887 年，1889 年，1891 年，1894 年，1895 年，1897 年，1898 年，1899 年，1900 年，1907 年，1908 年，1909 年，九龙；Decennial Report，1902—1911 年，九龙；见《中国旧海关史料》，第 13－443，15－467，19－3，22－524，23－511，26－74，28－5，30－111，32－84，85，45－673，674，677，47－725，50－83，155－618 页。

表 2.6　九龙关土货进口品目表

类别	品名
农产品	豆货、椰枣、麻、金针菜、芝麻、木耳、莲子、棉花、烟叶、鲜菜蔬、胡桃、咸菜
林产品	片竹、柿饼
副产品	粉丝、生猪、生皮、粪肥、花生油、花生饼、菜油、黄丝、土布、夏布、禽毛、瓜子
渔产品	腌鱼、虾米、海贝
手工业品	白蜡、明矾、蜡烛、靛、席、陶瓷器、草袋、棕榈扇、锡箔
其他	药材、石膏

资料来源：Trade Report，1887 年，1888 年，1889 年，1892 年，1893 年，1894 年，1904 年，九龙，见《中国旧海关史料》，第 13 – 441，14 – 448，15 – 467，19 – 8，21 – 3，22 – 526，40 – 78 页。

表 2.7　九龙关洋货进口品目表

类别	品名
大宗	米谷、谷糠、棉纺织品、毛织品、鸦片
杂货	金属、鱼、蘑菇、木材、藤、煤油、槟榔、火柴、洋糖、油漆、皮革、花生、花生油、菜油、石料、煤、针、胡椒、玻璃、丁香、海参、海藻、羽毛带、胶鞋、头饰、葡萄干、金属扣子、粉丝、水泥、牛皮、烈性酒
其他	美国面粉、甘薯粉、燧石、钟表、西洋参、红树皮、石板材、硝石、硫黄、辰砂、朱砂、象牙、犀牛角、机器、市政建设器材、铁路物料

资料来源：Trade Report，1887 年，1888 年，1889 年，1892 年，1893 年，1894 年，1897 年，1899 年，1901 年，1902 年，1903 年，1904 年，1905 年，1906 年，1907 年，1908 年，1909 年，1910 年，九龙，见《中国旧海关史料》，第 13 – 441，14 – 448，15 – 467，19 – 8，21 – 2，22 – 525，26 – 75，30 – 112，34 – 39，36 – 69，38 – 78，40 – 78，41 – 637，43 – 637，45 – 673，47 – 724，725，50 – 84，85，53 – 153 页。

经九龙关进口的商品以日用品为主，举凡米谷、鸦片、棉纺织品、金属、煤油、火柴等，都是日常生活离不开的。由于粤丝等产品长期以来一直是广东的大宗出口货，经济作物与粮食作物争地的矛盾早已出现且逐年突出，即便在丰年也需要大批进口暹罗米，而香港则是安南大米出口珠三角乃至整个中国沿海地区和东亚地区的集中转口港，出口珠三角的米谷大多会在九龙转换内河船只运往目的地。米通常会占九龙关进口额的1/5～1/4，若再加上鸦片的话，两项合计有些年份会占到进口额的一半，故这两种商品可以在相当程度上影响到其他类洋货的进口。20世纪后，犀牛角、钟表、烈性酒等奢侈品开始出现在进口商品类目当中，但硝石、硫黄等手工业原料的进口额所占比例仍很小，而铁路物料、市政建设器材等生产资料的进口直到很晚才出现，且未能显著改变贸易结构。作为自由港，香港日益成为著名的军火走私中心，华南沿海、内河水域水贼活跃，劫船事件频繁发生，这些水贼恰是利用了香港在军火贸易领域特有的种种便利条件。绝大部分军火贸易都通过走私渠道进行，不见于海关记录，但其规模甚巨。①

澳门作为与香港一水之隔的葡萄牙殖民统治地，在晚清时期经历了一连串角色调整的过程。鸦片战争后，澳门凭借其背靠粤西南下四府及扼西江入海口这样一种优越的地理位置，逐渐成为粤西南乃至整个西江流域对港贸易的中转站，这种转口功能在19世纪80年代达到顶峰。随着琼州和北海于70年代后期开埠，粤西南地区的对外贸易渐有摆脱澳门中转的趋势。19世纪90年代以后，随着苦力贸易的衰竭，澳门港口的逐年淤浅，澳葡当局的政策失当，澳门在对外贸易领域所面临的不利因素日渐增多。1897年西江流域商埠对外开放后，江门、陈村、顺德等较大的市镇转而直接从香港和广州进货，澳门的贸易更形减色。1898年广州湾（湛江）开放后，迅速发展为粤西南地区的一个鸦片走私中心，分流了相当一部分原经澳门中转的鸦片贸易，雷州府出产的草席和赤糖自此也不再经澳门中转而

---

① Trade Report，1887年，1888年，1891年，1895年，1897年，1906年，1907年，1909年，1910年，九龙；Decennial Report，1887—1891年，1892—1901年，九龙；见《中国旧海关史料》，第13－443，14－447，19－3，23－511，26－74，43－639，45－673，50－85，53－151，152，152－697，154－220页。

直运香港。当这些口岸相继开放通商后，澳门港丧失了其旧有的粤西南地区和西江流域腹地，仅能对邻近一小片地区继续发挥贸易转口功能。①

依据拱北关贸易报告的记录，可以大致归纳出澳门与香港两地的贸易结构。在澳门港的转口贸易处于兴盛时期的19世纪80—90年代，从香港进口，然后经澳门转往粤西南地区和西江流域的大宗货物如表2.8所示：

表2.8　拱北关进口货品目表

类别	品名
洋货	鸦片、各类棉纺织品、面粉、煤油、米谷、金属、火柴
土货	咸鱼、药材、花生油、糖、粉丝、粤米、家禽及禽蛋、葵扇、材炭、鲜果、鲜菜、咸菜、油料、纸张、生猪、茶叶、板材、建材、烟叶、米糠、土布、酱油、草席

资料来源：Decennial Report，1887—1891年，1892—1901年，拱北，见莫世祥等编译《近代拱北海关报告汇编》，澳门基金会1999年版，第9~11、49~56页。

在小珠三角区域内，贸易活动会受制于多种因素。受民船与轮船运费的波动，以及子口税与厘金征收额差异的影响，物流的途径变动频繁，贸易路线经常会在小范围内改道以节约支出，由此导致的个别口岸、个别商品贸易额的大幅波动实属正常现象。以广州和澳门为例，哪里税轻商人就会选择从哪里进口货物。传染病流行期间，贸易活动会绕过疫情严重的口岸，直接与其他无疫口岸进行。某些重要原材料价格的波动也会对贸易路线产生影响，如盐价的高低会影响鲜鱼贸易的走向，澳门市场盐价一度偏高，致使大批渔户绕过澳门直接将货运往香港腌制。仓储费用与销货速度也能间接影响贸易路线，假如货物的销路不被看好，商人往往会选择仓储

① Decennial Report，1892—1901年，1902—1911年，拱北；《光绪十三年（1887）、十六年（1890）、二十三年（1897）、二十四年（1898）、二十六年（1900）、三十三年（1907）拱北口华洋贸易情形论略》；见莫世祥等编译《近代拱北海关报告汇编》，澳门基金会1999年版，第48、59、79、126、142、181、183、185、187、202、246页。莫世祥：《近代澳门贸易地位的变迁——拱北海关报告展示的历史轨迹》，载《中国社会科学》1999年第6期。

费用较为低廉的澳门作为终点市场，如果是畅销货，当然会以直运香港为首选。①

三水位于西江、北江、绥江汇合处，江门位于三水下游，周围地区的水果蔬菜种植业、禽畜及淡水鱼养殖业、手工业均很发达，且拥有开展集散贸易的良好条件。两地先后于1897年和1904年设关开埠，可对粤西北地区乃至广西梧州与珠三角之间的货物流通发挥中转集散功能，两埠遂成为珠三角边缘地区通向港澳的出口。②

表2.9　三水口岸进出口贸易额统计表

单位：海关两

年份	土货出口额	出口香港额	百分比	洋货进口额	香港来货额	百分比
1898	275043	134423	49%	1243020	1243020	100%
1904	1217873	776039	64%	1654840	1648258	100%

资料来源：根据《中国旧海关史料》有关年份贸易统计值折算。

三水口岸的贸易结构相对简单，当地开埠以后由于同广州、梧州等口岸也有一定量的土货贸易往来，所以该口岸土货出口香港的数额约占土货出口总额的一半左右，但进口的洋货则几乎全部来自香港。棉纱、匹头、面粉、白糖、煤油等洋货自开埠伊始就是大宗进口货，此外还有槟榔、鱿鱼、墨鱼、火柴、白蜡、薯莨、石膏、各类铁器、药材、红茶、苯胺染料等日用品也陆续输入当地市场。进口的洋货除食品、日用品外，多系手工

① Trade Report，1890年，1891年，1895年，1898年，1904年，九龙，见《中国旧海关史料》，第16-483，19-3，23-511，28-6，40-78页。Decennial Report，1887—1891年，1892—1901年，拱北；《光绪二十年（1894）、二十一年（1895）、二十二年（1896）、三十年（1904）拱北口华洋贸易情形论略》；见莫世祥等编译《近代拱北海关报告汇编》，澳门基金会1999年版，第8、54、168、172、178、233页。

② Decennial Report，1897—1901年，三水，见广州海关方志学会、三水市口岸办公室、三水市方志办公室合编《近代三水口岸贸易概况》，1994年，第1~2页。

业原料，如棉纱是供“各处妇女……织造土布出售，谋斯微利”，洋铁供“锻制犁、锄、锹、铲及耕垦各种器具”。三水的地方手工业较为发达，爆竹、纸料、土布、土丝、烟丝、草席包、赤糖、肉桂油、牛等手工业品和畜产品大批出口港澳市场。此外，三水附近出产茶、肉桂、生姜、茯苓、甘蔗、烟叶、苎麻、蒲草等多种土特产及香蕉等热带水果，这些农副产品的出口贸易也很兴盛。还有几种本地特产——禾花雀、鲜鱼、肉脯、禾虫、田鸡、腊腌鼠等，加工成罐头后在港澳市场及美澳诸洲的华侨社区颇受欢迎，是那些地方难得的珍馐美味，以禾花雀罐头的出口量最多。①

受海外华侨消费习惯的影响，江门口岸的对外贸易几乎全部都是对港贸易，江门附近的四邑（新会、新宁、开平、恩平）是著名的侨乡，旅美、澳、加华侨众多，虽然本地贸易连年入超，但巨额侨汇成为推动本地区民众大批消费洋货的直接动力，港澳两地均为本埠重要的贸易对象。本地归侨的消费拉动了多种新式洋货的进口，也为这里引进了文明时尚的消费观念，进而促进了本地多种新兴加工业的崛起，这对贸易结构的转型助益很大。②

表 2.10　江门口岸进出口贸易额统计表

单位：海关两

年份	土货出口额	出口香港额	百分比	洋货进口额	香港来货额	百分比
1904	937844	896944	96%	1604098	1593637	99%

资料来源：根据《中国旧海关史料》有关年份贸易统计值折算。

---

① Trade Report，1897 年，1904 年，1906 年，1907 年，1908 年，三水；Decennial Report，1897—1901 年，三水；《光绪二十四年（1898）、二十五年（1899）、二十六年（1900）、二十七年（1901）、二十八年（1902）、二十九年（1903）、宣统元年（1909）三水口岸华洋贸易情形论略》；见广州海关方志学会、三水市口岸办公室、三水市方志办公室合编《近代三水口岸贸易概况》，1994 年，第 10 ~ 11、55、57、61、69、76 ~ 77、84、93 ~ 94、104 ~ 105、117、134、140、146、152 页。

② Trade Report，1905 年，1907 年，1909 年，1910 年，江门，见《中国旧海关史料》，第 41 – 665，45 – 700，50 – 118，53 – 186 页。

经江门口岸输入的洋货初期主要是多种食品和日用品，有渔产品、外洋面粉、稻米、白糖、匹头、煤油、火柴、金属等。本地归侨生活习惯的西化发挥了一种倡导功能，促使内地居民纷纷起而效仿。后期多种新式洋货的进口量不断增加，如棉袜、手帕、西式布帽、哔叽布服装、西式鞋靴等，这些商品大都产自日本或侨商在香港创办的企业。本地归侨携其于海外积累的资本和经验，在香港创办了西式针织厂，仿造西方产品生产美式内衣、汗衫，结果这些“仿欧货”畅销内地市场，此类企业的成功经营带动了多种内地特色工业的发展。如以河水中丰富的贝壳为原料烧制石灰；利用本地出产的优质烟叶生产雪茄；创办榨油场、磨米场、苎麻纤维纺织厂；利用本地盛产多种热带水果的便利条件创办水果罐头厂等，香港于是成为内地多种新式工业企业所需的大宗成套机器设备、物料的采购市场，也是这些企业所生产的产品的转口地和重要消费市场之一。①

江门口岸出口的大宗土货主要是本地生产的农副产品和手工业品，有烟叶及烟丝、蔬菜（马铃薯、白菜、芥菜、大蒜）、水果（橙、荔枝）、家禽及禽蛋、生猪、神香、草席、葵扇、红茶等。其中有些供应香港本地市场消费，如禽蛋、鲜菜等。另一些则取道香港转口输出，如本地出产的优质烟叶在广西、云南等内陆省份销路很好，但要经香港返运梧州或转其他路线输出，借以使其享受洋货子口税待遇；液靛、土布、纸等土货出口贸易要绕道香港也是同样的道理。本地出产的优质稻米备受香港市场青睐，但受制于清政府颁布的粮食不得外销的禁令，一般都通过走私的渠道出口香港，尤其是当两地的差价较大时走私规模会迅速扩大。葵扇是新会周边地区出产的特色手工业品，主要出口港澳；草席则是常用的包装材料，在港澳这样的大型贸易转口港消耗量极大；本地外销的茶叶主要供海外华侨消费。后期随着本地侨资企业的大量涌现，这些企业仿造美国工艺生产的

---

① Trade Report，1904 年，1905 年，1906 年，1907 年，1908 年，1909 年，江门，见《中国旧海关史料》，第 40－155，41－664，43－664，666，45－699，701，47－754，756，50－118，120 页。

荔枝、杨桃、竹笋及蔬菜等多种罐头食品，在香港和海外华侨聚居地开拓出广阔的市场，出口量较前期大增。正因如此，江门被称为“香港的花园和农场”。①

（二）粤东潮汕地区（汕头口岸）

汕头位于韩江入海口处，开埠后迅速崛起为粤东地区进出口货物的集散地。因为汕头与香港海程相距不远，两地的贸易关系日渐密切。香港转口贸易的兴起，促使潮汕地区农业和手工业生产的商品化程度有较大提高；同时，香港也成为潮汕地区市场上多种洋货的主要来源地；此外，侨需品贸易成为强化两地经贸联系的重要推动力。但和省内其他地区与香港发生的对流贸易有所不同，港汕贸易的对流性不强，来自香港的洋货进口额在汕头口岸对外贸易总额当中所占比例较大，一般占90%以上，当地出口香港的土货则所占比例不大，尤其是在汕糖出口贸易衰落之后，最高只能达到15%左右。②

表2.11　汕头口岸进出口贸易额统计表

单位：海关两（1869年为两）

年份	土货出口额	出口香港额	百分比	洋货进口额	香港来货额	百分比
1869	2882519	41738	1%	3570356	3269554	92%
1874	4367739	195588	4%	6931138	6876131	99%

① Trade Report，1904年，1905年，1906年，1907年，1908年，1909年，1910年，1911年，江门；Decennial Report，1904—1911年，江门；见《中国旧海关史料》，第40-154，155，41-664，43-664，45-700，47-754，50-118，119，53-185，186，56-193，155-640页。Trade Report，1904年，1905年，1906年，三水；Decennial Report，1897—1901年，三水；《宣统二年（1910）三水口岸华洋贸易情形论略》；见广州海关方志学会、三水市口岸办公室、三水市方志办公室合编《近代三水口岸贸易概况》，1994年，第2、116、123、133、156页。

② 杨群熙辑编点校：《潮汕地区商业活动资料》，潮汕历史文化研究中心、汕头市文化局、汕头市图书馆，2003年，第60页。Trade Report，1883年，1897年，汕头，见《中国旧海关史料》，第10-352，25-475页。

（续表）

年份	土货出口额	出口香港额	百分比	洋货进口额	香港来货额	百分比
1885	5985564	1032240	17%	6545012	6041442	92%
1896	6483667	666110	10%	8679683	8238889	95%
1904	14664863	2060296	14%	14391871	13248350	92%

资料来源：根据《中国旧海关史料》有关年份贸易统计值折算。

19 世纪 80 年代中叶以前的时期，堪称潮汕地区制糖业的黄金时代。不仅中国北方市场对汕糖的需求量极大，就连远至欧美澳等地的外国糖厂也都直接上门采购，或者通过香港代理商采购汕头粗糖，这样就使得香港无法成为汕头口岸外销土货的重要出口市场。1876 年，怡和洋行在香港设立中华火车糖局，因制糖原料供货不足，便于 1880 年在汕头设立分厂就地生产粗糖，所得初级产品全部运往香港加工精制，营业遂日渐兴盛。香港也一度成为汕糖最大的外销市场，香港在汕头口岸土货出口贸易领域所占的比重因之得以明显提高，可是一旦香港市场需求不旺或出价过低，汕糖就得另谋销路。1885 年是汕糖出口贸易的转折点，欧美市场和香港市场都开始从别地进口原料糖，汕糖在香港市场上频频受挫，海外市场也日渐萎缩，香港生产的精糖更使汕糖在内地的销路大失。只有在国际市场上的其他糖源涨价时，汕糖才能暂时收复香港市场。汕糖出口贸易的衰落再一次降低了香港在汕头口岸土货出口贸易额中所占的比重。汕糖贸易领域出现的另一种挣扎求售的手段，就是靠掺兑之法来冒充香港优质精糖欺诈顾客。到了 20 世纪初年，纯净洁白的香港精糖已打入汕头市场，受到本地用糖大户蜜饯加工业者的青睐，因其可以大大简化原先使用本地糖加工蜜饯时所不可避免的漂杂流程。再加上其糖源产地荷属东印度的生产管理水平高于潮汕地区，相比之下港糖在生产成本与质量上均占优势，汕糖完全不敌对手，于是只得愈发依赖精粗互掺冒牌求售。①

潮人侨居暹罗、马来亚、安南等处者为数甚多，其生活习惯仍不脱故乡风尚。制糖业衰落后，供应海外华侨消费的各类本地土特产品的出口贸易逐渐兴旺起来。粗陶瓷器、粮食、蔬菜、水果（柑橘）、液靛、锡箔、甲鱼等大批出口曼谷和海峡殖民地，鉴于直航贸易规模有限，有较大比例的上述外销商品只能通过香港转口输出。19 世纪 90 年代以后，烟叶、柿饼、锡箔已发展成为潮汕地区经香港转往南洋的三大宗产品；粗茶、鲜蛋、神香也逐渐扩大了销路；烧酒、咸鱼、糖蜜、纸张出口贸易也在渐次兴起。另外两种大宗出口货抽纱和潮绣于 19 世纪末打入了国际市场，香港抽纱商与汕头本地抽纱商组成联号，合力向欧美市场推销产品，外国洋行也不遗余力地在香港大量采购这两类商品。抽纱手工业所需的纱等原料则可就近从香港输入。这些新兴出口产业的发展，使香港在汕头口岸土货出口总额中所占的比重有所回升，但因汕糖北销上海及北方环渤海地区的数量较大，因此仅靠少数几种输港商品贸易额的增加尚不能大幅提高香港在汕头口岸土货出口额中所占的比重。此外，香港城市生活所需的一些日用消费品（如花生油、牛等），也逐渐成为潮汕地区新的输港商品，但出口

① Trade Report，1882 年，1883 年，1884 年，1885 年，1886 年，1887 年，1888 年，1889 年，1890 年，1901 年，1902 年，1903 年，1907 年，汕头，见《中国旧海关史料》，第 9 - 805，10 - 353，775，776，11 - 355，12 - 370，13 - 393，14 - 401，15 - 419，16 - 432，33 - 549，36 - 5，6，38 - 4，45 - 613 页。Decennial Report，1882—1891 年，1892—1901 年，汕头，见中国海关学会汕头海关小组、汕头市地方志编纂委员会办公室合编《潮海关史料汇编》，1988 年，第 3、42 页。姚贤镐编：《中国近代对外贸易史资料（1840—1895）》（第三册），中华书局 1962 年版，第 1504 页。郑可茵、赵学萍、吴里阳辑编点校：《汕头开埠及开埠前后社情资料》，潮汕历史文化研究中心、汕头市文化局、汕头市图书馆，2003 年，第 41 页。范毅军：《广东韩梅流域的糖业经济（1861—1931）》，载台湾《“中研院”近代史研究所集刊》1983 年第 12 期。杨群熙辑编点校：《潮汕地区商业活动资料》，潮汕历史文化研究中心、汕头市文化局、汕头市图书馆，2003 年，第 64 页。

规模都不算大。①

汕头口岸的洋货进口贸易是港汕贸易的另一出重头戏，潮汕地区需求的洋货很容易从邻近的香港市场购得。1897 年以前，鸦片一直是汕头口岸进口额最高的单类商品，除供本地消费外，还转销往湖南、江西、福建等地，这显然与汕头口岸的实际税费征收额较低有直接关联。鸦片常常被本地商人们用来交易土布等产品，这不但可以缓解通货短缺的困境，更重要的是能将相当一部分贸易锁定于香港一途，使汕港两地的贸易关系（特别是洋货进口贸易关系）愈发密切。棉纺织品是汕头口岸的另一类大宗进口货，香港市场行情的升降对汕头口岸该类产品的贸易量影响很大。毛织品、各类金属（铁及铁器、锡、铝）、洋伞、火柴、煤油、窗玻璃等洋货在汕头市场上也很受欢迎。19 世纪 90 年代中期以后，汕头口岸的洋货进口结构日渐多样化，美国面粉销路日广，饼干、肥皂、炼乳、香水等奢侈品也开始大量进口了，而香港则是这些进口洋货的主要发货港。②

（三）海南岛与雷州半岛（琼州口岸、广州湾租借地）

海南岛对外交通方便，但开发滞后，当地贸易的发展长期停留在较低

---

① 杨群熙辑编点校：《潮汕地区商业活动资料》，潮汕历史文化研究中心、汕头市文化局、汕头市图书馆，2003 年，第 259 页。郑可茵、赵学萍、吴里阳辑编点校：《汕头开埠及开埠前后社情资料》，潮汕历史文化研究中心、汕头市文化局、汕头市图书馆，2003 年，第 192 页。Trade Report，1882 年，1891 年，1895 年，1897 年，1898 年，1906 年，汕头，见《中国旧海关史料》，第 9 – 805，806，17 – 453，23 – 458，25 – 476，27 – 485，43 – 583 页。

② Decennial Report，1882—1891 年，1892—1901 年，汕头，见中国海关学会汕头海关小组、汕头市地方志编纂委员会办公室合编《潮海关史料汇编》，1988 年，第 29、45 页。Trade Report，1885 年，1887 年，1891 年，1899 年，1907 年，汕头，见《中国旧海关史料》，第 11 – 354，13 – 392，17 – 453，30 – 2，45 – 614 页。杨群熙辑编点校：《潮汕地区商业活动资料》，潮汕历史文化研究中心、汕头市文化局、汕头市图书馆，2003 年，第 63 页。范毅军：《汕头贸易与韩江流域手工业的变迁（1867—1931）》，载台湾《“中研院”近代史研究所集刊》1982 年第 11 期。姚贤镐编：《中国近代对外贸易史资料（1840—1895）》（第二册），中华书局 1962 年版，第 1101 ~ 1102 页。郑可茵、赵学萍、吴里阳辑编点校：《汕头开埠及开埠前后社情资料》，潮汕历史文化研究中心、汕头市文化局、汕头市图书馆，2003 年，第 191 页。

的水平上。海南岛除了与邻近的北海、汕头港，以及新加坡、暹罗、安南等地开展有少量直接贸易，其余绝大部分进出口贸易均面向香港展开。当地土货出口香港的数额占琼州口岸出口总额的比重，从开埠之初的68%很快上升到90%左右，而香港来货额一般也占琼州口岸洋货进口额的90%以上。受香港城市经济日趋繁荣的拉动，海南岛逐渐成为香港市场所需的制糖原料和多种鲜活禽畜产品的供应地，同时鸦片和各类外来日用品也大量经香港市场转销海南岛。广州湾租借地开埠前，雷州半岛的不少出口货须绕道琼州口岸，然后从那里转轮船出口香港，特别是半岛南部海安一带地方一直以琼州口岸为进出口港，琼州口岸的大宗进出口货物当中包含有一定量的源自（或转往）雷州府的贸易商品。①

表2.12　琼州口岸进出口贸易额统计表

单位：海关两

年份	土货出口额	出口香港额	百分比	洋货进口额	香港来货额	百分比
1878	416988	284331	68%	679361	640810	94%
1885	1255757	1153802	92%	1234964	1222162	99%
1896	1283821	1244550	97%	1817810	1524111	84%
1904	2469878	2197110	89%	2462376	2389044	97%

资料来源：根据《中国旧海关史料》有关年份贸易统计值折算。

19世纪80年代前后，海南岛以及对岸雷州半岛海安一带地方出产的粗糖满足了此时香港制糖业对原料的需求，这些原糖在香港市场上销路较好，华商会提前放贷给蔗农，从而排斥了洋商染指原糖的收购活动。随着香港城市人口的增加和经济的繁荣，香港市场上对生猪、禽蛋类产品的需求量日益增长，邻近的海南岛得益于良好的自然养殖条件，可以向香港大批输出此类产品，有些年份香港市场的需求特别强劲，结果导致连海南岛供应地的半成品（如幼猪）都被抢购一空。其中有些本地出口货除供香港

① Trade Report，1896年，琼州；Decennial Report，1882—1891年，琼州；见《中国旧海关史料》，第24－597，152－629，631，632页。

当地消费外，还经进一步加工后复出口到国外市场，以鸭蛋运港腌制为例，有不少外销香港的海南岛鸭蛋又被出口到美国和新加坡等地。此外，海南槟榔、花生饼、生皮等土货外销香港的数量也能达到一定规模。①

19 世纪 80 年代中期以后，海南糖不适合精制的缺点逐渐表现得突出起来，遂日益面临着爪哇糖和台湾糖的有力竞争，海南糖逐渐丧失了香港市场。禽畜产品出口贸易则依然兴盛，香港市场的行情一直看好，这成为海南岛最盈利的出口贸易，有些货源（如鲜蛋）长期维持了供需两旺的局面，香港市场的强劲需求曾多次引发海南岛本地市场相关农副产品的价格上涨。在疫病流行期间，琼州口岸的牲畜出口额往往会大增，因为与其使更多的牲畜无利可图地染病死去，不如趁其还未染病就及早出口到香港市场出售。自然（气候）因素也会对禽畜产品的出口贸易产生较大影响。如在庄稼歉收的年份，由于饲料缺乏，养殖禽畜的成本会明显提高；而在干旱的年景，鸭子因缺少可以游水的池塘会降低产蛋率，进而导致养殖户会更倾向于直接出口活禽而非蛋品。除香港外，琼州口岸基本上没有其他比较重要的贸易替补对象，所以有些年份如果本地土货出口量过大，就会造成大批禽畜产品积压在香港，进而导致商人与农户双双赔本。此外，因气候灾害、市面银根松紧等因素造成的香港商业景气情况的波动，也会对琼州口岸外贸生意的盈亏产生决定性影响。到了后期，各类席制品、芝麻、高良姜、烟叶、鲜荔枝及各类水果罐头等新兴商品的出口贸易次第兴起，香港都是其主要销场。②

---

① Trade Report，1882 年，1883 年，1884 年，琼州，见《中国旧海关史料》，第 9 - 849，10 - 398，399，821，822 页。

② Trade Report，1886 年，1887 年，1888 年，1889 年，1891 年，1892 年，1893 年，1895 年，1896 年，1897 年，1900 年，1901 年，1902 年，1903 年，1904 年，1906 年，1907 年，1909 年，1911 年，琼州；Decennial Report，1892—1901 年，1902—1911 年，琼州；见《中国旧海关史料》，第 12 - 414，13 - 489，14 - 511，15 - 537，538，17 - 588，589，19 - 88，89，21 - 81，82，23 - 590，24 - 597，26 - 154，32 - 158，34 - 158，36 - 191，38 - 204，40 - 225，43 - 699，45 - 751，50 - 169，56 - 246，154 - 394，155 - 700 页。

琼州口岸前期进口的洋货以鸦片为最大宗，其他多为日用品，如棉纺织品、金属、煤油、火柴、美国面粉、染料等。琼州口岸的许多类洋货进口贸易（如匹头贸易），完全操诸香港总店派驻当地的代理人之手，且明显会受香港市场行情的支配。后来鸦片进口贸易逐渐不堪琼州口岸重税的困扰，恰好琼侨移民返乡时又多以香港为中转港，以致返乡移民多在行李中夹带鸦片，以为奇货可居。随着走私鸦片之风日盛，棉纺织品名义上跃升为最大宗的进口货。①

19 世纪 90 年代以后，琼州口岸进口杂货的种类日益多样化，炼乳、香烟、钟表等奢侈品的进口量有所增长，表明外贸活动在缓慢地改变着当地人的生活习惯。此外，多种治疗热带疾病的特效药（如奎宁），一般会在香港调配后出口至内地传染病流行地区；香港企业生产的肥皂倾销海南全岛，原色洋布会在香港被印染成内地适销的颜色后再发往琼州出售，有时甚至会被直接裁制成长马褂供应大批参加科举考试的考生，香港已逐渐成为海南岛市场所需的多种特色日用品的加工地。值得一提的是有些原料或半成品的进口税率低于成品的进口税率，故适合于在内地兴办来料加工型手工业作坊，而香港市场则可以为海南岛本地手工业作坊提供有一定技术含量的手工业半成品或原料。以海南岛当地的制伞业为例，其所需的铁伞骨、铜箍等精制零件均可就近从香港采购。还有一些廉价劣质果品（如海峡槟榔）在香港市场销路不佳，于是复出口到海南岛，与本地产的同种优质果品混合后，再以本地优质果品的名义返销香港便可获利，这真可谓是一种畸形的劣货贸易营销方式。②

1899 年法国强租广州湾后，也仿效英国人在香港的做法实行自由港管

---

① Trade Report，1882 年，1883 年，1884 年，1885 年，1889 年，1891 年，1892 年，琼州，见《中国旧海关史料》，第 9 - 848，10 - 397，400，820，821，11 - 400，15 - 536，17 - 588，19 - 88 页。

② Trade Report，1883 年，1884 年，1894 年，1895 年，1904 年，琼州；Decennial Report，1892—1901 年，琼州；见《中国旧海关史料》，第 10 - 398，821，22 - 603，23 - 590，40 - 224，225，154 - 393，401 页。

理体制，货物出入广州湾完全免税。但法国殖民者只顾掠夺，毫不重视交通渠道的拓展与建设，所谓广州湾“北连大陆”之说在商业上并无实在含义。广州湾的腹地范围仅包括其周边一小片地区，即广东高州府、雷州府和广西郁林州。虽然北海口岸的对外贸易的确在一定程度上受到广州湾开埠后产生的分流效应的影响，但总体而言这种影响是有限的。尽管如此，广州湾开埠满足了高州府和雷州府出产的土货就近出口的需要，可从那里装船直运港澳。在洋货进口贸易领域，走私贸易是其重头戏，尤其是大量鸦片自港澳直接运入本地，几乎不受任何管束。根据民国时期的记载，广州湾从港澳进口的货物主要还有洋纱、布匹、化工原料、五金等，出口货则有牛皮、苎麻、矿砂、五倍子、烟叶等。①

二、广西三个区域与香港的贸易关系

晚清时期，广西的开发与开放虽远落后于邻省广东，但在北部湾地区（当时隶属广东省）、桂西南地区和西江流域先后有 4 个口岸开埠通商，进而可以通过 3 条不同的商路直接或间接地与香港进行贸易往来。广西的出口贸易结构与邻省广东相比差别较大，受本省独特的亚热带山地气候条件影响，多种特色经济作物逐渐发展成为其出口贸易领域的大宗外销货。

（一）北部湾地区（北海口岸）

广西的对外贸易在长期的历史发展过程中，逐渐形成了一种附属于邻省广东的格局，西江锁钥梧州港是广西开展对外贸易的枢纽。但当历史跨入近代以后，北海口岸得益于贴近广西内陆市场的有利条件，开埠后很快成为北部湾地区重要的对外贸易通道，其腹地范围逐渐扩展至广西乃至云

---

① 《光绪三十四年（1908）拱北口华洋贸易情形论略》，见莫世祥等编译《近代拱北海关报告汇编》，澳门基金会 1999 年版，第 254 页。邱炳权《法国租借地广州湾概述》，谭启浩《广州湾地区走私问题的历史考察》，湛江市工商联史料编写组《广州湾的商业》，吴均《广州湾的交通运输》，沈荣嵩《法国统治广州湾时期的广州湾港（今湛江港）》，以上论文均见中国人民政治协商会议广东省湛江市委员会文史资料研究委员会编《湛江文史资料》（第九辑），1990 年，第 4、15、96、113 ~ 114、191、203 页。

贵等省的广阔内陆区域。北海口岸的贸易活动在19世纪90年代前后臻于极盛，随后受到其他新辟口岸分流效应的影响，除与邻近的琼州口岸和越南海防港保持有断断续续的经贸联系外，北海口岸的对外贸易几乎全部面向香港进行，货物和资金的流动大多取道香港中转。①

表2.13　北海口岸进出口贸易额统计表

单位：海关两

年份	土货出口额	出口香港额	百分比	洋货进口额	香港来货额	百分比
1879	130915	130765	100%	196897	195480	99%
1885	836017	825393	99%	1536542	1514705	99%
1896	1114454	1112621	100%	2983903	2983903	100%
1904	1122423	1057913	94%	1871008	1816525	97%

资料来源：根据《中国旧海关史料》有关年份贸易统计值折算。

19世纪70年代以后，香港的转口贸易已步入繁荣期；但北海口岸在开埠之初并没有受到香港商人的青睐，以致连接北海和香港的不定期轮船航线吨位经常出现过剩。但几年之后北海口岸的对外贸易就大有起色，广西全境乃至云贵两省的部分区域相继被纳入了北海口岸的腹地范围。鸦片、各类外洋棉纺织品、毛织品、火柴、染料、针、煤油灯、西药、美国面粉等洋杂货，国内北方地区和长江流域出产的棉花、药材、粉条、土布、丝织品、白蜡等土货纷纷经香港转口输入北海口岸。而腹地出产的大宗土特产品八角、八角油、肉桂、肉桂油、生皮、糖、液靛等则纷纷取道北海口岸出口香港转销海外，这些产品不但在欧美市场销路甚佳，香港本地市场消费的数量也不少。中法战争期间红河水路运输一度受阻，云南出产的大锡不得不临时改经广西商路外销，遂以北海口岸为新的输出港，大批量运销香港。法属安南推行的重税政策，更使得云南省的相当一部分对外贸易商品会在必要时取道广西经北海口岸进出口。中法战争结束后，开

① Trade Report，1884年，北海，见《中国旧海关史料》，第10-833页。

辟出了北海—香港定期轮船航线，这就使传统的西江商道开始面临北海口岸强大牵引力的蚕食，不过由于北海通往深内陆地区的交通路线多有不便，因此上述两条商路各具优势，得以长期并存。①

19 世纪 90 年代前后，国内外市场对多种原料的需求迅速增长，北海口岸的贸易活动遂趁势进入兴盛期，一度有近 70 家华商行号驻扎此地，生意十分兴隆。广西内陆区域出产的油料、燃料（材炭）、家畜等特色农副产品，北海本地出产的各类海产品出口量猛增，香港则能够将这些来自广西的土货快速转口到国内外市场。除琼州可与北海开展直接贸易外，来自其他中国沿海口岸的出口货（土货）大多须通过香港转口输入北海口岸。这一时期，北海口岸的洋货进口贸易结构也益趋多样化，除棉纺织品等大宗日用消费品的进口量稳步增长外，一些适销内地的新兴洋货，诸如德国驱虫药片、日本火柴等也渐次打入内陆市场。随着广西省内经济作物的广泛种植，香港—北海航线逐渐成为粮食歉收的年份外来米谷、面粉输入广西的主要通道。②

北海腹地特色农副业的发展与香港城市经济的繁荣形成良性互动，进而使两地的贸易在 19 世纪 90 年代以后出现了新的变化。生猪、樟脑、禽毛、烟叶、蚕丝等农副产品在出口贸易总额中所占的比重逐渐增长，其中有的是供香港本地消费，多为鲜活农畜产品，有的则转口外洋市场，多为工业原材料。北海口岸进口的洋货依旧以日用品占绝对优势，但贸易结构更为多样化了。随着白银相对于黄金连年贬值，以白银计价的日货得以大量涌入广西市场，这种结果显然与以黄金计价的欧美产品的价格相对较高有关系。自 19 世纪 90 年代起，西江水路重新展现出运输便捷、运费低廉

---

① Trade Report，1882 年，1883 年，1884 年，1885 年，1886 年，1888 年，1889 年，1890 年，北海；Decennial Report，1882—1891 年，北海；见《中国旧海关史料》，第 9 - 861，862，863，10 - 411，412，413，414，833，834，835，836，11 - 413，415，12 - 426，14 - 523，15 - 550，551，16 - 572，152 - 649，654 页。

② Trade Report，1886 年，1887 年，1888 年，1889 年，1890 年，1893 年，北海，见《中国旧海关史料》，第 12 - 426，427，13 - 502，503，505，14 - 524，525，15 - 550，552，16 - 572，21 - 97 页。

的优势。在梧州口岸正式开埠之前，西江沿岸地区出产的大批土货可以顺流而下运抵佛山，商人将这些土货就地出售后并不一定会贩运大批洋货原路返回，而是会在当地支付购买洋货的货款，所购洋货则可由香港直接运往北海口岸交货，西江水路和北海通道两者除在土货出口贸易领域存在一定程度的竞争外，其实在更大程度上形成了一种互补互利的关系。①

19 世纪末，梧州口岸和广州湾相继开埠，越南海防港迅速崛起，北海口岸的贸易额（特别是洋货进口额）因之大幅下跌。由于内地不靖，北海本地出产的原先主要供内销的海产品改以香港为主要市场；加上口岸附近地区商品性农业的发展大有起色，其产品遂能够抵补内陆来货的减少而使北海口岸的出口额保持不跌。糖、液靛、八角油、生猪、花生饼等新兴土货大量出口香港市场，销路很好，可见香港市场的需求尚能维系北海口岸对外贸易的生机。进入 20 世纪以后，广西内陆区域更加混乱凋敝，导致北海口岸的腹地日益缩小，其对外贸易也只能维持在比较低的水准上，洋货进口额大幅降低，外销土货只剩渔产品、液靛、糖和禽毛等少数几类，贸易商品的结构愈发单一化，本地外贸商人生意的荣枯受香港市场的影响也更为强烈了。多亏香港、广州等城市因人口不断增加以及城市经济持续发展，对诸如花生油、材炭等生活日用品的需求量大幅增长，而北海口岸遂得以凭借这几类产品的出口贸易延缓自身的衰退进程。此外，由于行驶北海—香港航线的轮船中途要在琼州港停泊，对生猪等鲜活畜产的运输很不利，这也导致了一部分贸易被分流到广州湾等拥有直达香港航线的口岸。②

（二）桂西南地区（龙州口岸）

桂西南地区位于内陆多山之境，对外交通不便，但这里的气候条件适

---

① Trade Report，1891 年，1893 年，1894 年，1895 年，1896 年，北海；Decennial Report，1892—1901 年，北海；见《中国旧海关史料》，第 17 – 603，21 – 98，22 – 620，23 – 606，607，24 – 613，154 – 424 页。

② Trade Report，1896 年，1898 年，1900 年，1901 年，1902 年，1903 年，1904 年，北海；Decennial Report，1902—1911 年，北海；见《中国旧海关史料》，第 24 – 614，28 – 98，99，100，32 – 176，34 – 178，36 – 211，212，38 – 224，225，226，40 – 247，155 – 705 页。

宜种植多种经济作物，因而具有发展对外贸易的潜力。不过桂西南地区难以同香港市场开展直接的贸易往来，需要借道北海口岸、西江水系或邻国越南的港口（海防港）才能与香港发生经贸关联，特色经济作物成为本地区外贸商品结构中的重要组成部分。1889 年龙州口岸开埠，从而使桂西南地区的经济发展与世界市场（特别是香港市场）联系起来，当地农副产业参与国际分工的程度也有所提高。

龙州口岸开埠之初与法属安南（越南）的贸易联系较为密切，对越边境贸易是桂西南地区独有的一条贸易通道，在特定情况下当地也能依靠这条通道与香港发生联系。不过龙州口岸仅是一个小型的内陆中转站，而非如其他沿海、沿江口岸那样时常囤积着大量商品。早期各类洋货输入本地区时所选择的最廉价的运销路线，是从香港发货至北海上岸，然后经陆路运抵龙州口岸。各类棉纺织品、金属制品、煤油、火柴、美国面粉、炼乳、雪茄等日用品、奢侈品，从香港发货经北海运抵龙州后，价格有时会翻5～8 倍，这些洋货除销往桂西南各地外，还有一部分会越境转输到越北谅山等地。桂西南地区的出口产品以多种特色经济作物为大宗，主要包括八角油、肉桂、花生油、靛青、糖等，此外还有铁器、锡等工矿产品出口，北海口岸是这些物资外销的主要通道，多数最终会出口到香港。佛山一直是龙州所产染料的主要消费市场，也是期货交易地，内地商人可选择在佛山支付从香港市场购买洋货的预付款。这里试以八角油贸易为例，来展示香港市场对桂西南地区的商贸辐射力。由于欧美市场需求强劲，八角油的价格一路上涨，龙州市价与香港市价大体会保持同步波动，故该类商品贸易受香港市场供需形势波动的影响很大。中法两国的商人分别以香港和海防为据点展开贸易竞争，但华商显然能够更为有效地控制八角油货源，屡屡令法商望洋兴叹。①

---

① Trade Report，1889 年，1890 年，1891 年，1892 年，1893 年，1894 年，1895 年，1898 年，龙州；Decennial Report，1892—1901 年，龙州；见《中国旧海关史料》，第 15－567，568，16－587，588，17－619，620，19－119，21－113，114，22－620，637，23－625，28－120，154－446 页。

1897 年梧州口岸开埠后，即有不少进口日用品改走梧州—南宁—龙州线运抵桂西南地区，而香港仍是这些内销洋货的源头发货地。八角油等桂西南土货很快也改以梧州为中转地外销，终点市场仍是香港。通过香港—海防—南山（Nasham）—龙州—南宁—梧州—香港这样一条环行交通线，香港成功地将桂西南地区和越北地区纳入了世界市场。到了 20 世纪初年，随着海防—河内—谅山铁路建成通车，龙州口岸才逐渐丧失了对越北地区的对外贸易所发挥的转口功能。与此同时，广西省内的治安状况日益恶化，水陆运输风险不断增加，货物的流通路径必然会因此而发生较大变化。1901 年，有广东商人尝试从香港发货至（越南）东京，然后越境转往龙州口岸，此举虽然节省了物流时间，但运输成本较高，从而最终证明这种运销模式其实并不划算。①

（三）西江流域（梧州口岸、南宁口岸）

广西的地势崎岖不平，丘陵地形所占比例较大，致使陆路交通很不方便；但省内河流众多，水系十分发达，西江的干支流遍布广西全境，把城镇、墟集、乡村联为一体，使广西的对外交通水道形成一种树状结构，地处浔江与桂江交汇处的梧州自然成为大批物资进出广西的总枢纽。近代以前，广西对外贸易主要面向邻省广东展开，那时梧州就已发展成为珠江流域仅次于广州的第二大港口。近代以来，随着北海口岸于 1877 年开埠通商之后优势骤显，梧州一度丧失了全省货物转运枢纽的地位。但随着西江水道航运便捷、运费低廉的优势日益彰显，19 世纪 90 年代以后梧州的中转集散功能逐渐复苏，1897 年正式开埠通商后很快就重新成为中国西南地区大宗进出口货物的分配中心，面向广西、云南、贵州三省的广阔腹地展开大范围、大规模的转口贸易。② 梧州口岸

① Trade Report，1897 年，1901 年，1902 年，1903 年，1905 年，1906 年，1908 年，龙州；Decennial Report，1892—1901 年，龙州；见《中国旧海关史料》，第 26 - 188，189，34 - 200，36 - 232，233，38 - 246，41 - 719，43 - 722，47 - 833，154 - 447 页。

② 史志刚：《近代梧州城市现代化的历史考察》，广西师范大学硕士学位论文，2003 年，第 6 页。Decennial Report，1897—1901 年，梧州，见《中国旧海关史料》，第 154 - 286 页。

土货出口额的90%以上被香港收纳，而进口的洋货则几乎全部从香港输入。

表2.14　梧州口岸进出口贸易额统计表

单位：海关两

年份	土货出口额	出口香港额	百分比	洋货进口额	香港来货额	百分比
1898	1244951	1148129	92%	2831049	2793374	99%
1904	3277791	3016926	92%	7516678	7487289	100%

资料来源：根据《中国旧海关史料》有关年份贸易统计值折算。

梧州口岸开埠后，对外贸易主要面向香港和广东展开，传统时代两广之间简单的农产品（米）和手工业品（盐）对流贸易仍继续存在，广西出产的米能否大量出口依然是外来商品能否大量进口的先决条件。但此际的贸易结构较以往更加丰富，就进口贸易而言，各类洋货从香港、广州、三水等地沿西江运入广西；就出口贸易而言，除传统的农产品之外，多种广西特产也大批出口香港和广东，继而明显提升了广西经济外向化的水平。梧州口岸开埠的重要意义就在于使广西大部分地区能够直接与国际市场（香港市场）开展贸易往来，不必非得通过广州或北海（按：晚清时期北海隶属于广东省廉州府）等邻省口岸中转对外贸易，香港市场的辐射力通过梧州口岸扩散到西江水系，最终渗透至广西全境。①

梧州口岸开埠之初，以棉纺织品、日用品为主的大批洋货滚滚涌入，来自省内各地的商人纷纷云集此地采购洋货，原先取道北海口岸的贸易活动有不少改以梧州口岸为进出口港。香港很快成为梧州市场上洋货的主要供应地和将东部沿海省份出产的土货转口输往广西的中转港，以致香港市场的行情一有波动，就会影响到梧州市面的松紧。②

---

①　Trade Report，1906年，1907年，1908年，梧州，见《中国旧海关史料》，第43－686，687，45－723，47－777，779页。

②　Trade Report，1897年，1899年，1906年，梧州；Decennial Report，1897—1901年，梧州；见《中国旧海关史料》，第26－44，45，46，30－27，43－687，154－288页。

受低纬度环境和丘陵地形的共同影响，广西的亚热带山地气候条件颇为独特，在这种气候条件下出产的多种农副产品成为梧州—香港两地重要的贸易商品。首先是各类油料作物大批出口。八角油、肉桂油具有多种用途，可用于制药、酿酒和充作食品添加剂，欧美市场需求旺盛；桐油是制漆的重要原料，对于香港这种船舶修造业发达的航运中心而言更属不可或缺的产品，国外市场的需求也很强劲；花生油则是日常烹饪的必备品，主要供应香港本地消费；茶油则可作为花生油的添加剂。其次是禽畜类产品、林产品及特色药材的外销，主要满足香港本地对这些产品日益增长的消费需求及海外华侨日常生活的需要。如牛、生猪、家禽成批出口香港，获利丰厚，不仅可供香港本地消费，有时还转销菲律宾市场；皮革类产品则经香港外销新加坡等地；材炭可以满足香港城市生活对燃料的需求，适销对路；樟脑则供不应求，经香港转销欧美。某些年份香港市场对干蛤蚧的需求量很大，因其不仅可被用来治疗象皮病，而且还可由香港出口到海外华人聚居区，在那里被视为泡酒佐餐的佳肴。此外，鲜斛斗、钩藤、蝉蜕、薄荷叶、忍冬（金银花）等广西出产的特色山地药材，在香港市场的销路都很好。

表2.15　广西特色山地货出口品目表

类别	品名
油料	八角油、肉桂油、桐油、花生油、茶油
禽畜产品	牛、生猪、家禽
林产品	材炭、樟脑
特色药材	鲜斛斗、钩藤、蝉蜕、薄荷叶、忍冬（金银花）

资料来源：Trade Report，1898年，1899年，1901年，1902年，1906年，1907年，1908年，1909年，1910年，梧州；Decennial Report，1897—1901年，梧州；见《中国旧海关史料》，27－554，30－28，34－137，36－169，170，43－688，45－724，725，47－779，50－142，53－210，154－289页。

梧港两地的贸易日趋兴旺，一方面表现在后期贸易商品的结构越来越丰富，如表2.16所示。商人为了使洋布适销中国内地市场，会特意在香港进行整理、染色；上海土布、北方豆货、宁波原棉等土货均经香港转销梧州；广西产蓖麻油、鹿皮、丝渔线（可制渔网、琴弦）也逐渐发展成为新的出口货。另一方面表现在梧州口岸的腹地进一步向内陆推进，深入到云南、贵州两省的部分地区。这两省主要是以土产鸦片大量交易洋货，香港转口贸易的辐射力遂通过梧州口岸扩散到中国西南内陆省份，以致云贵两省的外贸特货——土鸦片产量的高低，竟成为影响梧州口岸贸易荣枯的重要因素，土鸦片减产往往就预示着棉纺织品等大宗消费品的进口量会有所减少，而南宁口岸作为中游集散市场，其市面的盛衰受鸦片供货量的影响更大。此外，土货绕道运销贸易也发展起来了，在内贸税收繁重的时期或地区，土货往往会从产地绕道香港后再转往销货地，如此即可使其照洋货那般缴纳进口税后自由流通，从而免缴各种繁苛的内贸税费。如烧酒由三水出口香港后再返销梧州，液靛由梧州出口香港后再返销三水，这就使国内贸易转变成了“国际”贸易，香港在这个过程中所发挥的转口功能，对于减轻商人的经营成本而言便愈发重要了。1907 年南宁口岸开埠，这就使得左右江流域的龙州、百色地区的进出口贸易获得了一个近距离的中游集散市场，继而将桂西大片地区纳入了以龙州、百色—南宁—梧州—香港为节点的世界市场，桂西地区经济外向化的程度因之有了进一步提高。

表 2.16　后期梧州口岸进口新式洋货品目表

类别	品名
金属制品	多枝烛台、搪瓷器
橡胶制品	胶鞋、皮球
玻璃制品	玻璃球、眼镜
化妆品	法国香水
洋酒	柑香酒
其他	薄荷油、人参、日本海产品、廉价袜、洁净内衣、西式帽

资料来源：Trade Report，1900 年，1901 年，1902 年，1904 年，1905 年，1906 年，1907 年，1908 年，1909 年，1910 年，梧州；Trade Report，1907 年，1909 年，1910 年，1911 年，南宁；Decennial Report，1907—1911 年，南宁；见《中国旧海关史料》，第 32－3，4，34－136，36－168，40－199，200，41－685，43－688，45－723，737，740，47－778，50－142，158，53－210，226，56－234，155－671 页。

三、结　语

晚清时期，两广地区对港贸易发达的口岸大多地处沿海沿江交通要冲，其背后都有一片大小不等的腹地作为开展贸易活动的依托。尽管各口岸大宗洋货进口贸易的商品结构差别不大，如鸦片、棉纺织品、日用品在各地区的市场上都表现出供需两旺的态势；但在一些特色产品（如米谷、铁路器材、工业机械等）进口贸易领域，则因各地市场消费侧重点的不同而有所差异。各口岸腹地的经济发展水平和自然条件，对当地出口贸易的商品结构影响很大，不同口岸的出口商品虽都以地方农副土特产品为主，但具体的商品品种差别较大。如广西以山地货为主，珠三角的“笨重消费品”和“快速消费品”出口量较大，潮汕地区以侨需品为主，粤西南地区则以禽畜产品为主，从而反映出区域经济发展的差异性，农作物收成的丰歉仍是影响一个地区的进出口贸易是否活跃的重要因素。由于两广地区的对外贸易主要面向香港展开，其他贸易替补对象很少，因此香港市场行情的起落能够对贸易盈亏产生决定性的影响。总体而言，大珠江三角洲地区与香港的贸易关系最为密切，广西西江流域和粤西南地区对香港的贸易依存度也较高。两广地区与香港的贸易关系在这几十年当中日趋密切，不过新辟口岸的崛起可能会使早期开埠的口岸因受到分流效应的影响而相对衰落，以九龙和梧州的崛起分别分流了澳门和北海的贸易量最为典型。在两广地区进出口贸易的发展过程中，香港大体扮演了 5 种角色：大宗洋货的采购市场和改制地，特货（鸦片、军火）走私中心，大宗土货的输出地和精加工地，侨需品贸易的重要转口港，土货绕道避税贸易的转运站，这 5 种角色对两广地区外向型经济的兴起产生了有益的影响。此外，通过外贸盈余或侨汇积累起来的资金，对内地的基础设施建设和经济发展也多有助益，具体表现为不少靠贸易活动致富的商人纷纷回乡设厂、发展教育事业、兴修道路、疏浚港口等。

第三章　晚清时期香港与闽浙台地区的贸易关系

晚清时期闽浙台地区对外贸易发达，但前人的研究多以丝、茶等专门的产业、产品为线索展开论述，缺少从贸易活动的地域差异性这一角度入手进行的研究，也未能突出香港对本地区对外贸易的发展产生的积极影响。本章力图阐明晚清时期闽浙台地区主要通商口岸［福州、厦门、三都澳、宁波、温州、淡水、打狗（台南）］① 与香港之间贸易关系的演进过程，分析不同口岸与香港往来贸易的特色，及香港在其中所扮演的角色。

一、福建与香港的贸易关系

晚清时期，福建沿海地区先后有福州、厦门、三都澳三个口岸对外开埠通商，全省在洋货进口贸易领域对香港的依赖性很大，而在土货进口贸易领域则与上海的联系较为密切，大宗外销土货（如茶叶）以直接出口海外市场为主，其他类外销杂货中出口香港或经香港转口输出者也占一定比例。福州、厦门虽与汉口同为近代中国茶叶出口贸易的重要交易口岸，且三埠共同见证了中国茶叶出口贸易逐渐衰落的过程，但福建口岸基本上未

① 各口岸的开埠时间分别为：厦门（1843）、福州（1844）、宁波（1844）、淡水（1862）、打狗（台南）（1863）、温州（1877）、三都澳（1899）。见吴松弟主编：《中国百年经济拼图——港口城市及其腹地与中国现代化》，山东画报出版社 2006 年版，第 5 ~6 页。

能推出继起的新的大宗出口货，而汉口则凭借不断涌现出的多样化的出口物资完成了贸易结构的转型。这就显示出腹地在经济层面的应变能力对口岸贸易荣枯的影响更为突出，是决定贸易兴衰的内因，而邻近的大型转口港（福建口岸和汉口分别对应香港、上海）对口岸贸易只发挥中继作用，可视作外因。① 此外，福州和厦门作为一北一南两个重要口岸，在贸易功能上也有所差异，除鸦片以外的大宗进口货（如食品、棉纺织品）在厦门口岸的进口量较大，而茶、木材、纸张等本地大宗货物则主要从接近生产地的福州口岸出口。福州口岸成为福建特产商品的最大输出港，厦门口岸则成为当地人生活日用品的主要输入港。②

（一）福州口岸及闽东北地区在外贸领域与香港的联系

福州口岸开埠早期并没有引来较多贸易活动，后因太平天国起义造成的战乱阻断了武夷茶销往广州的运输线，才使福州口岸作为茶叶输出港异军突起，19 世纪 50 年代后期至 19 世纪 80 年代前期是福州口岸茶叶贸易的黄金时代。茶叶属于大宗出口货，以直接出口欧洲（英国）为主，部分出口澳洲、美国及印度的茶叶须经香港转口输出，也有少量出口到香港后供应当地消费。除茶以外的其他出口产品（如木材、水果、竹笋、竹纸等）以北销上海和宁波，或经上海转往北方及长江流域口岸为主，只有少量会出口香港。正因如此，在前期茶叶贸易兴盛的年代，福州口岸对港出口贸易额在其出口总额中所占的比重很低，通常只有 4% 左右；之后随着出口商品的结构渐趋多样化，对港贸易额所占的比重有所增长，但仍不高，且对港贸易额的年际波动值较大。福州港作为东南沿海一带南向（至

---

① 陈慈玉：《近代中国茶业的发展与世界市场》，台湾“中研院”经济研究所现代经济探讨丛书第六种，1982 年，第 248 页。［美］罗威廉著，江溶、鲁西奇译：《汉口：一个中国城市的商业和社会（1796—1889）》，中国人民大学出版社 2005 年版，第 190 ~ 192 页。张珊珊：《汉口港的贸易发展和腹地变迁》，见吴松弟主编《中国百年经济拼图——港口城市及其腹地与中国现代化》，山东画报出版社 2006 年版，第 159 ~ 170 页。

② 朱德兰：《近代长崎华商泰益号与厦门地区商号之间的贸易》，见汤熙勇主编《中国海洋发展史论文集》（第七辑），台湾“中研院”中山人文社会科学研究所 1999 年版，第 201 ~ 231 页。

香港）与北向（至上海）两条航线的交汇点，预示着其对外贸易的走向必与这两条航线存在密切关联，沪港两埠注定要成为福州口岸重要的贸易对象港。不过在早期，南向航线定期而准时，北向航线则时有时无，很不稳定，结果香港就成为本埠华洋商人主要的采购市场，大部分洋货经香港转口输入，本埠与上海的联系则明显滞后。① 不少大洋行在本埠设有分支机构，经营多种洋货进口贸易。鸦片、匹头、金属（以茶叶包装材料铅、锡块、锡板为主）是三大宗进口洋货，主要通过香港转口输入。此外，两广地区与本埠的贸易往来也需经过香港中转。香港来货一般会占福州口岸洋货进口额的80%以上。这一时期福州口岸的贸易商品结构相对简单，因为福州居民不同于其他几个沿海大城市的居民，当时没有蒙受战乱，因此不能希望他们很快就改变他们古老的爱好和习惯。②

表3.1　福州口岸进出口贸易额统计表

单位：海关两（1869年为两）

年份	土货出口额	出口香港额	百分比	洋货进口额	香港来货额	百分比
1869	14220357	624286	4%	5325888	4904543	92%
1874	15406672	543735	4%	3497532	2937355	84%
1885	9272236	386904	4%	4338238	2977828	69%
1894	7025013	958844	14%	5148583	4042347	79%
1904	7217002	592917	8%	8630238	6477016	75%

资料来源：根据《中国旧海关史料》有关年份贸易统计值折算。

即便不把大量走私货（主要是鸦片）包括在内，经合法渠道输入的鸦

① Trade Report，1865年，1870年，1873年，福州，见福州海关编《近代福州及闽东地区社会经济概况》，华艺出版社1992年版，第1、9～10、13、70、83页。陈慈玉：《近代中国茶业的发展与世界市场》，台湾“中研院”经济研究所现代经济探讨丛书第六种，1982年，第147页。

② Trade Report，1865年，1866年，福州，见福州海关编《近代福州及闽东地区社会经济概况》，华艺出版社1992年版，第2～8、11～12、17～18、32页。

片也是福州口岸最大宗的进口货，且以价格较贵的白皮土和公班土为主。据时人估计，因税赋过重，致使当地的走私活动十分猖獗，且获利丰厚，这就必然会对海关统计的贸易额的精确度产生严重干扰。此外，沉重的税赋还会使福州口岸的腹地遭到宁波、汕头等低税口岸的侵蚀。①

当地华商很早就从洋商手中夺取了匹头贸易的主动权，凭借便捷的轮船航线，华商可随时赴香港采购各类棉纺织品，也可委托其派驻香港的代理人择机采购，且享有融资优势，可延期付款。于是在福建市场上，进口的标布、斜纹布等匹头货的销路一度压倒了土布。福州作为省城，要经常性地承办各类科举考试，在科举之年对进口匹头货的需求量往往会有额外的增加，而进口毛料在本埠的销量则很有限。②

茶叶包装材料铅、锡的进口贸易也是洋商感兴趣的生意，其中铅自澳洲经香港转口输入，锡为南洋货，主要也经香港转口输入。有一定比例的此类金属贸易是以（期货）易货交易的方式操作的，如铅就曾以抵付茶叶货款的名义进口到本埠，这样就将茶叶贸易的结算方式与香港来货联系了起来，以致茶叶贸易景气与否对金属的进口量影响很大。此外，铁钉、铁条不仅可供装订及绑扎茶箱，还是制作多种日用工具的原料，进口量也较大。③

19 世纪 70 年代以后，进口杂货的品种日益丰富，其中有很多南洋货、欧美货、澳洲货及华南土货经香港转口输入福州口岸，如下表所示：

① Trade Report，1867 年，1870 年，1871—1872 年，1873 年，1875 年，福州，见福州海关编《近代福州及闽东地区社会经济概况》，华艺出版社 1992 年版，第 35、64、67、73、76、84、96 页。

② Trade Report，1866 年，1867 年，1870 年，1875 年，1876 年，福州，见福州海关编《近代福州及闽东地区社会经济概况》，华艺出版社 1992 年版，第 20 ~ 21、23、37、44、65、97、112 页。

③ Trade Report，1866 年，1867 年，1870 年，福州，见福州海关编《近代福州及闽东地区社会经济概况》，华艺出版社 1992 年版，第 15、20 ~ 21、40、68 页。

表3.2　福州口岸杂货进口品目表

类别	品名
西方工业品	煤炭、玻璃、火柴
农产品	小麦、米、棉花、苎麻、胡椒、淡菜、木耳、蘑菇、红花
林产品	燕窝、肉桂、花旗参、檀香木、各类木料、藤
副产品	牛角、烟丝、糖、肥料
海产品	海参、甲鱼、鲍鱼、虾、海带、紫菜、贝类、咸鱼
手工业品	土布、茶叶包装纸、朱砂、白蜡、铜纽扣、毡帽、草扇、茶席、漆
其他	药材

资料来源：Trade Report，1866 年，1867 年，1870 年，1873 年，1875 年，福州，见福州海关编《近代福州及闽东地区社会经济概况》，华艺出版社 1992 年版，第 20、23 ~ 24、40、43 ~ 44、68 ~ 70、85、99 ~ 100 页。

福州口岸的出口货以茶为最大宗，但出口香港的数量不占较大份额，出口香港的茶叶有很大比例会被转口到其他国家。在直航欧洲的船只出现空缺的时期，本地优质茶叶若想快速运往英国市场，常常会经香港中转搭乘往返欧港两地的定期邮轮接力运输，这是当时最快捷的出口方式。从 19 世纪 70 年代起，福建茶叶的品质就出现了败坏的苗头，虽然洋商屡次以推迟购货、减少购货来表达不满，但由于是卖方市场居主导，故华商仍有利可图。茶叶出口贸易的盛衰对本埠的进口贸易影响很大，例如 1870 年爆发的普法战争使欧洲局势动荡，对茶叶的需求量大减，遂使本埠对洋货的购买力陡降，当年福州口岸的贸易额暴跌了 20% 以上。后来又受伦敦市场茶叶价格波动的影响，福州口岸市场茶叶贸易的投机风气渐浓。① 福州口岸的其他出口货在贸易总额中所占比例都不大，主要有多种亚热带水果以及本地生产的手工业品等，只有少量会出口到香港市场。

19 世纪 80 年代以后，随着大宗出口货茶叶贸易的衰落，福州口岸

---

① Trade Report，1867 年，1870 年，1875 年，1876 年，福州，见福州海关编《近代福州及闽东地区社会经济概况》，华艺出版社 1992 年版，第 49、63、65、70 ~ 71、91、102 ~ 104、113、115 页。

的贸易额开始波动。此际进口洋货的来源地仍以香港为主，通过其他渠道进货的规模很小。由于福建民风崇尚简朴，缺乏促进商业大发展的动力，结果除鸦片之外的其他进口商品的消费量均不算大，在进口货中位居第二的匹头货的进口额连续多年低于100万两，从而证实此类贸易的规模实难有大的跃进。本地华商进一步占据了贸易活动的主导权，迫使洋商不得不收缩经营领域。在内地局势动荡期间，香港逐渐成为贵重商品的临时储藏地，例如在中法战争期间，福州口岸有大量货物复出口到香港避险。①

鸦片仍由香港转口输入本埠，不过掺杂使假的行为时有发生，以致退货频繁。鸦片进口贸易的规模能够保持稳定，证实吸烟之风并未减弱，廉价的混合鸦片有取代高价的白皮土的趋势，而此际的走私之风也有所减弱。中法战争期间，大量军队曾驻防本地，引发白皮土的进口量临时性大幅增长，从而暗示出兵丁乃是重要的鸦片消费群体。此外，《烟台条约》签署之后各口岸的税率渐趋一致，周边其他口岸对福州口岸的分流效应因此大大减弱，本埠的鸦片进口量遂得以逐渐恢复，尽管这并不意味着实际消费量的大幅增长。当闽海关保税仓库投入使用后，经营鸦片贸易所需的资本额明显降低，这有助于中小华商挤入竞争，从而进一步蚕食洋商的垄断地位，推动本地鸦片消费量的逐渐增加。福建茶叶出口贸易的衰落加剧了基层社会的贫困，抑制了高价进口鸦片的销路，继而使廉价的土鸦片日益成为洋鸦片有力的竞争对手。到了19世纪90年代中叶，川土（四川鸦片）、云土（云南鸦片）已在本地鸦片市场上占有较大份额，香港作为本埠鸦片供货地的地位因之受到影响，继而使香港来货在福州口岸洋货进口

---

① Trade Report，1880年，1884年，1890年，1892年，福州，见福州海关编《近代福州及闽东地区社会经济概况》，华艺出版社1992年版，第120、150~151、181、187页。Decennial Report，1882—1891年，福州，见中国人民政治协商会议福建省委员会文史资料研究委员会编《福建文史资料》（第10辑），1985年，第79~80、87~88页。

总额中所占的比重也跌至80%以下。①

此际匹头货的进口品种日益丰富，美国匹头开始打入福州市场，进口匹头货的用途也有所扩展，促使进口量持续增加。本地华商通过派驻香港的代理商机动进货，得以减低汇率波动带来的风险，遂使自身的竞争优势进一步增强，逐渐拥有了完全垄断该类贸易的实力，洋商则节节败退。随着本地纺织厂的兴办，以及家庭棉纺织业对原材料的需求不断增加，自香港输入的印度棉纱（印纱）作为一种物美价廉的棉纺织原料，在本地市场极受欢迎，自19世纪90年代以来销量连年猛增。②

铅、锡等金属的进口仍与茶叶贸易密切相关。铅的进口量有递减的趋势，而本地锡器业、锡箔业和纸钱业的兴起则拉动了锡锭进口量的增长，本地的锡箔加工业已发展成为著名的手工业，其产品表现出垄断整个北方市场的势头。进口的洋铁物美价廉，适合用来加工各类器具和农具，广受本地手工业者和农民的欢迎，其进口量遂逐年增加。19世纪90年代以后，本地铸币厂和兵工厂对多种金属原料的需求量也不少；而香港作为多种金属产品的精加工地和交易市场，已成为福州港腹地产业转型所需原材料的供应地。③

这一时期，多种新式日用品、杂货（如缝衣针、玻璃），以及南洋一带出产的海产品（海带、鱼胶、鱼干、鲍鱼、虾、石花菜等）开始打入本

---

① Trade Report，1880年，1881年，1882年，1884年，1885年，1886年，1887年，1888年，1889年，1890年，1891年，1895年，福州，见福州海关编《近代福州及闽东地区社会经济概况》，华艺出版社1992年版，第122、133、143、151、155、159、162~163、166、172、181、184~186、206页。Decennial Report，1882—1891年，福州，见中国人民政治协商会议福建省委员会文史资料研究委员会编《福建文史资料》（第10辑），1985年，第79、83页。

② Trade Report，1880年，1881年，1891年，1892年，1893年，1894年，1895年，福州，见福州海关编《近代福州及闽东地区社会经济概况》，华艺出版社1992年版，第121、130、182、186、187、189、192、198、203页。Decennial Report，1882—1891年，福州，见中国人民政治协商会议福建省委员会文史资料研究委员会编《福建文史资料》（第10辑），1985年，第88页。

③ Trade Report，1880年，1881年，1886年，1888年，1891年，1894年，1895年，福州，见福州海关编《近代福州及闽东地区社会经济概况》，华艺出版社1992年版，第122、131、139、158、167、182~183、198、203~204页。

地市场，销路迅速扩大。多种方便廉价的日用品进口量增长极快，以煤油为例，尽管如何才能确保其安全燃烧（而不致引发火灾）成为一大问题，但廉价的吸引力胜过一切禁令，煤油市场频现抢购之风，美俄两国的煤油产品瓜分了本地市场。火柴贸易的情形和煤油贸易相似，但以日本货占上风。藤、海参等南洋货的进口量大体维持稳定。米谷等进口粮食对于耕地不足的福建而言依然不可或缺，面食也日益受到社会的认可和青睐，从而使美国面粉在本地销路大开。本地织布厂的兴办，引发了对染料液靛的需求量持续增加。以上所提及的这些新兴洋货，除了日货，欧美货、南洋货和华南货均主要经香港转口输入福州口岸。①

就本时期的出口贸易而言，茶叶贸易在达于鼎盛之后开始步入衰退期，19 世纪 90 年代初的出口量已较巅峰期下跌了一半。在福州港远洋船只空缺期间，茶叶仍旧会被先发往香港再搭乘邮船运往伦敦，也有少量输港茶叶会供香港本地消费。随着福建茶的海外市场逐渐丧失，香港一度成为闽北茶叶的第三大出口地（仅次于欧洲和澳洲），从而使香港在福州口岸出口贸易额中所占的比重有所提高。②

其他农副产品（如竹笋、橄榄、柑橘、烟草、纸张、木材、甘蔗）的出口贸易也逐渐发展起来。19 世纪 90 年代，本地特产马铃薯跃升为出口香港的大宗商品，竹竿、鸭毛、古玩及多种供应南洋华侨消费的日用品也

---

① Trade Report，1880 年，1881 年，1887 年，1888 年，1891 年，1892 年，1893 年，1894 年，福州，见福州海关编《近代福州及闽东地区社会经济概况》，华艺出版社 1992 年版，第 122 ~ 123、133 ~ 134、162、166 ~ 167、183、188 ~ 189、192、194 ~ 195、198 页。Decennial Report，1882—1891 年，福州，见中国人民政治协商会议福建省委员会文史资料研究委员会编《福建文史资料》（第 10 辑），1985 年，第 81 页。

② Trade Report，1880 年，1881 年，1882 年，1883 年，1884 年，1885 年，1886 年，1887 年，1888 年，1889 年，1890 年，1891 年，1892 年，1895 年，福州，见福州海关编《近代福州及闽东地区社会经济概况》，华艺出版社 1992 年版，第 124 ~ 125、134 ~ 137、142 ~ 145、147 ~ 150、151 ~ 152、155、159 ~ 160、163、167 ~ 168、170、171 ~ 174、176 ~ 177、180、182 ~ 183、188 ~ 189、205 页。Decennial Report，1882—1891 年，福州，见中国人民政治协商会议福建省委员会文史资料研究委员会编《福建文史资料》（第 10 辑），1985 年，第 78 页。

在海外市场找到了销路，其中经香港转口输出者占一定比例。虽然这些产品的出口对贸易额的增长贡献不大，却能有效拉近福州和香港两地的土货贸易关系，使香港在福州口岸土货出口贸易额中所占的比重由5%以下增至14%左右。①

在19世纪和20世纪之交，福州口岸的贸易额经历了短暂的小幅下滑之后有所恢复，但并没有大幅增长，大部分洋货仍从香港进口，交易汇票也多在香港结算。此际本地的新式工业有所发展，铸币厂、火柴厂等相继投产，使硫黄、钢、铜、煤炭等原材料、燃料的进口量有所增加，但对贸易结构的影响不大。茶叶出口贸易衰退以后，一直没有涌现出新的大宗出口货以支撑进口贸易的发展。华商相对于洋商的竞争优势继续加强，并由零售领域延及批发领域。三都澳口岸所在的闽东北地区各类林业、矿业、渔业资源丰富，但由于封闭落后，三都澳开埠之初在贸易上基本附属于福州口岸，有小轮航线连接两埠，三都澳向福州输出茶，从福州进口少量杂货、日用品和包装材料。1906年以后由于连年丰收，三都澳口岸所在地区的外贸商品结构逐渐丰富，面粉、匹头、印纱、药材等多种洋货渐次打入当地市场，其他当地特产（如纸张、茶油、红糖、陶器、贝类、牡蛎、烟叶、明矾）的出口量也有所增长。②

此期印度鸦片（史料中称其为“洋药”）的进口量锐减，其销路日益

① Trade Report，1880年，1881年，1885年，1888年，1890年，1891年，1893年，福州，见福州海关编《近代福州及闽东地区社会经济概况》，华艺出版社1992年版，第124、127、129、139、157、170、179、183、193～194页。Decennial Report，1882—1891年，福州，见中国人民政治协商会议福建省委员会文史资料研究委员会编《福建文史资料》（第10辑），1985年，第78页。

② Trade Report，1897年，1898年，1907年，1909年，福州；Trade Report，1899年，1900年，1901年，1902年，1906年，1907年，1908年，1910年，1911年，三都澳；见福州海关编《近代福州及闽东地区社会经济概况》，华艺出版社1992年版，第214、218、263、274、445～448、450～451、455、474～475、478、482、490、492页。Decennial Report，1892—1901年，福州；Decennial Report，1899—1901年，三都澳；见中国人民政治协商会议福建省委员会文史资料研究委员会编《福建文史资料》（第10辑），1985年，第113、155页。

受到川土、云土、温州土等多种国产鸦片（史料中称其为“土药”）的侵蚀，这不仅是因为土药价格低廉，而且土药更适合于走私到对岸的（日控）台湾市场。尽管如此，洋药在洋货进口贸易额中仍占最大比例，且以适合用来掺兑土药的喇庄土和廉价的波斯土更受商人的垂青。由于香港来货时常出现掺杂使假的问题，因此商人们有时会改从上海采购鸦片，遂使香港在福州口岸洋货进口额中所占的比重缓慢下滑。清朝末叶，政府开始厉行禁烟政策，洋药价格大涨，新型外国毒品吗啡便作为鸦片的替代品登场了，香港自然又成为这种新型毒品的交易地。不过众所周知，禁烟政策带有很大的局限性，以三都澳口岸周边地区为例，烟民在当地人口中所占的比例不是在减少，而是在增加。①

此期本地华商完全控制了匹头货进口贸易，本地织布厂的兴盛导致印纱的进口量逐年攀升，日纱的进口量也快速增长，上海纱也很快挤入本地市场，香港不仅是印纱的重要转口港，甚至也将香港本地生产的棉纱出口到福州，且香港纱在福州市场的销路还能够保持逐年扩大的态势。结果待福州本地织布厂所生产的机制棉布上市后，便大大减少了多种洋布的进口量，仅有少数几类新品洋布（如内衣棉布）尚能在福州市场扩大销路。②

金属的进口量年际波动性较大。铁、锡作为重要的手工业原料可以被用来制作各类农具、煤油桶等容器以及锡箔和纸钱，需求量不断增长。受茶叶出口贸易衰退的影响，包装材料铅的进口量有所减少。清朝末叶，进

① Trade Report，1896 年，1897 年，1898 年，1900 年，1901 年，1904 年，1909 年，福州；Trade Report，1901 年，三都澳；见福州海关编《近代福州及闽东地区社会经济概况》，华艺出版社 1992 年版，第 212、217、219、222、233、238、246、249、279、453 页。Decennial Report，1892—1901 年，福州；Decennial Report，1899—1901 年，1902—1911 年，三都澳；见中国人民政治协商会议福建省委员会文史资料研究委员会编《福建文史资料》（第 10 辑），1985 年，第 109、155、168 页。

② Trade Report，1896 年，1897 年，1898 年，1899 年，1900 年，1901 年，1903 年，1911 年，福州，见福州海关编《近代福州及闽东地区社会经济概况》，华艺出版社 1992 年版，第 208、214、219、224、229、234、240、286 页。

口钢作为多种行业的优质原材料，很受本地人欢迎；而铜和铅作为重要的军需品，进口量也开始逐年增加。此外，受本地工业发展的拉动，各类金属零配件和物料（如铜锭、铁锚、铁球、铁钩等）的进口贸易从无到有，日渐重要。由于福建省内金属矿稀缺，因此手工业和工业的发展速度越快，对香港这样的原材料供应地的依赖性也就越大。①

其他类杂货进口贸易的商品结构也日渐丰富，诸如苯胺染料、煤油、草席、胡椒等洋杂货的进口量均有大幅增长。这一时期洋杂货由产地直接输入福州口岸的数量增多，经香港转口输入的比例有小幅降低。自从福州设立油栈后，俄国煤油一度压倒美国煤油独占上风，而更为廉价的苏门答腊煤油竟能后来居上，在激烈的市场竞争中击败上述两个对手。当煤油价格无序上涨时，洋蜡烛也能暂时扩大在本地的销量。在本地庄稼歉收的年份，仍需经香港大批进口南洋米以济急。随着本地人饮食习惯的缓慢变化，面饼和甜食渐受青睐，经香港输入的外国面粉和白糖的数量因之快速增加。若干类奢侈品（如香水、肥皂、牙刷、香烟等）也逐渐在本地拓展出销路。各类军火的进口量保持缓慢增长，故也能在进口贸易总额中逐渐占有一定地位，其中多数为打着英国货的旗号经香港转口输入的德国军火。②

这一时期洋杂货的进口贸易虽有所发展，但或因贸易额较小，或因系由产地直接输入福州口岸，故均不能有效抵补印度鸦片进口贸易的衰落对贸易额的冲击，也不能挽回香港对福州口岸洋货转口贸易额下滑的趋势。

---

① Trade Report，1896 年，1897 年，1898 年，1899 年，1900 年，1904 年，1906 年，1910 年，福州，见福州海关编《近代福州及闽东地区社会经济概况》，华艺出版社 1992 年版，第 209、214、219、224、229、246、258、281 页。

② Trade Report，1896 年，1897 年，1898 年，1899 年，1900 年，1901 年，1903 年，1904 年，1905 年，1906 年，1907 年，1908 年，1909 年，1910 年，1911 年，福州，见福州海关编《近代福州及闽东地区社会经济概况》，华艺出版社 1992 年版，第 209、214 ~ 215、218 ~ 219、224、226、229、234、240、242、246、252、258、263、265、269、272、275、278、281、283、286 ~ 287、289 页。Decennial Report，1892—1901 年，福州，见中国人民政治协商会议福建省委员会文史资料研究委员会编《福建文史资料》（第 10 辑），1985 年，第 106 页。

虽然香港来货仍占福州口岸洋货进口额的75%左右，但福州口岸的外贸对象已较此前明显多样化。

就出口贸易而言，这一时期的茶叶贸易大势已去，需求量和产量都逐年下滑，唯有受到世界市场供求关系或政治形势的有利影响时，茶叶出口贸易才会短暂复苏一段时期。尽管本地茶叶出口俄国市场、波斯等西亚市场的数量有所增加，但这只能起到有限的弥补作用，而原先若干主要的茶叶出口地（如加拿大和澳洲市场）到20世纪初年已近乎不再采购福建茶。茶叶贸易的衰退严重危及福州腹地经济的发展，降低了基层民众的生活水平；而其他行业工价的上涨远远赶不上生活支出的增加，致使基层民众的生活负担十分沉重。再加上闽北民众出洋谋生的风气不浓，侨汇数量很少，这就愈发制约了福州口岸进口洋货的能力，使福州与香港两地的贸易关系缺乏复苏的动力。①

杂货出口贸易的商品结构则有所拓展。本地创设罐头厂以后，水果罐头的销路扩展到天津、汉口、香港和海峡殖民地。大量轻便廉价的福州油纸伞则经厦门和香港转口输往东南亚国家。其他杂货（如蘑菇、蚶干、牡蛎、羊、茶油、桐油、漆器、烟草）的出口贸易也得以次第兴起。禽毛成为出口英国的新兴产品，供需两旺，颇有发展潜力；本地生产的西式马铃薯不仅在香港市场销路甚佳，进而又出口到新加坡等地，同样大受欢迎。利用本地木材生产的煤油桶则销往苏门答腊，以满足那里煤油工业发展的需求。福州生产的火柴也曾一度打入香港市场。樟脑也经福州和三都澳两埠出口，唯经营不善，内陆樟树被砍伐殆尽之后樟脑出口贸易即告停止。三都澳口岸周边地区出产的陶瓷产品在北方和南

---

① Trade Report，1897年，1899年，1900年，1901年，1904年，1906年，1907年，1909年，1911年，福州，见福州海关编《近代福州及闽东地区社会经济概况》，华艺出版社1992年版，第215~216、225、230~231、234、248、259、265、277、288页。Decennial Report，1892—1901年，1902—1911年，福州，见中国人民政治协商会议福建省委员会文史资料研究委员会编《福建文史资料》（第10辑），1985年，第107、136页。

洋都有市场。① 就在出口商品结构逐渐多样化的同时，香港在福州口岸出口贸易额中所占的比重和福州口岸对港出口贸易额的绝对值均持续下滑，说明这些多样化的出口贸易商品更多销往了香港以外的其他地区，可见香港一直未能在福州口岸的出口贸易领域扮演重要的角色。

（二）厦门口岸及闽南地区在外贸领域与香港的联系

厦门口岸作为闽南地区对外贸易的门户，商业素来发达。早在19世纪60年代，大英轮船公司和德忌利士轮船公司即相继开辟了连接厦门并贯通华南沿海主要港埠的航线；19世纪70年代以后，霍尔特轮船公司（俗称蓝烟囱轮船公司）、中国轮船招商局也相继派船开辟出连接厦门的航线，进而将厦门口岸的对外贸易与香港紧密地联系起来。早期厦门口岸进口的洋货以鸦片、棉纺织品为大宗，其余为金属等日用品；进口的土货也以日用品为大宗，其中豆货所占比重较大。厦门口岸出口的土货以茶、糖、土布、纸、药材、铁器、烟丝、面线、金箔等为主。进口的洋货经香港转口输入的比例很高，通常会达到80%以上，即便是偏低的年份也能占2/3左右，特别是英国匹头货、印度鸦片、金属等绝大多数均经香港中转输入，有时仅此三类商品就能占到厦门口岸香港来货额的70%。进口的土货经香港转口输入的比例较低，仅为10%左右；本地土货出口国外经香港转口输出的比例约在10%～20%之间。由于厦门与香港两地之间交通便利，资金充裕的华商往往会亲自赴香港采购商品，如此即可省去在厦门本地购货时必须支付给洋商的佣金和其他费用，大幅节约支出。此外，厦门口岸贸易额的波动除受本地市场需求和供货情况的影响外，还必须要考虑到港台直

---

① Trade Report，1896年，1897年，1898年，1899年，1901年，1903年，1904年，1905年，1906年，1908年，1909年，1910年，1911年，福州；Trade Report，1905年，1906年，1907年，1909年，三都澳；见福州海关编《近代福州及闽东地区社会经济概况》，华艺出版社1992年版，第210、216、221、226、236、241～242、248、253～254、258、269、272、277、279～282、287、462～464、473～474、477、486页。Decennial Report，1892—1901年，福州；Decennial Report，1899—1901年，1902—1911年，三都澳；见中国人民政治协商会议福建省委员会文史资料研究委员会编《福建文史资料》（第10辑），1985年，第108、118、160、166、172页。

接贸易的发育度这一因素，因为台湾的外贸（尤其是对港贸易）商品是否经厦门口岸中转，将对厦门口岸的贸易额产生一种聚流或分流效应。厘金对出口贸易也会产生很大影响，厦门与海峡殖民地之间的贸易就曾受到高额厘金的严重阻碍。19 世纪 80 年代以前，厦门口岸贸易额的增长主要体现在洋货进口额的增加上，其他类贸易额变化不大，这也就意味着厦门与香港的贸易关系在这段时期日渐密切，具体的演进过程如下文所述。①

表 3.3　厦门口岸进出口贸易额统计表

单位：海关两（1869 年为两）

年份	土货出口额	出口香港额	百分比	洋货进口额	香港来货额	百分比
1869	4147893	171828	4%	6457505	4683593	73%
1874	4038894	671232	17%	4443000	3901722	88%
1885	2596478	316459	12%	7341912	6307575	86%
1894	2650020	187409	7%	6402868	4926876	77%
1904	2682518	197206	7%	14003804	8642623	62%

资料来源：根据《中国旧海关史料》有关年份贸易统计值折算。

在各类进口洋货当中，鸦片长期占据着洋货进口额的最大比例，香港则是鸦片贸易的集散枢纽。在厦门，吸食鸦片者占成年人的15% ~20%，且有逐渐增加的趋势。税收机制是影响这项贸易的重要因素，而鸦片的进口量与消费量之间则并无确定的联系，因为邻近的另一口岸汕头的税率远低于厦门，商人往往会选择从那里大量进口鸦片之后沿陆路运入闽南市场，从而分流了厦门口岸的贸易，甚至连广州的商人也能通过辗转的路线向闽南地区供应鸦片。这些从外省流入的鸦片中，价格较高的公班土和喇

① Trade Report，1865 年，1866 年，1867 年，1868 年，1870 年，1873 年，1874 年，1875 年，1876 年，1877 年，厦门，见厦门市志编纂委员会、《厦门海关志》编委会编《近代厦门社会经济概况》，鹭江出版社 1990 年版，第 2 ~4、9 ~10、16 ~17、26、36 ~37、61、95 ~96、125、156、172 ~173、176、182 ~185 页。Trade Report，1882 年，厦门，见《中国旧海关史料》，第 9 –783 页。

庄土所占比例较大。同样的分流现象也会出现在棉纱等匹头货的进口贸易当中。在丰收的年份，本地市场粮食价格低廉，这将会刺激鸦片消费量的增长，而假如茶等大宗商品的出口贸易不旺盛，则将间接制约鸦片的输入量。①

印度棉花、棉纱、各类英国匹头货经香港转口源源运销厦门市场，贸易规模相当大，纺纱织布也逐渐成为闽南妇女的一项主要家庭副业。廉价优质的印度棉纱逐渐取代原棉成为本地人理想的纺织原料，在闽南这样“拥挤、贫穷、多山、税赋沉重的地区”最受欢迎，特别是在香港市场价格走低的时候，本埠的印纱进口量会大幅增加。本埠商行在香港派驻有代理人，可以直接取得货源，进货渠道通畅便捷。浙江和长江流域出产的棉花在本地市场上与印度棉花时常发生竞争，结果使得棉花进口贸易逐渐由南流拐向北流，随后又演变成南北流同时并存、互有进退的贸易格局。②而毛织品的消费量则一直没有多大起色，只有英国羽纱进口量稍大。

铁器及各类铁料本系日用必需品，正常情况下的需求量比较稳定，但闽南海域海盗盛行，导致政府转而限制该项贸易，后又改以出售专卖权的形式包商经营。本地进口的旧铁有很大比例来自南洋一带（主要是新加坡、爪哇、暹罗、马尼拉、西贡等地），许多因报废和损毁之故而被弃置在上述地方的船只残骸，被那些素有集腋成裘习惯的华侨拆散后运回了厦门，这就为本地铁匠制作农具、家用器具提供了充足而廉价的原材料，这些旧铁料有一定比例经香港转口输入厦门。其他类进口金属以用于包装茶叶的锡和铅为主。锡除了可充作包装材料，在本地的用途甚多，可被用来

---

① Trade Report，1865 年，1866 年，1867 年，1868 年，1870 年，1873 年，1874 年，1875 年，1877 年，1878 年，1879 年，厦门，见厦门市志编纂委员会、《厦门海关志》编委会编《近代厦门社会经济概况》，鹭江出版社 1990 年版，第 3、9、14、18、28、45、96、98～99、126、159、185、190～192、196 页。

② Trade Report，1867 年，1868 年，1870 年，1873 年，1874 年，1875 年，1877 年，1879 年，厦门，见厦门市志编纂委员会、《厦门海关志》编委会编《近代厦门社会经济概况》，鹭江出版社 1990 年版，第 17～18、28、41～43、99、101、129、131～132、158、186、195、199 页。

制作多种器物（如锡箔、头饰、镜子等）。海峡殖民地锡矿业的兴起以及云南锡矿在回民大起义结束后恢复生产，能够确保货源的稳定，而香港则是云南大锡与马来锡的混合精炼地，也是精炼锡锭复出口沿海商埠的中转口岸。此外，铜、水银（制镜、朱砂）、钢材等金属的进口贸易也可大体保持稳定，但进口量不大，反倒是新型优质金属铝在本地迅速打开了市场，销售量增长很快。①

美国优质面粉逐渐成为中国人喜爱的食材，香港则是其在华南地区的总分销地，厦门口岸常通过香港大量进口美国面粉，然后将其加工成面线，广受本地人欢迎。此外，水银、花旗参、煤油等从大西洋沿岸运来的美国货也须经香港转口输入厦门口岸。南洋货主要来自海峡殖民地、西贡和曼谷，鉴于直航贸易不发达，经香港转口输入者占一定比例。其中油饼是本地经济作物种植业不可或缺的肥料，油果（又称郎梦子）可用于照明、制烛，栲树皮可用作渔网和帆的染料，马皮是本地皮箱加工业、制鞋业和包装行业的重要原材料，牛肉干、马肉干则是种植经济作物的重体力劳工在辛勤劳作后不可或缺的营养品，椒、沙藤、檀香木、苏木、豆蔻、海参、鱼干、骨头、筋肉等南洋货在厦门市场均有销路。其中，有些南洋货不仅供厦门本地消费，还经厦门口岸进一步转往北方市场，其中转销上海口岸者为数不少，这很可能与上海南洋庄的独特经营模式有关。②

鉴于闽南地区的粮食生产一直不能自给，遭逢灾荒的年份粮食短缺的情况就会变得更加严重，于是大米成为厦门口岸另一大宗进口货。其中，有一定比例产自长江流域，通过上海转口输入，也有一些来自暹罗、西

① Trade Report，1867 年，1870 年，1872 年，1873 年，1874 年，1875 年，1877 年，1879 年，厦门，见厦门市志编纂委员会、《厦门海关志》编委会编《近代厦门社会经济概况》，鹭江出版社 1990 年版，第 25、43 ~ 44、83、102、130、158、187、196、198 页。

② Trade Report，1866 年，1872 年，1874 年，1875 年，1876 年，1877 年，1879 年，1880 年，厦门，见厦门市志编纂委员会、《厦门海关志》编委会编《近代厦门社会经济概况》，鹭江出版社 1990 年版，第 8、83 ~ 84、130 ~ 131、159 ~ 160、174、187、197 ~ 198、222 页。

贡、日本等地，除一小部分直接输入外，其余大部分则须经香港转口输入厦门。由于香港是南洋米转销华南沿海各埠的集散地，因此香港市场米价的波动会在厦门口岸引发程度不同的骚动。闽南地区粮食收成的丰歉能够有力地影响厦门口岸的洋货进口贸易，奢侈品进口额的增加一般只会出现在丰收的年份。①

茶是厦门口岸的大宗出口货，其中大部分是台湾产乌龙茶经这里转口外销（主销美国市场），也包含小部分闽南产乌龙茶、功夫茶，早期仅茶叶一项就占厦门口岸出口总额的一半。鉴于众多闽南侨民分布于暹罗、海峡殖民地、荷属东印度、菲律宾等南洋地区，需要有大量台湾产包种茶出口南洋以满足这些侨民的消费需求，而厦门与南洋一带的直航贸易并不发达，故通过香港中转输出者占一定比例，值得一提的是闽南乌龙茶出口香港则主要供应香港本地消费。总体而言，香港在厦门口岸茶叶出口贸易额中所占的比例年际波动性较大，有些年份在10%以下，有些年份则接近50%，香港已成为厦门口岸外销茶叶的第二大消费地和中转市场（仅次于美国）。与福州口岸的茶叶出口贸易相比，闽南地区的茶叶贸易与香港市场的联系更为密切，这显然与闽北、闽南、台湾三地生产的茶叶口味不同有关。②

厦门口岸的另一项大宗出口产品冰糖一度大量销往印度孟买，必须经香港中转输出，尽管国内市场对冰糖的需求日增，但本地冰糖出口香港供当地消费或转往外洋市场的数量并未显著减少，在国际市场货源紧俏的年份厦门口岸出口的冰糖甚至还能直销英国市场。糖出口贸易受气候因素影

① Trade Report，1887年，牛庄，见《中国旧海关史料》，第13－43页。Trade Report，1867年，1870年，1872年，1873年，1874年，1875年，1876年，1877年，1879年，厦门，见厦门市志编纂委员会、《厦门海关志》编委会编《近代厦门社会经济概况》，鹭江出版社1990年版，第18、49～50、83、103、109、125、130、156、162、173、176、188、194页。

② Trade Report，1867年，1870年，1872年，1873年，1874年，1875年，1876年，1879年，1880年，厦门，见厦门市志编纂委员会、《厦门海关志》编委会编《近代厦门社会经济概况》，鹭江出版社1990年版，第14、59、88～89、116、136～137、161、175、203、229页。

响较大，本地榨糖技术因循守旧，效率低下，再加上本地人极为抵制新式生产设备的引入，这都成为限制本地制糖业发展的桎梏，影响了糖出口规模的扩大。还有很多种本地手工业品及特色食品、药材、日用品出口南洋市场，主要供移居南洋的大批闽南籍华侨日常消费，闽南籍华侨对家乡的产品有着特殊的偏好，需求量逐年上升，此类侨需品外销贸易有一定比例须经香港转口输出。①

表3.4　厦门口岸出口南洋市场侨需品清单

类别	品名
林产品	桂圆干、花及花种、水仙花球茎
副产品	蜜饯、罐头水果、面线、糖、酒、烟丝、咸萝卜
手工业品	麻包、竹器、粗瓷器、陶器、爆竹、仿金丝线、铁器（菜刀、斧头、短柄斧、农具、木匠工具、铁锅）、伞、土布、夏布、纸、仿金箔、假花（人造花）、锡箔
其他	药材、花岗石、砖瓦、石板、磨石、杵和臼、家具

资料来源：Trade Report，1870年，1872年，1873年，1874年，1875年，1879年，1880年，厦门，见厦门市志编纂委员会、《厦门海关志》编委会编《近代厦门社会经济概况》，鹭江出版社1990年版，第55~56、93、123~124、140~141、161、164、204、222页。

19世纪80年代以后，厦门港的对外航线逐渐密集，多家航运公司都将厦门港作为途经站，遂使得厦门口岸的贸易条件大有改善，贸易额逐年增长。香港仍是厦门口岸重要的贸易对象，香港来货额仍能占厦门口岸洋货进口总额的80%以上。由于闽南内陆地区经济日益凋敝，再加上东南亚一带经济作物（橡胶树）种植业和矿业（锡矿）迅速发展，于是便引发了越来越多的本地人出洋谋生，到异域去当苦力、矿工、工匠和商贩，收入

① Trade Report，1866年，1867年，1868年，1870年，1872年，1874年，1875年，1876年，1877年，1878年，1879年，厦门，见厦门市志编纂委员会、《厦门海关志》编委会编《近代厦门社会经济概况》，鹭江出版社1990年版，第10、20、31、34、56~58、92、140、161~162、175、189、194、204页。

也较高，而香港则成为众多移民出洋谋生的中转站。厦门口岸的外贸收支长期维持着入超的格局，抵付入超的款项有很大数额是采用侨汇直接在香港结算的，加之汇率时常波动，致使厦门、香港两地间的套汇现象时有发生。鸦片（进口洋货）、豆货（进口土货）、匹头货（进口洋货）、糖（出口土货）、米谷（进口洋货、进口土货）、茶（出口土货）、原棉（进口洋货、进口土货）、海产（进口洋货、进口土货）、纸（出口土货）、金属（进口洋货）成为最重要的十大类进出口商品，其货值占厦门口岸对外贸易额的绝大比重，香港除了向厦门口岸转口输入传统的大宗洋货，还开始在海产等新兴洋货进口贸易领域发挥重要的转口功能。①

鸦片仍是厦门口岸最大宗的进口货，即使将广泛存在的走私贸易忽略不计，有些年份鸦片进口额仍占洋货进口总额的一半以上，仅厦门一地的鸦片烟馆就多达420家。不过这项贸易仍受汕头商人的影响，汕厦两地的商人竞争激烈，为了从根本上控制这项贸易，两地商人竞相出高价竞标鸦片厘金征收权以打击对手。许多鸦片交易的货款是在香港支付的，然后由驻厦门的洋行分支机构就地交货。值得注意的是，这一时期鸦片已不仅仅是一种单纯的外贸商品，还开始充当起侨汇的代用品，使得原先那种以现金或票据为载体的汇款形式逐渐发生了变化。越来越多的海外华侨采用“物汇”的形式来接济故乡的亲属，即用汇款（现金）在香港等地采购厦门市场适销的洋货，贩往厦门销售获利后再将现金送往故乡，如此既可省去不必要的汇费，又能得到额外的利润，而鸦片就是华侨在香港市场大量采购的商品之一。此外，由于鸦片贸易的利润较高，其投机性在特殊时期表现得尤为突出。例如在中法战争期间，台湾遭法军封锁，厦门口岸的鸦片进口量在短时期内迅猛增长，然后商人驾民船突破法军封锁将鸦片运往

① Trade Report，1881年，厦门；Decennial Report，1882—1891年，厦门；见厦门市志编纂委员会、《厦门海关志》编委会编《近代厦门社会经济概况》，鹭江出版社1990年版，第236～237、252、270页。Trade Report，1882年，1884年，1891年，1892年，1894年，厦门，见《中国旧海关史料》，第9－781，784，10－753，17－424，18－422，423，22－446页。

台湾出售，可获惊人暴利。起初由于洋行对经营鸦片生意的华商所放信贷周期较短，导致缺少资本的小商人时常会陷入资不抵债的困境，但是当海关保税仓库投入使用后，华商可绕开洋商直接从香港进货，然后即可以其在保税仓库的存货为抵押物向钱庄贷款，从而减轻了对洋行信贷的依赖，华商的竞争力也由此得以增强。到了19世纪90年代中叶，华商已基本控制了厦门口岸的鸦片贸易。这一时期云土、川土等国产鸦片开始经上海或其他路线逐渐打入本地市场，本地烟田的种植规模也在不断扩大，这些因素都有助于减少印度鸦片的进口量，特别是内陆腹地市场已很少再从厦门口岸输入洋鸦片了，这就预示着香港对厦门口岸最大宗的一项洋货转口贸易已渐遭蚕食。①

匹头货仍是仅次于鸦片的次大宗进口货。美国匹头日益成为英国匹头的有力竞争对手，这是匹头贸易领域出现的一个新变数。毛织品的销量有所增长，棉毛混织物较受闽南民众欢迎。原棉的进口量增速很快，棉纱的销路也在逐渐扩大，后者的进口量在1872—1887年间增长了5倍。由于厦门、香港两地水程较近，运费低廉，华商倾向于直接赴香港市场采购各类匹头货，迫使洋商不得不收缩经营领域，而厦门市场上的台湾郊商则通过拓宽进货渠道等营销方式，使洋商感受到明显的竞争压力，最终把经营匹头生意的洋商排挤出了内贸营销领域。②

---

① Trade Report，1881年，厦门；Decennial Report，1882—1891年，厦门；见厦门市志编纂委员会、《厦门海关志》编委会编《近代厦门社会经济概况》，鹭江出版社1990年版，第240~241、265~266、269页。Trade Report，1882年，1884年，1885年，1886年，1887年，1889年，1891年，1892年，1894年，1895年，厦门，见《中国旧海关史料》，第9-781，782，10-752，11-331，332，12-338，13-361，362，15-388，17-423，425，18-423，424，22-446，23-430页。

② Trade Report，1881年，厦门，见厦门市志编纂委员会、《厦门海关志》编委会编《近代厦门社会经济概况》，鹭江出版社1990年版，第242~243页。Trade Report，1882年，1884年，1887年，1889年，1890年，1891年，1892年，1894年，厦门，见《中国旧海关史料》，第9-782，10-752，13-360，15-387，16-403，17-423，18-423，22-444页。Man-houng Lin，"Economic Ties Between Taiwan and Mainland China，1860-1895：Strengthening or Weakening?"见郝延平、魏秀梅主编《近世中国之传统与蜕变——刘广京院士七十五岁祝寿论文集》，台湾"中研院"近代史研究所特刊（5），1998年，第1067页。

铁、钢材、锡等金属的进口量有所增长，铅、水银的进口量也能保持稳定。本地进口的锡主要来自海峡殖民地，但厦门茶叶贸易连年不景气，进而在某种程度上影响到此类包装材料的进口量。由于铁仍被政府视为战争物资，其贸易要受到一定程度的管制，不过每当发生海难事故（导致铁质船只报废）时，旧铁的进口量就会突然增加。①

由于大量本地归侨的生活饮食习惯已经发生了变化，咸鱼、海参等主要产自海峡殖民地的多种鱼介海产便逐渐在本地打开了销路，其中直达运输的比例有限，多数须经香港转口输入厦门口岸。②

在国内粮食歉收、米谷禁止输出的年份，本地也会自日本、安南、西贡等地进口米谷。随着经济作物和烟田的种植规模逐渐扩大，米谷的进口量表现出持续增加的趋势。日本割台之后，大批驻军自台湾撤退至本地，导致临时性的粮食需求量骤增。而香港作为重要的粮食交易市场，能够向侨汇来源丰富的厦门市场大批输出米谷，这就彰显出厦门口岸对外贸易的寄生性特征。③

随着贯通美国东西海岸的联合太平洋铁路—中央太平洋铁路建成通车，横渡太平洋的运茶航线遂得以正式通航，但经厦门口岸直接出口美国的茶叶主要是优质台湾茶；不过香港作为远东航运中心，也逐渐成为运美

---

① Trade Report，1881 年，厦门；Decennial Report，1882—1891 年，厦门；见厦门市志编纂委员会、《厦门海关志》编委会编《近代厦门社会经济概况》，鹭江出版社 1990 年版，第 243、256 页。Trade Report，1882 年，1883 年，1887 年，1895 年，厦门，见《中国旧海关史料》，第 9 - 782，10 - 330，13 - 360，23 - 428 页。

② Trade Report，1883 年，1886 年，1887 年，1892 年，1893 年，1895 年，厦门，见《中国旧海关史料》，第 10 - 329，330，12 - 338，13 - 361，18 - 421，422，20 - 434，23 - 428 页。Decennial Report，1882—1891 年，厦门，见厦门市志编纂委员会、《厦门海关志》编委会编《近代厦门社会经济概况》，鹭江出版社 1990 年版，第 257 页。

③ Trade Report，1881 年，厦门；Decennial Report，1882—1891 年，厦门；见厦门市志编纂委员会、《厦门海关志》编委会编《近代厦门社会经济概况》，鹭江出版社 1990 年版，第 245、258 页。Trade Report，1882 年，1883 年，1887 年，1890 年，1893 年，1895 年，厦门，见《中国旧海关史料》，第 9 - 782，10 - 329，13 - 360，16 - 401，403，20 - 434，23 - 429 页。

茶叶的集结地，一度还升格为厦门口岸外销茶叶的第二大出口市场，一部分厦门茶会被先行运往香港，除少量供当地消费外，其余部分则经运费较低的连接香港与美国西海岸（旧金山）的太平洋航线出口美国，或经苏伊士运河走大西洋航线出口美洲。香港的茶叶转口贸易所需的大量包装材料、茶木箱等，均有一定比例来自厦门和经厦门转口发货的台湾。台湾茶与厦门茶运输方式上的区别，主要是由美国市场对台湾茶与厦门茶开出的不同价格造成的，由于美国市场能够对优质台湾茶开出 2 倍于普通厦门茶的高价，所以尽管台湾茶经厦门口岸直接出口美国的运费较高，但仍然有利可图。而闽南产茶区则由于地力逐年消耗，致使茶质不佳，其产品无力与正在崛起的台湾茶和日本茶竞争，再加上当地税赋沉重、投机盛行、工价上涨，导致厦门茶的出口贸易逐渐衰落，在美国市场上缺乏竞争力，唯有靠先行出口香港以便通过降低运费这一手段来降低营销成本。①

由于茶叶贸易日趋衰落，糖遂成为厦门口岸最大宗的出口货，有些年份糖出口额能占到厦门口岸出口总额的40%左右。不过厦门糖仍以内销为主，外销为辅，北方环渤海地区是本地糖的最大市场，上海市场次之，出口香港及南洋市场的比例较小。纸、烟丝、面线、酒及药酒（Medicated Samshu）、砖瓦、粗瓷器、麻绳、麻包、夏布、水果、食品（Provisions）等本地土特产品的出口贸易也在渐次兴起，这些土特产品在香港及南洋等地的华侨社区找到了销路，但这些产品对厦门口岸出口贸易额的增长贡献不大，反倒是侨汇在抵补贸易入超方面发挥的作用越来越突出。②

---

① Trade Report，1881 年，厦门；Decennial Report，1882—1891 年，厦门；见厦门市志编纂委员会、《厦门海关志》编委会编《近代厦门社会经济概况》，鹭江出版社 1990 年版，第 239～240、245～246、259、263 页。Trade Report，1882 年，1883 年，1886 年，1888 年，1890 年，1891 年，1893 年，1894 年，厦门，见《中国旧海关史料》，第 9－784，10－330，12－338，339，14－370，371，16－402，17－423，20－435，22－445 页。

② Trade Report，1881 年，厦门，见厦门市志编纂委员会、《厦门海关志》编委会编《近代厦门社会经济概况》，鹭江出版社 1990 年版，第 251 页。Trade Report，1882 年，1884 年，1887 年，1889 年，1890 年，1891 年，1892 年，厦门，见《中国旧海关史料》，第 9－782，10－752，13－362，15－389，16－402，17－423，18－422 页。

甲午战争结束以后，厦门口岸的对外贸易开始走上了下坡路，尽管煤油、美国面粉等新兴洋货的进口量快速增长，但茶叶贸易则逐年衰退。日本邮船会社派船驶入东南沿海航线与德忌利士轮船公司竞争生意，使得航运条件更形便利，甚至还出现过免费竞载的局面，但厦门口岸的洋货进口贸易仍主要面向香港展开，香港来货额一般占进口总额的2/3左右。香港还成为紧急情况下（如内地发生革命事态等）滞销货物的处置地，当地华商主要通过沪港两地向厦门市场供货，一旦发生事故（如1902年厦门火灾）致使本地商人无法向沪港两地支付货款，厦门市场就会面临货源断绝的艰难处境。随着大宗出口货茶、糖等的外销贸易江河日下，生产资料、工业原料的进口额也微不足道，反倒是机制棉纺织品及奢侈品的进口额竟能逐步增加，这就进一步显示出本埠贸易畸形化的趋势，进出口贸易额失衡的程度日益加剧。这种情况的出现与东南亚锡矿业、橡胶业、胡椒业的发达有关，再加上本地开始厉禁烟田，遂激发了大批本地华人前往东南亚务工。到了20世纪初年，厦门口岸已不再是大宗商品的出口港，降格为富裕归侨的休养之乡，本地所进口的洋货有很大比例都是为了满足这些归侨的消费需求，本地人对侨汇的依赖性因之大大增强。从进口商品的来源地看，厦门口岸对香港的依赖性也大大增强了。受侨资铁路和侨资企业需求拉动的铁路物料、工业器械的进口，要到很晚才出现，且规模不大。①

本地人口中烟民所占比例的扩大，当然意味着鸦片的进口量会有所增加，对众多体力劳动者而言，鸦片乃是不可或缺的“兴奋剂”和“补药”。另一种毒品吗啡则打着“戒烟药剂”的旗号出现在厦门市场上，皮下注射吗啡的做法很快流行起来，其危害性更在鸦片之上，因为这会使更多的人

---

① Trade Report，1899年，1901年，1902年，1903年，1904年，1906年，1907年，1908年，1909年，1910年，1911年，厦门，见《中国旧海关史料》，第29－505，33－520，35－604，37－659，661，39－730，733，43－568，45－596，600，47－648，50－3，4，53－69，56－79页。Decennial Report，1892—1901年，1902—1911年，厦门，见厦门市志编纂委员会、《厦门海关志》编委会编《近代厦门社会经济概况》，鹭江出版社1990年版，第305、358页。

染上毒瘾。川土、云土等国产鸦片也在本地流通无阻。尽管在土药歉收的年份或汇率（银价）上升时，印度鸦片的进口量会明显增加，但总体而言，印度鸦片的进口额在进口贸易总额中所占的比重在下降，有些年份仅占进口总额的1/8左右，这就在一定程度上影响到香港来货额在厦门口岸洋货进口总额中所占的比重。①

受台湾市场对闽南土布旺盛需求的刺激，印度棉纱、棉花经香港转口输入量大增。香港产棉纱在20世纪初年也开始出口到厦门，唯汇率波动及随之而来的香港市价的起伏，时常引发本地华商对该项贸易的节制和投机，其他种类的匹头货进口量稳定增长。②

虽然铅、锡的进口贸易明显受到茶叶贸易衰落的影响，好在随着泉州府一带锡箔业（包括镀锡神纸）、饰品业、佛像镀身业日渐发达，其进口量逐步恢复了增长的势头。来自海峡地区的旧铁、水银等金属的进口量基本持平或缓慢下降。其他金属制品（如铁条、铁钉等）的进口量则有较大增长。③

煤油的消费习惯在闽南地区已经完全确立，煤油已成为广大群众日常生活中不可或缺的照明用品。继美国美孚石油公司在香港设立华南分销中心之后，苏门答腊煤油公司和俄国巴统石油公司也在香港设立了东亚煤油销售总部，后两家公司还特意在香港建造起油栈长年储备大量货源，并就地制造坚固的油箱来装油，这样就可以适应内陆市场辗转颠簸的运输条件，而不至于因制罐材料不耐磨损造成煤油渗漏。起初是整箱包装的罐装

---

① Trade Report，1897年，1898年，1899年，1902年，1903年，1904年，1906年，1907年，1909年，厦门，见《中国旧海关史料》，第25－448，27－456，29－505，35－601，37－661，39－733，734，43－571，45－596，597，50－6页。Decennial Report，1892—1901年，1902—1911年，厦门，见厦门市志编纂委员会、《厦门海关志》编委会编《近代厦门社会经济概况》，鹭江出版社1990年版，第309～310、344页。

② Trade Report，1896年，1897年，1898年，1901年，1904年，厦门，见《中国旧海关史料》，第24－433，434，25－445，446，27－454，33－520，39－731页。

③ Trade Report，1896年，1897年，1899年，1902年，1903年，厦门，见《中国旧海关史料》，第24－433，25－446，29－503，35－601，37－659页。

煤油进口量较大，到了20世纪初年，苏门答腊煤油公司和俄国煤油公司先后在厦门口岸建立了油栈，罐装煤油的进口量随之显著下降，苏门答腊煤油逐渐在竞争中胜出。米面的进口量有逐年增加的趋势，当地民众的饮食习惯先前偏好米食，这一时期却逐渐喜食面粉制品，从而促成了消费美国面粉的风气。美国优质面粉比本地产面粉还便宜，可用于生产面线、糕饼等食品外销，由于可以方便地从香港市场采购到所需的原料，各种面食遂成为厦门口岸在茶叶贸易衰落之后继起的一类有利可图的出口货，本地的面食加工业大多以妇女和儿童作为主要劳动力。仰光米和暹罗米仍会在本地庄稼歉收的年份大量进口。继咸同年间广东兴起土客大械斗现象之后，福建也逐渐成了乡民械斗问题很突出的省份，各地大大小小的械斗纠纷绵延不绝。令人感到离奇的是宗族械斗与粮食进口贸易竟发生了联系，可能是参与械斗的双方均需要大量储备粮食以防意外吧。①

钟表、灯具、肥皂、香烟、雪茄、炼乳、燕窝、精制白糖、印刷纸等奢侈品及杂货进口量的增长，显示出本地人的购买力较过去明显增强了，这主要是因为大批归侨对新兴洋货的喜好和依赖性都要比本地土著人口强。他们喜穿洋式服装，喜建洋式住宅，生活习惯已与前一代人大不相同。在丰收的年份，奢侈品的进口量会有明显增加。其他杂货（如铜纽扣、红树皮、针、木材、欧洲雨伞、洋酒、西药、花旗参等）的进口量均逐渐增长，这些新式洋货的货值在进口贸易额中所占的比例逐年增大。大笔侨汇的涌入与近便的采购市场香港，成为助长上述风气的第一推动力。②

---

① Trade Report，1896年，1897年，1898年，1899年，1900年，1901年，1902年，1903年，1904年，1907年，1911年，厦门，见《中国旧海关史料》，第24－433，434，435，436，25－445，446，27－453，454，29－503，504，31－513，514，33－520，521，35－602，37－658，659，660，39－731，45－597，600，56－80页。

② Trade Report，1896年，1897年，1898年，1899年，1900年，1902年，1903年，1904年，1906年，1908年，1909年，1910年，厦门，见《中国旧海关史料》，第24－434，25－447，27－455，29－502，504，31－514，35－602，37－658，659，660，39－730，731，43－569，47－648，50－3，4，5，53－68，69页。Decennial Report，1892—1901年，厦门，见厦门市志编纂委员会、《厦门海关志》编委会编《近代厦门社会经济概况》，鹭江出版社1990年版，第328页。

值得一提的是，甲午战争结束后厦门与日本的贸易有时也需要通过香港中转，这同厦门与日本两地开展直接贸易的税赋支出过高有关。厦门商人谢文澜曾于甲午战争以后在香港开设了丰记正栈，这家商号和远在日本长崎的华商泰益号有密切的生意往来。丰记正栈在香港主营日本海产品，因此常将这类货物销往厦门、上海等地。由于不同地区的消费者口味偏爱各有不同，海产品贸易的一大特色就是需要按地区分销对路的商品，而香港恰恰能很好地发挥这种总集散之后按地区消费特色配货转口的功能。①

厦门口岸茶叶贸易的衰落已严重危及本地茶农的购买力，而当此际美国国会表决通过了《反茶叶掺杂法》后，其市场对本地茶已近乎完全关闭，本埠的茶叶出口贸易遂遭到致命的一击。随着日本割台后台湾茶"直输出"（直接出口）贸易的发展，台湾茶经厦门口岸转口输出的份额逐年减少，为数不多的厦门茶只得依赖由上海始发途经本埠的轮船航线绕道苏伊士运河出口美国，或经香港转口销往海外市场。20世纪初年，厦门茶及台湾包种茶逐渐在海峡殖民地、爪哇、暹罗等南洋市场和香港本地市场扩大了销路，主要供应那里的华侨消费。受烟田种植面积扩大的影响，另一种本地大宗产品糖的出口贸易也显示出衰落的征兆，再加上腹地劳力外流，工价上涨，导致制糖成本升高，结果连传统的老主顾北方市场，甚至厦门本地市场都受到进口的爪哇糖和菲律宾糖的侵蚀。随着大宗商品出口贸易的渐次衰落，巨额贸易入超只能靠源源涌入的大笔侨汇来抵补。②

大宗商品出口贸易衰落后，其他小宗杂货的出口贸易便略显突出，这

---

① 朱德兰：《近代长崎华商泰益号与厦门地区商号之间的贸易》，见汤熙勇主编《中国海洋发展史论文集》（第七辑），台湾"中研院"中山人文社会科学研究所1999年版，第201～231页。

② Trade Report，1896年，1897年，1898年，1899年，1900年，1902年，1903年，1904年，1906年，1907年，1909年，1910年，厦门，见《中国旧海关史料》，第24－434，25－446，447，27－455，29－502，31－514，35－602，37－658，659，660，39－731，732，43－568，569，45－598，50－5，53－69页。Decennial Report，1892—1901年，厦门，见厦门市志编纂委员会、《厦门海关志》编委会编《近代厦门社会经济概况》，鹭江出版社1990年版，第306页。

些小宗杂货中有不少是供应海外华侨日常生活消费的侨需品。如粗瓷器、烟丝、纸伞、面线、桂圆干、麻、夏布、烧酒等销往南洋；水仙是华人喜爱的花卉，大批水仙球茎出口美国和加拿大市场，以满足当地华侨的需求，花边（Lace）也在海外（主要是美国）找到了市场。本地制糖厂、玻璃厂、火柴厂、草帽厂、草席厂、制烛厂、肥皂厂等侨资企业在此期得以陆续设立，虽然并非每一个都办得有声有色，但其对出口贸易结构的影响已初露端倪，其产品在杂货出口额中所占的比例有所增加，主要销往海峡殖民地。其他本地杂货如竹扫帚、竹纸、砖瓦、鱼干、铁锅及各类铁器、药酒、花岗石、茶箱板、木杆、锡箔、Kittysols（具体指何物待考）、蜜饯等的出口量并不稳定，年际波动性较大。一般来说，从厦门口岸销往南洋市场特别是欧美市场的出口货经香港转口外销的比例较大。①

这一时期，汇率的剧烈波动给贸易活动造成了很多不利影响，使商人丧失了牟利的信心，他们经常抱怨价格的下降总是发生在货物出售之前。彩票业的流行不仅挤占了相当一部分贸易资金，更使得投机心理严重的基层民众因蒙受彩票公司不设头奖的欺骗而倾家荡产，进而严重降低了他们对进口商品的购买力。其他投机风潮（如1910年橡胶风潮）对类似厦门这样强烈依赖侨汇接济的口岸而言，其对外贸易所受到的冲击尤其大。②虽然这一时期鸦片贸易额所占的比重大幅下降，但匹头货贸易额特别是杂货贸易额的增长能够弥补鸦片贸易的衰退，从而维持了香港来货额在厦门口岸洋货进口总额中所占的较大比例，结果就使得厦门始终未能如北方的天津、大连、青岛等口岸那样，依托腹地经济的发展基本摆脱对邻近的大

---

① Trade Report，1898年，1899年，1900年，1901年，1902年，1903年，1906年，1907年，1908年，1909年，1910年，1911年，厦门，见《中国旧海关史料》，第27－455，29－504，31－514，33－521，35－602，37－659，43－570，45－598，600，47－647，50－3，4，53－66，69，56－79页。Decennial Report，1902—1911年，厦门，见厦门市志编纂委员会、《厦门海关志》编委会编《近代厦门社会经济概况》，鹭江出版社1990年版，第349、351～352页。

② Trade Report，1904年，1905年，1906年，1910年，厦门，见《中国旧海关史料》，第39－730，732，41－573，577，43－568，53－65页。

型转口港的依赖，最终走上发展直接对外贸易的道路。

二、浙江与香港的贸易关系

晚清时期，浙东、浙南地区先后有宁波、温州、杭州三个口岸对外开埠通商，上海成为浙江口岸最主要的贸易对象港，香港在外贸领域对浙江的辐射力仅体现在少数几类特色商品贸易当中。

（一）宁波口岸在外贸领域与香港的联系

宁波口岸开埠早期在外贸领域对上海港的依赖性最大，香港一般是宁波口岸的第二大贸易对象港，但宁波口岸与香港的往来贸易结构相对简单，除了19世纪60—70年代这一特殊时期，对港贸易额在宁波口岸外贸总额中所占的比例也极低。在19世纪50年代，宁波口岸的大宗进口货主要是糖，大宗出口货则是米。由于口岸的内陆腹地运输不便，河道不畅，导致早期宁波口岸的贸易规模难以扩大。到了19世纪60年代以后，宁波口岸的贸易规模才逐渐扩大，而在70年代贸易额则有所波动。在19世纪80年代以前，就浙江省的对外贸易而言，基本可视为宁波一埠对外通商时期，除浙北杭州、嘉兴、湖州三府会更多地取道上海口岸进出口外贸商品外，浙江省其余地区以及皖东南地区（在芜湖开埠前）的对外贸易主要取道宁波口岸来进行。宁波口岸的出口商品以绿茶、棉花为大宗，进口货则以鸦片、匹头、金属和杂货为主。①

表3.5　宁波口岸进出口贸易额统计表

单位：海关两（1869年为两）

年份	土货出口额	出口香港额	百分比	洋货进口额	香港来货额	百分比
1869	6720493	329349	4.9%	5042890	164930	3%

① Trade Report，1864年，1867年，1869年，1873年，1874年，宁波，见杭州海关译编《近代浙江通商口岸经济社会概况——浙海关、瓯海关、杭州关贸易报告集成》，浙江人民出版社2002年版，第95、105、107、124、126、147、156页。

（续表）

年份	土货出口额	出口香港额	百分比	洋货进口额	香港来货额	百分比
1874	7013845	197580	2.8%	6136073	1917259	31%
1885	5107028	12459	0.2%	5753581	34329	1%
1894	5615081	10423	0.2%	7163413	125332	2%
1904	8001141	24876	0.3%	10408716	2230730	21%

资料来源：根据《中国旧海关史料》有关年份贸易统计值折算。

由于宁波当地的成年人中烟民所占的比例高达3/4，而当地的大批安徽籍茶工（季节性移民）对鸦片的消费量更大，因此宁波口岸的鸦片进口量很大，一般年份会占洋货进口额的一半以上。早期鸦片自沪港两埠的输入量难分上下，且逐年增加，不过由于受到其他省份或口岸税收偏高（福州）、厘卡滋扰问题突出（江西、福建、安徽）及运费较贵（九江）等因素的影响，本埠所进口的鸦片的内销市场一直可深入到赣、皖、闽三省交界的地带，且以价格较高的白皮土所占比例最大。洋商（特别是沙逊洋行）基本控制着这项贸易，从上海和香港两地进货供应本地市场。尽管华洋商人之间的对峙和竞争一度格外激烈，投机和罢市的活动十分频繁，但终因华商财力不济，无法满足沪港两地的鸦片批发商提出的现货交易、现款结算、不得压货等条件，故一时还无法插手印度鸦片进口贸易。①

宁波口岸是当时锡进口量最大的口岸之一，锡在本地可被用来制作多种工具，以及容器、烛台、香炉等日用器皿，还可被加工成锡箔（神纸）、白镴，进而行销全国各地。其进口量在战后（太平天国战争结束

① Trade Report，1864年，1865年，1866年，1867年，1868年，1870年，1871—1872年，1873年，1874年，1875年，1876年，1877年，1878年，1879年，1880年，宁波，见杭州海关译编《近代浙江通商口岸经济社会概况——浙海关、瓯海关、杭州关贸易报告集成》，浙江人民出版社2002年版，第96、101、103、106、111、130、138、148~149、156、163、169、175~176、178~179、191、193、215、227页。

后）初期大增，早期进口锡的原产地在南洋一带，主要通过香港集散后经上海转口输入宁波口岸，也有少量锡原料是由在外华侨直接运抵本埠的。①

暹罗米谷在粮食歉收的年份会进入本地市场，有时须经香港转口输入宁波口岸。随着本地农业的恢复，粮食的进口量逐渐减少。由于南洋和长江流域是本埠进口粮食的两大供货地，因此香港和上海在粮食进口贸易领域会相应地扮演适当的转口角色。②

浙江作为太平天国战争后期的重要战场，房屋建筑损毁严重，战后的重建过程引发了各类木材的进口量大增。此外，本地的木器加工业素称发达，乌木适合于制作灯架、筷子和小件家具，苏方木可充作染料，红杉最适合制作高档家具，这些木器加工业所需的各类原料木材主要产自福建和南洋一带，其中有一定比例须经香港转口输入宁波口岸。③

其他进口杂货的种类也很丰富，越来越多的糖经香港输入宁波口岸，其中既有冒充洋糖（从而可享受洋货只纳母口、子口两税，免纳厘金之待遇）的国产红糖，也有香港产精制糖，还有从香港运至上海、再由上海转口至宁波的“洋糖”；花旗参经香港转口输入；进口煤（台湾煤、澳洲煤）主要供铁匠打铁之用；藤、红树皮、胡椒、火绒等南洋货均有一定比例经香港转口输入宁波口岸，这些货物除供本地市场消费外，还会被转销往长

① Trade Report，1864 年，1866 年，1867 年，1868 年，1869 年，1870 年，1871—1872 年，1873 年，1877 年，宁波，见杭州海关译编《近代浙江通商口岸经济社会概况——浙海关、瓯海关、杭州关贸易报告集成》，浙江人民出版社 2002 年版，第 96、104、106、110～111、116、130、135、137、148、184 页。

② Trade Report，1867 年，1869 年，1870 年，1873 年，宁波，见杭州海关译编《近代浙江通商口岸经济社会概况——浙海关、瓯海关、杭州关贸易报告集成》，浙江人民出版社 2002 年版，第 106、116、130、149 页。

③ Trade Report，1868 年，1869 年，1870 年，1877 年，宁波，见杭州海关译编《近代浙江通商口岸经济社会概况——浙海关、瓯海关、杭州关贸易报告集成》，浙江人民出版社 2002 年版，第 112、119、131、185 页。

江流域某些省份。①

棉花是宁波口岸仅次于茶叶的第二大宗出口货，主要出口上海和香港，然后从上海换江轮运抵长江各埠或转口海外市场，或经香港转往华南市场，某些年份沪港两埠在浙棉外销贸易上会产生零和竞争。本地棉花不仅可满足国内土纺业的用棉需求，一度还因其纤维短而坚韧、色泽洁白、质地疏松而富有弹性，极适合与欧洲羊毛混纺成细毛制品，且也适合用来制造火（药）棉、硝棉、炸药包、导火线、灯芯等，故热销于英国和欧洲大陆市场。但从1878年起，价廉物美的印度棉花开始大量涌入香港市场，导致本地棉花出口香港的数量顿形减少，再加上奸商时常往棉（花）包里掺水以增重，遂给宁波口岸的棉花出口贸易造成毁灭性的打击。②

本地生产的草席一度畅销欧美，上海、香港、广州是本地草席的大市场和中转口岸。19世纪70年代以后，价廉物美的手编草帽异军突起，成为畅销欧美的新兴手工业品，可惜后来出现了粗制滥造的问题。本地烧酒（黄酒）是各埠华商喜爱的饮料，其市场定位于各口岸的买办、掮客等应酬繁忙的消费群体（其中宁波帮成员为数不少）。烧酒还同金华火腿一并出口香港，除供香港当地消费外还转往美国和澳洲的华人聚居区。③ 本地产药材的出口量也很大，主要有六大类：麦门冬、白术、土贝、萸肉、元

---

① Trade Report，1864年，1866年，1867年，1869年，1870年，1873年，1875年，1877年，1878年，1879年，宁波，见杭州海关译编《近代浙江通商口岸经济社会概况——浙海关、瓯海关、杭州关贸易报告集成》，浙江人民出版社2002年版，第96～97、104、106～107、118、120～121、123、130、149、163、167、184～185、192、196～199、215、218页。

② Trade Report，1869年，1870年，1871—1872年，1873年，1874年，1878年，宁波，见杭州海关译编《近代浙江通商口岸经济社会概况——浙海关、瓯海关、杭州关贸易报告集成》，浙江人民出版社2002年版，第121、132、141、151、158、203～204页。

③ Trade Report，1867年，1868年，1869年，1870年，1871—1872年，1874年，1875年，1877年，宁波，见杭州海关译编《近代浙江通商口岸经济社会概况——浙海关、瓯海关、杭州关贸易报告集成》，浙江人民出版社2002年版，第105、114、122、133、142、158、164、189页。

胡（延胡索）、元参。廉价的轮船运输航线有利于促进药材和墨鱼等海产品的大量出口，其中有一部分会出口到香港。①

19世纪80年代以后，浙江省的外贸格局逐渐发生了变化，本省的温州、邻省安徽的芜湖等新开口岸逐渐分流了原先取道宁波口岸进出口的贸易流，而浙北三府（杭州、嘉兴、湖州）则更倾向于直接从上海进货。这一时期宁波的贸易额虽基本上保持了稳定，但也回避不了茶叶出口贸易衰落产生的不利影响。印度鸦片的进口量逐年下滑，而匹头货、金属、煤油、糖等杂货的进口量则不断增长。就进口洋货的发货地而言，香港来货额虽仍仅次于上海，但香港来货所占比重较前一时期已大幅下降，最多仅占4%左右，主要包括香港产精糖和藤器、香料、银朱等南洋货，以及云南大锡；本地土货出口香港的数额也不大，品种主要有棉花、花生油、草席、药材等日用品和杂货。②

宁波腹地社会素有“穷算命、富烧香”的传统，腹地经济的复苏和繁荣引发了民众对锡箔等迷信品的消费量不断增长。云南大锡便由此打入了本地市场。香港是云南大锡重要的中转站和精加工地，其转口量从19世纪90年代中期开始迅速增加，五金贸易领域发生的投机活动对贸易总额的影响较大。③

---

① Trade Report，1867年，1868年，1869年，1870年，1871—1872年，1873年，1874年，1875年，1877年，1878年，1880年，宁波，见杭州海关译编《近代浙江通商口岸经济社会概况——浙海关、瓯海关、杭州关贸易报告集成》，浙江人民出版社2002年版，第105、114、122～124、132、142、152、158、164～165、189、205、233页。

② Trade Report，1881年，宁波；《光绪八年（1882）、九年（1883）、十年（1884）、十一年（1885）、十二年（1886）、十三年（1887）、十四年（1888）、十七年（1891）、十八年（1892）、十九年（1893）、二十一年（1895）宁波口华洋贸易情形论略》；Decennial Report，1882—1891年，宁波；见杭州海关译编《近代浙江通商口岸经济社会概况——浙海关、瓯海关、杭州关贸易报告集成》，浙江人民出版社2002年版，第9、17、237～238、245、248、252、255、257～258、261、264、274、279～280、282、289页。

③ Trade Report，1881年，宁波；《光绪九年（1883）、十二年（1886）、十四年（1888）、二十年（1894）宁波口华洋贸易情形论略》；Decennial Report，1882—1891年，宁波；见杭州海关译编《近代浙江通商口岸经济社会概况——浙海关、瓯海关、杭州关贸易报告集成》，浙江人民出版社2002年版，第12、240、250、259、265、287页。

人参和藤条也是宁波口岸进口量较大的商品。由于本地的木器加工业历史悠久，且以用料考究、工艺精细驰名全国，该行业所需的多种名贵木料、装饰材料有不少来自南洋一带，必有一定比例经香港转口输入本埠。宁波口岸进口的糖多数产自华南地区，且进口量不断增长，其中香港来货额约占一半左右，从香港进口的糖不仅包括香港产精糖，还包括汕头糖和台湾糖。不过随着越来越多的糖改由民船运输，海关无法对此类民船贸易施加有效的管理，故难以弄清其确切的进口量。①

本地棉花的出口量在这一时期大幅下降，除受收成好坏影响之外，香港市场和沿海口岸城市市场均开始大量进口印棉和印纱，这才是导致本地棉花销路不佳的重要原因。本地棉花出口贸易的衰落会危及糖贸易，因为有不少进口的糖是以出口的棉花来抵付的。不过也有相当一部分供出口的棉花转而采用民船外运，此类贸易不归海关管辖，其出口数量难以弄清。19 世纪 90 年代初本地轧棉厂建成后，宁波口岸棉花出口贸易的规模得以迅速扩大，华南（含香港）是其主要外销市场之一。②

药材也是本埠重要的出口商品之一，以白术所占比例最大。墨鱼除出口长江流域市场外，也卖到了华南和香港市场，但受气候因素影响，其年际产量波动性较大。草帽、席产品的销路仍旧看好，大量出口到需求强劲的欧洲市场，也有一定比例出口香港市场；同多数大宗出口货一样，草

---

① Trade Report，1881 年，宁波；《光绪八年（1882）、九年（1883）、十年（1884）、十一年（1885）、十二年（1886）、十三年（1887）、十四年（1888）、十五年（1889）、十六年（1890）、十七年（1891）、十九年（1893）、二十年（1894）、二十一年（1895）宁波口华洋贸易情形论略》；Decennial Report，1882—1891 年，宁波；见杭州海关译编《近代浙江通商口岸经济社会概况——浙海关、瓯海关、杭州关贸易报告集成》，浙江人民出版社 2002 年版，第 12、14、241 ~ 242、247、250、253、256 ~ 257、259、262、265、269、273、276、284、287、290 ~ 291 页。

② Trade Report，1881 年，宁波；《光绪九年（1883）、十三年（1887）、十八年（1892）、十九年（1893）、二十年（1894）、二十一年（1895）宁波口华洋贸易情形论略》；Decennial Report，1882—1891 年，宁波；见杭州海关译编《近代浙江通商口岸经济社会概况——浙海关、瓯海关、杭州关贸易报告集成》，浙江人民出版社 2002 年版，第 15、243、250、263、279、283、286、290 页。

帽、席产品出口量的增加总是与产品质量的降低相伴发生，最终使其销路受阻。品种繁多且制作精美的本地纸扇在海外华侨社区开拓出了新市场，此类商品大量出口香港然后转销海外。本地烧酒虽得以继续出口华南地区和南洋地区，但受消费市场行情的影响比较大。上述一些产品不同年份的出口量波动性较大，但这并不一定是实际贸易情况的真实反映，而是同轮船与民船之间的运费战存在密切关联。其他出口量稍大的本地商品还有绸缎、花生油、神纸等。①

这一时期虽不断有新的出口商品开拓出香港市场，但没有一种是能够保持一定规模的大宗出口商品，再加上邻近的上海港对宁波口岸的贸易流产生的强烈吸附效应，遂使得宁波与香港两地的贸易联系表现出逐渐疏远的趋势，一个明显的证据就是对港贸易额在宁波口岸进出口贸易总额中所占的比重大幅下降了。

甲午战争结束后，宁波口岸的贸易活动虽受到杭州开埠的影响，但随着腹地经济的发展以及物价的上涨，贸易额因之得以不断增长。银铜比价的波动开始严重影响到贸易的正常进行，具体表现为以铜钱计价的商品价格大涨。进口洋货的商品结构日趋丰富，而由于茶叶贸易江河日下，棉花出口贸易就显得较有起色。20 世纪以后，包括宁波口岸在内的越来越多的商埠倾向于开展直接对外贸易，洋货自香港直接输入额遂大幅增加，香港来货额在宁波口岸进口贸易额中所占的比重也明显上升，其中以香港产精糖的进口额最高，其他进口量较大的商品还有沙藤、梣树皮、干果、香料等南洋货和美国面粉、云南大锡等，香港由此也就在宁波口岸洋货进口贸易领域缩小了与上海的差距。此外，德国市场旺需本地药棉

① Trade Report，1881 年，宁波；《光绪九年（1883）、十一年（1885）、十二年（1886）、十三年（1887）、十四年（1888）、十六年（1890）、十七年（1891）、十八年（1892）、二十年（1894）、二十一年（1895）宁波口华洋贸易情形论略》；Decennial Report，1882—1891 年，1902—1911 年，宁波；见杭州海关译编《近代浙江通商口岸经济社会概况——浙海关、瓯海关、杭州关贸易报告集成》，浙江人民出版社 2002 年版，第 15 ~ 16、47、243、251、256、259、262 ~ 263、264、266、272、275、279、286、290 页。

和草席，这两类本地特色商品大多在出口香港后经德籍欧港航线班轮运回本国销售。①

就这一时期的进口贸易而言，本地市场对马来锡的需求量不断增长，一度使其成为进口量最多的金属，主要供本地手工业者制作锡箔和白镴器皿，寺庙经济的兴盛是拉动锡进口量持续增长的重要动力，因各类锡制品中“惟人物、烛台、香炉等件最多，各寺庙皆用以壮观瞻……为业者数百家借此营生”，本埠进口的锡当中包含有不少云南大锡和马来锡的混炼品，香港就是这类混合锡的加工地和转口港，或直接出口宁波口岸，然后内运锡箔业中心绍兴，或通过上海口岸转杭州运往绍兴，且后一条运输路线所承载的货运量也不算少。杭州作为锡镴器皿加工中心和多座著名寺庙荟萃之地，其市场对锡的消费量也很大。②

因为邻近的上海市场越来越盛行现款交易，遂使得素有赊销传统的那些资力薄弱的中小商人望而却步，故南方糖经上海转口输入宁波口岸的比重在逐步减小。随着香港太古糖厂的生产规模不断扩大，香港已成为本埠进口的精制白糖的主要供货地，此类精制白糖的直接输入量逐年增加，也有一定数量的华南糖经香港转口输入本埠，日本糖和爪哇糖则逐渐被挤出了本地市场。在粮食歉收的年份，宁波口岸仍会自南洋地区和长江流域进

① 《光绪二十二年（1896）、二十八年（1902）、二十九年（1903）、三十年（1904）、三十二年（1906）、三十三年（1907）、宣统二年（1910）宁波口华洋贸易情形论略》《光绪二十八年（1902）杭州口华洋贸易情形论略》，见杭州海关译编《近代浙江通商口岸经济社会概况——浙海关、瓯海关、杭州关贸易报告集成》，浙江人民出版社 2002 年版，第 292 ~ 293、309、312、315、319、322、330、741 页。陈梅龙等译：《代理领事帕特（Pratt）1905 年度宁波贸易报告》，见《宁波英国领事贸易报告选译》，载《档案与史学》2001 年第 4 期。

② 《光绪二十二年（1896）、二十三年（1897）、二十六年（1900）、二十八年（1902）、宣统二年（1910）、三年（1911）宁波口华洋贸易情形论略》《光绪二十二年（1896）、二十三年（1897）、二十四年（1898）、二十五年（1899）、三十四年（1908）杭州口华洋贸易情形论略》；Decennial Report，1892—1901 年，杭州；见杭州海关译编《近代浙江通商口岸经济社会概况——浙海关、瓯海关、杭州关贸易报告集成》，浙江人民出版社 2002 年版，第 294、297、304、310、330、333、656、724、726、729、733、760 页。

口米，香港也曾多次向杭州口岸大批出口南洋米。到了后期奢侈品的进口量逐渐增多，其中有一定比例会从香港输入，如英美烟公司（BAT）生产的香烟的进口量迅速增长，其他类进口奢侈品还有罐头、牛奶、肥皂、洋烛、苏打、西式服装、鞋帽、日式西帽、靴、橡胶鞋、玩具等，澳洲面粉也开始涌入本地市场，特别是在米价较高的年份，糕饼等面食就会越来越受本地人的喜爱。①

就这一时期的出口贸易而言，宁波口岸的出口货仍以茶叶和棉花为最大宗，一般这两者会合占出口贸易总额的50%以上，某些年份甚至可高达70%，到了后期本地生产的棉纱也发展成为大宗出口货之一。浙江棉花以其优良的品质而受到国内外市场的青睐，日本和德国成为本地棉花的重要出口市场，其间受印棉涨价的影响，本地棉花的价格也随之上涨，其中销往德国市场的棉花通常会经香港转口输出。②

（二）温州口岸在外贸领域与香港的联系

温州口岸于1877年开埠，因本地没有洋行营业，故开埠初期对外贸易

---

① 《光绪二十二年（1896）、二十三年（1897）、二十五年（1899）、二十六年（1900）、二十七年（1901）、二十八年（1902）、二十九年（1903）、三十一年（1905）、三十二年（1906）、三十三年（1907）、宣统元年（1909）、二年（1910）、三年（1911）宁波口华洋贸易情形论略》；Decennial Report，1892—1901年，1902—1911年，宁波；《光绪二十二年（1896）、二十三年（1897）、二十四年（1898）、二十五年（1899）、二十六年（1900）、二十八年（1902）、宣统元年（1909）、三年（1911）杭州口华洋贸易情形论略》；见杭州海关译编《近代浙江通商口岸经济社会概况——浙海关、瓯海关、杭州关贸易报告集成》，浙江人民出版社2002年版，第42~44、62、293、294、296~298、302、303~304、305~307、309~310、313、317~318、320、323、328、331、333、724、727、729~730、733、739、741、743、764、771~772页。陈梅龙等译：《代理领事帕特（Pratt）1905年度宁波贸易报告》《代理领事邦迩（L. R. Barr）1909年度宁波贸易报告》《副领事泰伯特（R. T. Tebbitt）1911年度宁波贸易报告》，见《宁波英国领事贸易报告选译》，载《档案与史学》2001年第4期。

② 《光绪二十二年（1896）、二十三年（1897）、二十七年（1901）、二十九年（1903）、三十二年（1906）、三十三年（1907）、宣统元年（1909）宁波口华洋贸易情形论略》；Decennial Report，1892—1901年，1902—1911年，宁波；见杭州海关译编《近代浙江通商口岸经济社会概况——浙海关、瓯海关、杭州关贸易报告集成》，浙江人民出版社2002年版，第45、62、293、296~297、306、312、320、323、328页。

并不发达，洋货主要从上海进口，与香港和南洋一带的贸易联系十分稀少。下文将简单列举出一些温州口岸与香港两地曾经发生过的贸易往来，以示香港对小型口岸温州产生过一些微弱的影响。虽然温州口岸的贸易规模比宁波小得多，不足后者的1/20，但温州开埠毕竟打破了宁波口岸对全省进出口贸易的垄断，使地处浙南地区的温州府和处州府各县拥有了一个较为近便的外贸口岸。由于温州府和处州府山瘠民贫，当地可以提供的外销土货数量有限，只是因土鸦片加工业在本地兴起，得自鸦片的利润遂成为支撑温州腹地市场消费一定量洋货的重要支柱。①

表3.6　温州口岸进出口贸易额统计表

单位：海关两

年份	土货出口额	出口香港额	百分比	洋货进口额	香港来货额	百分比
1878	21847	0	0.0%	185718	0	0.0%
1885	101490	2791	2.8%	297617	0	0.0%
1894	259882	1671	0.6%	425279	21529	5.1%
1904	866905	46643	5.4%	1126100	5548	0.5%

资料来源：根据《中国旧海关史料》有关年份贸易统计值折算。

就洋货进口贸易而言，受厘金和苛捐杂税偏多的影响，在温州口岸开埠初期印度鸦片经海关进口的数量并不多，大部分印度鸦片是通过陆路运输经常关纳税进口的。特别是在战争期间，沿海运输很不安全，从香港发货经福州口岸卸货再通过陆路运入浙南地区的印度鸦片数量很大，而本地生产的土鸦片有不少是专供掺兑洋鸦片之用的，这也从一个侧面反映出温

① Trade Report，1877年，1878年，1879年，1880年，1881年，温州；《光绪八年（1882）、十二年（1886）、十五年（1889）温州口华洋贸易情形论略》；见杭州海关译编《近代浙江通商口岸经济社会概况——浙海关、瓯海关、杭州关贸易报告集成》，浙江人民出版社2002年版，第466～467、469～470、480、486、493～494、509、519、529页。

州口岸对宁波口岸的分流效应低于预期的水平。同其他通商口岸的情形一样，温州口岸的鸦片贸易也控制在洋商手中，本地商人则因资力不足无法直接从沪港等埠批量进口，只能经营零售生意。从海关的贸易统计值来看，本埠与宁波口岸不同的是公班土的进口量占上风，而白皮土的进口量很小。不过本地土产鸦片很快就盖过进口鸦片占据了主要市场份额，1883 年前后温州城里以苦力和下层民众为主要顾客的 1500 家鸦片烟馆，大多以土鸦片供应顾客，当然这也与本地人普遍的贫困情形显然脱不了关系。①

随着经济型煤油灯的普及，煤油和火柴的进口量迅速增长，温州城里几乎家家户户都用上了煤油，俄国煤油于 1888 年打入温州市场与美国煤油展开竞争，这两种煤油均有一定比例经香港转口输入本埠。俄国煤油经销商通过打价格战在温州市场上逐年蚕食美国煤油的销路，因为贫困的本地人无疑会青睐更便宜而非更优质的产品。大量南洋红树皮被用帆船直接运抵本埠或经香港转口输入本埠，受到大批驾船驶抵本埠的南方船户的欢迎。此外，也有少量糖自香港输入本埠。②

就土货出口贸易而言，本地生产的明矾一度大量出口香港和南洋市场。本地生产的冻石饰品的海外销场主要在美国，须经香港转口输出。此

① Trade Report，1877 年，1878 年，1879 年，1880 年，温州；《光绪八年（1882）、九年（1883）、十年（1884）、十三年（1887）、十六年（1890）、二十一年（1895）温州口华洋贸易情形论略》；Decennial Report，1882—1891 年，温州；见杭州海关译编《近代浙江通商口岸经济社会概况——浙海关、瓯海关、杭州关贸易报告集成》，浙江人民出版社 2002 年版，第 416、465、471、481 ~482、487、507、511、513、522、533、550 页。

② Trade Report，1877 年，1878 年，1879 年，1880 年，1881 年，温州；《光绪八年（1882）、十年（1884）、十二年（1886）、十四年（1888）、十五年（1889）、十六年（1890）、十九年（1893）、二十年（1894）、二十一年（1895）温州口华洋贸易情形论略》；见杭州海关译编《近代浙江通商口岸经济社会概况——浙海关、瓯海关、杭州关贸易报告集成》，浙江人民出版社 2002 年版，第 465、472、479、482、488、500、508、514、520、526、530、533、542、546、548 页。

外，火腿、生猪、木料等本地特产也曾少量出口香港。①

到了19世纪与20世纪之交，温州口岸的贸易额逐年增长，已由开埠初期的几十万海关两增加到20世纪早期的200多万海关两。20世纪初年，本地茶叶出口贸易的复苏拉动了进口量的增加，进而促进了温州口岸贸易总额的增长，不过这些新增的贸易流主要指向了上海。温州口岸与香港之间的往来贸易额仍不大，贸易商品结构也只包括一些日用品、南洋货以及本地特产，而且还常常通过上海转口。香港来货不仅数量少，而且多为同类商品中最廉价的品种，而本地土货出口香港的数量则有所增长。②

就洋货进口贸易而言，印度鸦片的进口量依然很少，且几乎全是公班土，因为廉价的本地土鸦片足以满足市场需求，上述进口的洋鸦片只是被用来掺兑土鸦片，使后者可以带有一些香味，可即便如此也只有中等阶层才有资力消费这种混合鸦片。本地烟田的种植面积不断扩大，已引起政府的高度重视，而本地生产的土鸦片则遍销省内各地，甚至远及福建一些地区，这些土鸦片竟成为贫困的浙南地区交易洋货的重要商品。但土鸦片的生产在更大程度上是加剧了而非缓解了本地人的贫困，温州城内、城郊烟馆林立便是明证，烟土消费严重削弱了本地人对其他类商品的购买力。③

---

① Trade Report，1877年，1878年，1879年，1880年，1881年，温州；《光绪八年（1882）、九年（1883）、十年（1884）、十一年（1885）、十二年（1886）、十四年（1888）、十五年（1889）、十七年（1891）、十八年（1892）、十九年（1893）、二十年（1894）、二十一年（1895）温州口华洋贸易情形论略》；Decennial Report，1882—1891年，温州；见杭州海关译编《近代浙江通商口岸经济社会概况——浙海关、瓯海关、杭州关贸易报告集成》，浙江人民出版社2002年版，第413、465～466、469～470、474～475、483、489～490、501、509、512、515、517、520、527、531、535～536、539、542、545、548页。

② Decennial Report，1892—1901年，温州，见杭州海关译编《近代浙江通商口岸经济社会概况——浙海关、瓯海关、杭州关贸易报告集成》，浙江人民出版社2002年版，第424页。

③ 《光绪二十二年（1896）、二十三年（1897）、二十四年（1898）、三十年（1904）温州口华洋贸易情形论略》；Decennial Report，1892—1901年，温州；见杭州海关译编《近代浙江通商口岸经济社会概况——浙海关、瓯海关、杭州关贸易报告集成》，浙江人民出版社2002年版，第426～427、434、553、557、559、577页。

铁箍和铁链的进口量有所增加，各类废铁是修补受损民船的廉价耗材，进口量也不断增长，而打钉业发达的台州对铁丝的需求量很大。尽管温州口岸与香港的贸易额仍很小，但两地的联系较以前密切，美、俄、苏门答腊三个产地的煤油均有一定比例通过香港转口输入本地。本地产植物油出口量的增加无疑推动了煤油进口量的扩大。在3种进口的煤油产品当中，起初是以廉价的俄国煤油最受市场欢迎，而更为便宜的苏门答腊煤油最终后来居上，占据了最大比例的市场份额。香港产精白糖此期也开始打入本地市场。其他类进口的杂货还有海参、驼毛缏、棕叶扇、葵扇、蘑菇、清漆、火柴、烤烟、花旗参、藤器、玻璃器皿等。①

就土货出口贸易而言，20世纪以后本地出产的生牛皮在欧洲市场上找到了销路。冻石饰品则经香港转销美国市场。椰壳纤维、墨鱼、鱼肚、虾米、药材、松香、滑石饰品、猪油等出口货销路渐开，从对港出口贸易额在温州口岸土货出口贸易总额中占5%左右这一比例来看，上述本地特产品当有较小比例出口到香港市场，从而显示出对外贸易的发展缓慢地推动了浙南地区外向型经济的登场。②

---

① 《光绪二十二年（1896）、二十三年（1897）、二十四年（1898）、二十五年（1899）、二十八年（1902）、二十九年（1903）、三十年（1904）、三十一年（1905）、三十三年（1907）温州口华洋贸易情形论略》；Decennial Report，1902—1911年，温州；见杭州海关译编《近代浙江通商口岸经济社会概况——浙海关、瓯海关、杭州关贸易报告集成》，浙江人民出版社2002年版，第434、551～553、556、559、562、570、574、576、580、584页。

② 《光绪二十二年（1896）、二十三年（1897）、二十四年（1898）、二十五年（1899）、二十六年（1900）、二十七年（1901）、二十八年（1902）、二十九年（1903）、三十年（1904）、三十一年（1905）、三十三年（1907）、三十四年（1908）、宣统元年（1909）、二年（1910）、三年（1911）温州口华洋贸易情形论略》；Decennial Report，1892—1901年，1902—1911年，温州；见杭州海关译编《近代浙江通商口岸经济社会概况——浙海关、瓯海关、杭州关贸易报告集成》，浙江人民出版社2002年版，第424、434～435、551～552、555～556、558、561、564、567、569～570、573、576、579、583～584、586、588、591、593页。

三、台湾与香港的贸易关系

台湾岛的对外贸易在其建省前后以及甲午战争前后均发生过较大变化。简言之，1895 年以前香港是台湾全岛所进口洋货的主要供应地，以及台湾南部所进口土货的主要供应地，同时对港出口贸易额也在台湾全岛的土货出口贸易总额中占有一定比例，香港是台湾大宗出口货樟脑和糖的重要集散市场。① 总体而言，在台湾开埠之前，其产品的出口市场以大陆为主，开埠之后则大有扩展，其产品最远可出口到欧美多国。台湾地方民众素来具有高度的市场化取向，这种取向使其更善于把握经济发展的契机，特别是当邻近地区出现一个能够同远方需求旺盛的国家中继进出口贸易的大型枢纽港时，必然会极大地刺激台湾当地进出口产业的发展，而香港恰恰扮演了这样一种中继进出口贸易的大型枢纽港角色，最终促使台湾由“小型半开放性经济体系”转变为“小型开放性经济体系”。② 东嘉生在《台湾经济史研究》当中笼统地将香港视为糖、樟脑、茶、煤等台湾大宗物产的主要出口市场，其论述过程略显粗疏。

表 3.7　淡水口岸进出口贸易额统计表

单位：海关两（1870 年为两）

年份	土货出口额	出口香港额	百分比	洋货进口额	香港来货额	百分比
1870	449344	70198	16%	624099	185990	30%
1874	678092	158935	23%	956991	599280	63%
1885	2741299	36505	1%	1392276	1019753	73%

① 林满红：《清末台湾与我国大陆之贸易型态比较（1860—1894）》，载《台湾师范大学历史学报》第六期。

② 林满红：《贸易与清末台湾的经济社会变迁（1860—1895）》，载（台湾）《食货月刊》复刊第 9 卷第 4 期。林满红：《清末台湾与我国大陆之贸易型态比较（1860—1894）》，载《台湾师范大学历史学报》第六期。

（续表）

年份	土货出口额	出口香港额	百分比	洋货进口额	香港来货额	百分比
1894	4884461	603708	12%	2892951	2210905	76%

资料来源：根据《中国旧海关史料》有关年份贸易统计值折算。

表3.8　打狗（台南）口岸进出口贸易额统计表

单位：海关两（1869年为两）

年份	土货出口额	出口香港额	百分比	洋货进口额	香港来货额	百分比
1869	815693	27066	3%	841048	135116	16%
1874	1380012	52440	4%	1249968	661801	53%
1885	1078464	177673	16%	1221334	837396	69%
1894	2360574	464009	20%	1961128	1700719	87%

资料来源：根据《中国旧海关史料》有关年份贸易统计值折算。

（一）台湾对外贸易在起步阶段（1860—1885年）的结构和特征

早在台湾正式开埠通商之前，香港与台湾之间就存在贸易关系，不过那时两地的贸易规模还不能和开埠以后相比，且贸易活动大多通过走私的方式来进行。洋商从香港贩运鸦片至台湾出售，再将樟脑等台湾特产出口到香港，进而转往印度等海外市场。怡和洋行、宝顺洋行等大型外商洋行在此期台湾的外贸活动中独占鳌头。①

根据1858年《中英天津条约》的规定，台湾原定只开放台湾府（即安平）一港，但随后相继追加了淡水、基隆、打狗各港，其中基隆附属于淡水，安平附属于打狗，至1865年各港全部开放。台湾开埠初期对外贸易并不发达，由于进口鸦片的销售量不大，主要出口货米、樟脑的采购渠道

① 黄富三：《台湾开港前后怡和洋行对台贸易体制的演变》，见黄富三、翁佳音主编《台湾商业传统论文集》，台湾“中研院”台湾史研究所筹备处1999年版，第81～106页。

不顺畅，因此商务不振，香港开展对台转口贸易也没有太多优势可言①，到1874年“牡丹社事件”发生时，才有了第一份由洋税务司撰写的海关贸易报告。虽然这时台湾对外贸易仍较落后，但香港对台洋货输入贸易额已占台湾洋货进口额的一半以上，在日本割台之前这种香港来货占优势地位的情形一直得以保持着。但在台湾的土货出口贸易额中出口香港额所占的比例很少超过20%，不居明显优势地位，这就反映出香港在台湾进出口贸易领域发挥的功能有所差别。1874年，淡水口岸进口的洋货仅有匹头、金属、鸦片、药材四类，出口的土货也只有樟脑、煤、茶叶、麻、藤、樟木六种，且数量都不大，贸易总额约168万海关两。其中作为大宗进口货的鸦片虽由香港发货，但运输途中要经厦门口岸中转方能运抵淡水。这就显示出早期台湾北部地区在贸易领域对厦门的依赖性较强，有较大比例的贸易商品须经厦门转口输出入。而同年台湾南部地区的贸易额则是北部地区的两倍多，可见当时台南地区是全岛的经济重心所在。随着德忌利士轮船公司开辟出连接台湾和香港的定期班轮航线，经营对台贸易的福建商人更倾向于跨过厦门这个中转港直接由香港运货至打狗出售，以节省交易成本，这再次反映出当时台湾南部经济较北部发达。尽管如此，台湾南部地区的贸易结构仍显单一，大宗进口洋货只有鸦片、匹头、金属等少数几类，麻包、席等制糖业所需的包装材料，以及烟叶、烧酒、玉石、手镯等闽省以外尤其是广东等华南省份出产的土货也多经香港转口运往台南地区，当地的大宗出口货仅糖一种，有时会占到出口总额的96%，主要外销市场为日本和中国北方环渤海地区，香港也是台糖的消费市场。在随后的几年中，台湾对外贸易额稳步增长，尽管台湾（尤其是北部地区）的对外贸易经厦门口岸转口输出入的比例一直较大，但台港两地的贸易联系也日渐紧密，以致当时香港地产投机泡沫的破裂立即造成了台湾市场商业不景气的局面，香港市场商品（如煤油）批发价的涨落也会对台湾市场的销售

---

① 黄富三：《台湾开港前后怡和洋行对台贸易体制的演变》，见黄富三、翁佳音主编《台湾商业传统论文集》，台湾“中研院”台湾史研究所筹备处1999年版，第81～106页。

行情产生很大影响。①

鸦片进口量的多少通常会成为判断一个口岸的贸易是否繁荣的标志，但台湾的情况与大陆口岸不尽相同。在台湾这样一个主要由大陆（福建）移民构成的垦殖社会，人们要承受超负荷的劳动量、面对艰苦的生存环境，这就使鸦片作为一种兴奋剂固有的解乏功能表现得更加突出，烟民在人口中所占的比例一向很高。1877 年，淡水口岸所在地区烟民的数量已占人口总数的一半；到了 1882 年，当地城镇 70% 的男子都吸食鸦片，且大多为贫穷阶层的成员。打狗口岸所在地区烟民所占的比例更大，因此市场上需要一种“价格便宜量又足”的产品，故白皮土、公班土等高价鸦片在本地不受欢迎，而廉价的喇庄土、波斯土、土耳其鸦片（金花土）以及喇庄波斯混合土、土药洋药混合土的销路最好。尤其是在粮食歉收的年份，波斯土最受欢迎，以致连用于掺兑波斯土的芝麻糕都要从香港和大陆大量进口，因为鸦片商人很清楚，如果能控制低端鸦片市场的话，同样可以大获其利。当然，用民船自香港走私入境的鸦片为数也不少。戒烟药丸的出现反而进一步助长了本地人吸食鸦片的风气，因为这使很多人相信自己随时都可以用此类药丸戒掉鸦片瘾，于是吸食起鸦片来就更加肆无忌惮了。很多本地茶商、糖商在接到厦门商行以银票支付的购货款后，便可持票到香港兑现，然后就地采购鸦片运回台湾。在通货缺乏的情况下，商人有时也直接以鸦片交易茶、糖、煤、樟脑。采用这种易货贸易模式往往可获得更多的利润，因为这种交易方式为华商提供了更长的信用周期，无形中又将一部分进口贸易商品的货源锁定于香港一途，在使用煤油与台湾土货开

① Trade Report，1870 年，1872 年，1875 年，厦门，见厦门市志编纂委员会、《厦门海关志》编委会编《近代厦门社会经济概况》，鹭江出版社 1990 年版，第 50 ~ 52、84 ~ 88、154 页。Trade Report，1874 年，1878 年，1879 年，1880 年，淡水；Trade Report，1874 年，1875 年，1876 年，1877 年，1880 年，1881 年，打狗；见黄富三、林满红、翁佳音主编《清末台湾海关历年资料》，台湾“中研院”台湾史研究所筹备处 1997 年版，总第 125 ~ 126、139 ~ 140、142、195、197、260 ~ 263、326、333、396、447、460、574 页。Trade Report，1882 年，淡水，见《中国旧海关史料》，第 9 - 749 页。

展易货贸易的过程中，也存在类似的交易方式。外来人口的增长、出口贸易的繁荣均有助于提升台湾社会的富裕程度，而轮船航线的开辟则使得货物运输的安全性大有保障，这都成了本地刺激台湾口岸鸦片进口量增长的原因。台湾当地的厘金征收额在一定时期内（1879—1881 年）低于大陆，继而引发了“吸附”效应，导致很多进口鸦片在此缴纳厘金后复转口大陆市场，演化成为一种典型的过境贸易，在这种“隐性优势”的诱惑下，来自香港的鸦片发货量不足就成了本地商人最不能忍受的烦恼。①

匹头货进口贸易中的一个突出问题就是廉价劣质匹头所占比例较大，此乃台湾移垦社会固有的特色。鉴于台湾本地的富裕人口为数有限，故毛料的进口量很小。而当地炎热的气候使得蚊帐的进口量表现出逐年增多的趋势。粤商几乎包揽了台湾的匹头货进口贸易，他们在台南口岸建立起联号之后，便由香港总号发运匹头货至台湾出售，进而形成了事实上的垄断经营。一旦发生船难，导致港台两地的交通联系中断，就会使台湾市场上包括匹头货在内的多种洋货出现断供的局面，足见台湾在洋货进口贸易领域对香港市场的依赖性很强。尽管日本廉价匹头货随后也打入了台湾市场，但香港来货占优势的局面没有发生实质性改变。②

在外人看来，台湾市场应该具有消费洋货的巨大潜力，因为在冬季，

① Trade Report，1877 年，1878 年，1879 年，1880 年，1881 年，淡水；Trade Report，1876 年，1877 年，1879 年，打狗；见黄富三、林满红、翁佳音主编《清末台湾海关历年资料》，台湾“中研院”台湾史研究所筹备处 1997 年版，总第 257、315、327 ~ 328、335 ~ 336、397 ~ 398、400、411、413、448、450、536 ~ 537、575 页。Trade Report，1882 年，1883 年，1885 年，淡水；Trade Report，1882 年，1883 年，1884 年，打狗；见《中国旧海关史料》，第 9 – 749，765，10 – 297，298，300，313，314，735，11 – 298 页。黄富三：《台湾开港前后怡和洋行对台贸易体制的演变》，见黄富三、翁佳音主编《台湾商业传统论文集》，台湾“中研院”台湾史研究所筹备处 1999 年版，第 81 ~ 106 页。

② Trade Report，1877 年，1878 年，打狗；Trade Report，1879 年，淡水；见黄富三、林满红、翁佳音主编《清末台湾海关历年资料》，台湾“中研院”台湾史研究所筹备处 1997 年版，总第 327、363、397、401 页。Trade Report，1882 年，1883 年，1884 年，1885 年，淡水；Trade Report，1883 年，打狗；见《中国旧海关史料》，第 9 – 750，10 – 313，10 – 719，11 – 299 页。

台湾农民、船夫、苦力等身上都穿着三四件衣服，对匹头货的需求量不可能少。但台湾社会是一个移垦型的社会，大量移民的收入用于个人日常消费的部分为数有限，大多数茶农衣着朴素，入市赤足行走，即使一个由苦力跃升为显贵的打狗商人在发迹后仍穿着昔日的旧衣服，则匹头货进口贸易的前景于此可见。在大陆地区消费量很大的进口洋白布在台湾的消费量却很小，原因很简单——这种匹头太“贵”了。而在气候较冷的北方地区需求量很大的供御寒用的进口毛料，在台湾只是供番妇将其拆散后重新织成缠头巾，或是将其拆散后得到的彩线充作刺绣原料，消费量极为有限。一旦遭逢灾年，台湾市场的购买力就更弱。① 以至于在很多乡村，有些乡民们除了盐、煤油、火柴，其他商品都不必去购买，可以自行设法生产。以大陆地区销量很大的照明燃料煤油为例，在台湾则只有商绅、世家、官府等相对富裕的客户才用得起，俄国煤油虽然在燃烧时烟气较大，但本岛平民因其价格较美国煤油稍廉，皆喜用之。只有店铺用户因烟多易污损货物，才会改用美国煤油。苏门答腊煤油的价格比最便宜的美孚“鸡标”煤油的价格还要低，所以始终是台湾农民的首选产品。② 当时前往淡水和基隆经商或佣工的外地人也注意到，当地所有的商行、店铺都呈现出一种贫陋的外貌，富商阶级极其稀少。③

---

① Trade Report，1876 年，1877 年，1878 年，1881 年，淡水；Trade Report，1875 年，1876 年，打狗；见黄富三、林满红、翁佳音主编《清末台湾海关历年资料》，台湾“中研院”台湾史研究所筹备处 1997 年版，总第 246、258、316、333、542 页。Trade Report，1882 年，打狗，见《中国旧海关史料》，第 9－765 页。淡水海关税务司：《1882—1891 年台湾淡水海关报告书》，见台湾银行经济研究室编《台湾经济史六集》，1955 年，第 86 页。

② 吴政宪：《近代台湾“彗星牌”灯油销售通路（1860—1940）》，见台湾师范大学、台湾省文献委员会编《回顾老台湾、展望新故乡——台湾社会文化变迁学术研讨会论文集》，2001 年，第 288 页。淡水海关税务司：《1882—1891 年台湾淡水海关报告书》，见台湾银行经济研究室编《台湾经济史六集》，1955 年，第 87 页。

③ 黄富三：《清季台湾外商的经营问题——以美利士洋行为例》，见中国海洋发展史论文集编辑委员会主编《中国海洋发展史论文集》（第一辑），台湾“中研院”三民主义研究所 1984 年版，第 249～270 页。

一个典型的现象就是在粮食丰收的年份本地人会优先购买鸦片，其次才是匹头等日用品，而在歉收的年份则恰恰相反。但总体而言，匹头货的进口量受出口额高低的影响较大，而鸦片进口量的波动性则较小。由于大批来自外省的军队驻扎在岛内，进而在一定程度上影响了贸易商品的结构。如波斯土的进口量迅速增长主要就是为了满足驻军的消费需求，而斜纹布则是驻军搭设营帐的良好材料，毛料可用于制军服，加工弹药所需的原料（如铅、铜）的进口显然也易受军事行动的影响。由于驻军大量消费本地产品使本地人有了更多的收入来源，继而有利于增强本地人购买洋货的能力，而驻军的撤离往往会预示着洋货的进口量将会减少。外来移民对台湾的贸易涨落也会产生类似的影响。由驻军的消费模式产生的示范效应也在影响着所驻扎地区民众的消费习惯，很多原本不吸食鸦片的台湾本地人就是在驻军的怂恿下染上了烟瘾。①

本地出口产业的发展增强了民众消费洋货的能力，进口货的种类遂得以逐渐增多，夏布、土布、爆竹、油料、米、面粉、盐、甲鱼、虾米、烟叶、纸、扇、竹竿、煤油、火柴、灯具、钟表、水银、建材、镜子、羽毛带等食品、日用品、杂货陆续出现在了进口货品目当中。奢侈品也在19世纪80年代以后开始涌入台湾市场，有洋式糖果糕点、牛奶、肥皂、香水、洋伞、西米（Sago，一种从椰树干上提取的淀粉食品）、香槟酒、甜酒等。使用更白、更洁净的美国面粉制成的糕饼大受本地人青睐，成为大米之外的又一种主食；美国雕牌（Eagle Brand）炼乳则成为很多人睡前必食的营养品；饮洋酒成为官员的嗜好；而吃面包的风气则在军队中很流行；由此可见，多种多样的进口洋货逐步改变着人们的饮食习惯。供包装本地出产的茶、糖等大宗出口货用的灰布、标布、上等纸、锡、铅、麻包、草席，

---

① Trade Report，1874年，1875年，1876年，1877年，1878年，1879年，打狗；Trade Report，1877年，1878年，淡水；见黄富三、林满红、翁佳音主编《清末台湾海关历年资料》，台湾“中研院”台湾史研究所筹备处1997年版，总第140～141、194～195、257、315、327、334、357、413页。Trade Report，1882年，1884年，打狗；Trade Report，1883年，淡水；见《中国旧海关史料》，第9－765，10－298，735页。

以及烤茶用的铁锅、各类成品农具、手工业器具等金属制品的进口量增长很快，本地加工费的高低逐渐成为影响特定类别的商品进口贸易额涨落的重要因素。以金属进口贸易为例，由于岛内铁匠稀少，致使打制铁器的工价过高，各类成品铁器遂一度盖过金属原料跃升为进口金属产品的主流。药材进口量的大幅增长则与热带疾病的流行以及移民聚居区恶劣的卫生条件有很大关系。其中，面粉、金属等洋货、广东杂货经香港转口输入台湾的比例较大。台湾本地工业、轮船航运业发展所需的部分机器设备、船只等也会就近从机械工业较发达的香港采购。香港的众多南北行作为经营药材生意的大商号，负责经手大笔对台药材出口贸易，内陆山货大省四川出产的药材就有很多通过香港转口到台湾市场。本地营建工程所需的多种建材则由粤商从广东采买，估计须经香港转口发往台湾。①

在开埠通商以前，台米是台湾大宗出口商品之一，但是香港转口贸易的兴起很快削弱了台米的竞争优势。洋商从越南及暹罗等地采购大量“洋米”，然后通过香港转销大陆市场，导致台米被迫跌价竞争，结果商人损失惨重，台湾农村出现了“丰作但滞销”的局面，“商为亏本而歇业，农为亏本而卖田”。在这种背景下，台湾的产业结构迅速转型，而香港恰恰又为台湾茶、糖、樟脑出口贸易的兴起创造了有利条件。②

台茶出口贸易基本上保持了稳定的发展势头，本地茶园的面积逐年扩大，茶叶生意有利可图，进口贸易的发展也就更有保障。华商茶行凭借本土优势，以低廉的经营成本与洋商茶行竞争，进而掌控了台茶出口贸易的

① Trade Report，1874 年，1876 年，1877 年，1878 年，1879 年，1880 年，1881 年，打狗；Trade Report，1876 年，1877 年，1878 年，1879 年，1880 年，1881 年，淡水；见黄富三、林满红、翁佳音主编《清末台湾海关历年资料》，台湾“中研院”台湾史研究所筹备处 1997 年版，总第 141、246、316、328、334、358、360、401、414、448~449、462、469、536、576 页。Trade Report，1882 年，1883 年，1884 年，1885 年，淡水；Trade Report，1882 年，打狗；见《中国旧海关史料》，第 9－750，766，10－299，720，11－299 页。

② 戴国辉：《台湾史研究——回顾与探索》，远流出版事业股份有限公司 1985 年版，第 40~41 页。

较大市场份额；但华商的投机心理很强烈，制茶工艺粗陋，所生产的茶叶掺杂使假问题突出，而洋商茶行则凭借制茶工艺上乘稳守住了一部分市场份额，因为优质茶叶总能卖到更高的价格。不过洋行时常为买办所拖累，买办动辄挪用洋行款项，优先做自己的生意，然后再把无利可图的生意留给洋行去经营，结果屡屡造成洋行的破产。大宗台茶出口到厦门后会被转往美国市场；此外，欧洲、澳大利亚、南洋、菲律宾、香港等地也是台茶的外销市场，其中出口香港市场的比例仅为1%左右，可满足那里的消费需求。① 由于台湾北部地区的大宗出口货台茶不以香港为主要市场，结果造成对港贸易额在台湾北部地区的出口贸易总额中所占的比重无法显著提高。

在台湾建省之前，台糖出口量通常会占全国糖货出口总量的一半左右。② 台湾制糖业的优势在于气候适宜，地力肥沃（无须施肥），产品纯净、味甜、易结晶，这些优势条件使台糖一度有广阔的市场。但由于加工工艺落后、运输费用贵，与世界其他糖产地相比台湾制糖业的总成本较高，此外台糖贸易还受到某些国家歧视性贸易政策的不利影响，致使其销量在除日本以外的海外市场均很不稳定，特别是受政府补贴的德国甜菜糖工业发展起来以后，台糖的海外销路大受侵蚀。香港市场行情的起落有时也能对台糖出口贸易产生很大影响，如1877年香港市场糖价走高，致使当年台糖出口量暴增12倍。尽管销港台糖在台糖外销总量中所占的比例并不大，但基本上都是高端优质台糖产品，香港遂成为台湾优质白糖的最大消

---

① Trade Report，1877年，1878年，1880年，1881年，淡水，见黄富三、林满红、翁佳音主编《清末台湾海关历年资料》，台湾“中研院”台湾史研究所筹备处1997年版，总第314、317～318、333、341、343、451～452、535、540页。Trade Report，1882年，1883年，1884年，淡水；Trade Report，1883年，打狗；见《中国旧海关史料》，第9－751，10－299，300，316，720页。Man-houng Lin，“Economic Ties Between Taiwan and Mainland China，1860－1895：Strengthening or Weakening?”见郝延平、魏秀梅主编《近世中国之传统与蜕变——刘广京院士七十五岁祝寿论文集》，台湾“中研院”近代史研究所特刊（5），1998年，第1067页。

② 林满红：《清末台湾与我国大陆之贸易型态比较（1860—1894）》，载《台湾师范大学历史学报》第六期。

费地和转口港，香港制糖企业也能很容易地将含泥台糖（Clayed Sugar）精炼为优质精白糖。香港虽然不是台糖最大的消费市场，但在台糖外销贸易中扮演着重要角色，台糖出口欧洲、美洲和澳大利亚市场大多需要从航运中心香港订船，或者经由港台常川航线运往香港后再转口到欧美市场，台糖输港贸易的发展稳步提高了对港贸易额在台湾南部地区土货出口总额中所占的比重。华商基本控制着台糖贸易，洋商势力不大，难有作为。① 林满红认为，台糖出口贸易从台湾开埠到建省之际经历了一个规模持续扩大的过程，特别强调了欧美市场销量的扩大及日本市场的相对次要性，但她未能厘清欧美市场、日本市场与国内市场之间的相互消长关系；虽然林满红也指出香港是台湾最密切的贸易伙伴，却未能突出香港在台糖外销贸易中扮演的独特角色，故没有能全部廓清台糖贸易的真相。②

樟脑的出口量虽然总体上也能保持上升的趋势，但不同年份的出口量波动性较大，且极易受香港市场价格起伏的影响，香港市面需求旺盛或存货过多、订单不足，都会刺激或抑制岛内樟脑业的生产，这一点也是造成正式建省以前台湾北部地区土货输港贸易额很不稳定的主要原因。樟脑走私贸易也很盛行，台湾南部出产的樟脑几乎全部都由民船走私到香港出售。由于长途运送现银的风险较大，再加上香港市场上的樟脑贸易持续活跃，因此樟脑经常被当成现银的替代品出口香港以支付进口货款，从而使其转变为一种代替通货结算的“物汇”。尽管樟脑在台港两地市场的差价很大，但若扣除运费、保险费、商行佣金，再加上运输过程中不可避免的

---

① Trade Report，1875 年，1876 年，1877 年，1878 年，1879 年，1881 年，打狗；Trade Report，1877 年，淡水；见黄富三、林满红、翁佳音主编《清末台湾海关历年资料》，台湾“中研院”台湾史研究所筹备处 1997 年版，总第 197 ~ 198、261 ~ 263、318、329、361、415、577 页。Trade Report，1882 年，1883 年，1884 年，1885 年，打狗，见《中国旧海关史料》，第 9 – 766，767，10 – 315，736，737，11 – 314，315 页。

② Man-houng Lin，“Economic Ties Between Taiwan and Mainland China，1860 – 1895: Strengthening or Weakening?”见郝延平、魏秀梅主编《近世中国之传统与蜕变——刘广京院士七十五岁祝寿论文集》，台湾“中研院”近代史研究所特刊（5），1998 年，第 1067 页。

挥发损耗（一般会达到20%），商人所获得的实际利润并不多。用来加工樟脑的原料樟木在香港市场上也有销路，早期的樟脑出口贸易主要掌握在洋商手中。① 为了解决樟脑在运输途中易挥发失重的问题，台商曾将一种攀缘藤（Rattan Creeper，俗称藤树爬虫）熬成胶状后掺入樟脑，如此即可确保樟脑在两个月内不失重，不过樟脑的质量会因此而受损，特别是有的商人为了增加重量而过多地往樟脑中掺兑此类材料时，就会严重损害樟脑贸易，导致这些樟脑在香港市场上很难售出，而优质樟脑的生意也因之受到波及，交易不畅。另一个影响樟脑贸易的因素是番乱，由于樟树多生长于深山番人聚居区，樟脑加工业者因砍伐樟树而与番人发生的争斗几乎从未停息过，直到台湾建省后民番争斗的问题才在一定程度上得到解决。②

另一类随着台湾开发的深入而登场的大宗出口货是热带水果。桂圆、凤梨（菠萝）、柚子、香蕉（Plantain）等水果从19世纪70年代后期开始大批出口。但水果作为一种快速消费品，不耐长途运输，其市场仅限于香港、广州、厦门等邻近地区。其他类出口杂货的品种也渐趋多样化，如姜黄、花生、靛、米、（苎）麻、藤、芋头（Taro）、草药（China Grass）、芝麻、木料、干鱼、竹笋、鲨鱼鳍、木髓纸（Pith Paper）等，销场主要在大陆，出口香港的比例只占15%左右，且多数也是经香港转往广东出售。这些台湾土特产品在开拓海外市场时，往往会选择香港作为试销点，以检

---

① 黄富三：《清季台湾外商的经营问题——以美利士洋行为例》，见中国海洋发展史论文集编辑委员会主编《中国海洋发展史论文集》（第一辑），台湾“中研院”三民主义研究所1984年版，第249～270页。

② Trade Report，1875年，1876年，1877年，1878年，1879年，1880年，淡水；Trade Report，1877年，打狗；见黄富三、林满红、翁佳音主编《清末台湾海关历年资料》，台湾“中研院”台湾史研究所筹备处1997年版，总第183、247、330、318、339～340、345、404、455～456页。Trade Report，1870年，厦门，见厦门市志编纂委员会、《厦门海关志》编委会编《近代厦门社会经济概况》，鹭江出版社1990年版，第53页。Trade Report，1882年，1884年，1885年，淡水，见《中国旧海关史料》，第9－751，10－721，11－300页。

验销路的好坏。①

随着政府的大力招徕，越来越多的移民涌入台湾谋生，从而加速了台湾开发的进程，茶、糖、樟脑三大类特色产业都有较大发展，上海与香港两大枢纽港轮船航运业的崛起使得基隆煤矿出产的煤供不应求，而当地持续多年的丰收场景也有利于促进进出口贸易的繁荣。本地打包行的兴起也在一定程度上减轻了台茶出口贸易对厦门口岸的依赖。但除煤以外，台湾大宗出口货几乎全都是农产品或林产品，因此出口贸易受气候条件的影响比较大。干旱、洪涝、台风等灾害都能显著影响到某类产品的产量，尤其是茶。此外，气候条件还会间接影响贸易活动的正常开展。例如，热带丛林中潮湿闷热的天气容易滋生出疟疾、伤寒等传染性疾病，对伐木工、筑路营兵等身处其间者危害极大，军事征番行动期间死于各类热带疾病的人数远多于战斗减员，煤矿工人的发病率也居高不下，正因如此，各类药材的进口量持续增长。②

台湾的市场容量有限，这成为制约洋货进口规模的决定性因素，进口量稍多就会造成货物积压跌价，以致在进口货滞销期间商人宁可以银两支付糖等出口货的货款，而避免采用通常能够节省交易成本的易货贸易形式用洋货来交易出口货。蔗田种植面积的扩展以及蔗农预期糖的出口量会大幅增长，这些因素都能使更多的农户有信心去增加洋货消

① Trade Report，1876 年，1877 年，1878 年，1879 年，1881 年，淡水；Trade Report，1876 年，1877 年，1878 年，1879 年，1880 年，打狗；见黄富三、林满红、翁佳音主编《清末台湾海关历年资料》，台湾“中研院”台湾史研究所筹备处 1997 年版，总第 251、263、314、316、319 ~ 320、329 ~ 330、345、357、398、404、416、464、539 页。Trade Report，1882 年，淡水；Trade Report，1883 年，打狗；见《中国旧海关史料》，第 9 – 751，10 – 314，315 页。

② Trade Report，1874 年，1875 年，1877 年，打狗；Trade Report，1875 年，1877 年，1878 年，1880 年，淡水；见黄富三、林满红、翁佳音主编《清末台湾海关历年资料》，台湾“中研院”台湾史研究所筹备处 1997 年版，总第 144、180 ~ 182、185、204、321、331、334、346、352、458 页。Trade Report，1882 年，淡水；Trade Report，1882 年，1885 年，打狗；见《中国旧海关史料》，第 9 – 751，765，11 – 317 页。

费量。①

这里不妨以煤油贸易为例，来展示一下台湾这样一个相对狭小而贫穷的市场，何以会选择香港作为进口洋货的主要采购地。在整个清末时期，尽管有美、俄、苏门答腊、日本4种产地的煤油先后打入台湾市场，但来自美国的美孚“彗星牌”煤油始终稳居“价格第一、市场占有率第一”的有利位置。美国煤油厂商选择了香港作为整个东亚地区的分销中心，输入台湾市场的煤油主要从香港发货。台商选择香港作为煤油采购市场的另一个原因是香港的轮船公司提供的航运服务极为周到，所有承运的货物无不格外注意，很少会给客户造成损失。若改由别地进口，则所运货物并不会被刻意关照，任由偷漏损坏，故此香港能够在煤油贸易当中独占优势。自1879年美国煤油初次打入台湾市场以后，民众的消费习惯便很快形成，以致当1889年俄国煤油厂商也试图在台湾市场拓展销路时，就离奇地发现当地人并不认可来自香港以外地区的俄国煤油产品。②

（二）建省后到日占前（1886—1895年）台湾对外贸易的发展

1885年底台湾正式建省以后，对外贸易的发展态势较此前有所改观，主要体现在政府开始着力增强防务，引发驻军数量增加，随后开展的军事征番行动使番人对某些林产品（如樟脑）生产的阻力日渐减弱，从而为这些林产品的出口贸易开辟了新前景。随着台湾省电报、铁路等基础设施建设的加速推进，政府势必要逐步采购发电机、电报器材、铁路物料等多种机器设备、生产资料，而对外新航线的开辟与轮船运输条件的改良、保险业服务领域的扩展，都有助于催生出新兴的商业势力崭露头角，具体表现为粤商在台湾对外贸易领域的影响力明显增强，港台两地直航贸易的规模

---

① Trade Report，1874年，1875年，1881年，打狗，见黄富三、林满红、翁佳音主编《清末台湾海关历年资料》，台湾“中研院”台湾史研究所筹备处1997年版，总第143、194～196、575页。Trade Report，1883年，打狗，见《中国旧海关史料》，第10－313页。

② 吴政宪：《近代台湾“彗星牌”灯油销售通路（1860—1940）》，见台湾师范大学、台湾省文献委员会编《回顾老台湾、展望新故乡——台湾社会文化变迁学术研讨会论文集》，2001年，第288页。

也得以进一步扩大，越来越多的洋货可直接从香港出口到台湾（尤其是台南地区）。到了日本割台前夕，台湾南部地区洋货进口额的87%均为香港来货额，而台湾北部地区凭借其行政优势，经济的发展水平逐渐赶超了台湾南部地区，成为全省新的经济重心所在。虽然北部地区的贸易对象较南部地区略微多样化，但其洋货进口额的3/4也是香港来货额。此外，茶、糖、樟脑三大台湾特色产品出口贸易的发展，也提升了对港贸易额在台湾土货出口贸易总额中所占的比重，特别是台湾北部地区的樟脑输港贸易有了很大发展。不过台湾建省后经贸领域出现的进步不宜过分夸大，毕竟当地农业、手工业的生产技术大多仍停留在旧有的水平上，生产工具也少有更新，对外贸易规模只扩大了一倍左右。总体而言，这一时期外贸商品出口量的增加仍是进口量增加的先决条件，无论台北、台南都是如此，若台湾北部地区茶叶出口量大增或台湾南部地区糖价高涨，都会有助于拉动洋货进口量的增加。①

这段时期，台湾所进口的鸦片仍以廉价的波斯土和土耳其鸦片为主，喇庄土的进口量仍不大，土耳其生鸦片因可供吸食者小批量购买并自行煮熟后吸食，从而使其售价得以进一步降低，再加上这种鸦片只需掺少量新土（新鸦片）就可以反复吸食多次，故最受贫苦民众的欢迎。这样的场景就折射出移垦社会所能热销的洋货具有的共同特色：价格不能高，质量不必好，实惠又适用。波斯土在台湾南部地区的销路很好也是同一机理使然，且受当地驻军消费示范效应的影响更为明显。② 当鸦片涨价时，对于买不起鸦片的穷人而言，就只能以更加便宜的烟丝作为替代品了。通过考察鸦片在洋货进口额当中所占比例的变化，可以发现台湾建省之后全岛的经济重心向北部地区转移，淡水口岸所在的台湾北部地区随着基础建设的

---

① Trade Report，1886年，1887年，1890年，1891年，1892年，1893年，淡水；Trade Report，1888年，1889年，1891年，1892年，打狗（台南）；见《中国旧海关史料》，第12-305，13-320，322，323，14-350，15-369，16-360，379，17-378，399，18-381，399，20-391，414页。

② 台南海关税务司：《1882—1891年台湾台南海关报告书》，见台湾银行经济研究室编《台湾经济史六集》，1955年，第122~123页。

开展和大批移民的涌入，进口洋货的商品结构日渐丰富，鸦片进口额所占的比例则不断下降。而台湾南部地区在建省以后鸦片的进口额仍占打狗口岸洋货进口总额的73% ~85%①，这就反映出南部地区在建省以后经济的发展水平不及北部地区。台湾的鸦片进口贸易仍明显受到香港市场行情波动的影响，发货商过量供货也会导致台湾市场的鸦片价格暂时下跌，而在发生灾荒的年份鸦片的进口额就会大幅减少。②

经济作物的广泛种植，再加上大批军队和移民的涌入，致使台湾本岛的粮食自给能力不断减弱，常需进口粮食以补不足，香港不仅能向台湾出口米谷，还能把大量美国面粉转销台湾。军队仍是拉动各类食品进口量增长的重要因素之一，米谷、面粉、甲鱼、对虾、酒等许多类食品的进口主要是为了满足驻军的消费需求。此外，台湾建省后各级衙署相继设立，官员数量的增多使得对官服的需求量陡增，这自然会导致制官服的原料丝绸的进口量相应增加。随着建省进程的稳步推进，铁路物料、桥梁物料、基建物料、军火等大宗货物的进口贸易较此前有了很大发展，香港遂趁势发展成为这些新型大宗货物的主要转口港或供货地。③

表3.9　台湾口岸进口杂货品目表

类别	品名
西方工业品	煤油、针、（油）灯、火柴、机器、炼乳、棉毛混织物

① 台南海关税务司：《1882—1891年台湾台南海关报告书》，见台湾银行经济研究室编《台湾经济史六集》，1955年，第115 ~116页。

② Trade Report，1887年，1889年，淡水；Trade Report，1886年，1887年，1888年，1889年，1890年，1891年，1892年，1893年，1894年，打狗（台南）；见《中国旧海关史料》，第12 -320，13 -320，339，14 -348，15 -347，367，16 -379，17 -402，18 -402，20 -415，22 -424页。

③ Trade Report，1886年，1887年，1888年，1889年，1890年，1893年，淡水，见《中国旧海关史料》，第12 -303，304，13 -321，14 -330，331，15 -348，16 -360，362，20 -393页。台南海关税务司：《1882—1891年台湾台南海关报告书》，见台湾银行经济研究室编《台湾经济史六集》，1955年，第111页。

（续表）

类别	品名
农产品	豆货、大蒜、甘薯粉
林产品	人参、红树皮、药材、花旗参、木杆
副产品	烧酒、靛青
海产品	甲鱼、对虾、鲱鱼（Sprats）
手工业品	羊皮袄、丝绸、铁器、五金器具、夏布、洋伞、扇子、草席、麻包、席包、羽毛带、丝绸帽
其他	水泥、西药、砖瓦、玉石

资料来源：Trade Report，1886 年，1887 年，1889 年，1894 年，淡水；Trade Report，1886 年，1887 年，1888 年，1889 年，1891 年，1892 年，1893 年，1894 年，1895 年，打狗（台南）；见《中国旧海关史料》，第 12 - 304，13 - 321，339，14 - 348，351，15 - 348，368，17 - 399，18 - 399，20 - 413，415，22 - 403，425，23 - 409 页。

随着上海—淡水航线的开辟，上海日渐取代厦门和香港成为台湾北部地区重要的土货供应地，大量豆货、爆竹、金针菜、米谷、丝绸、药材等内地土特产品自上海直接输入淡水口岸，其中药材的输入量增长很快。台湾北部地区的土货进口贸易由此率先摆脱了对厦门这个中转港的过度依赖，其贸易路径开始逐步多元化。而台湾南部地区则仍然严重依赖香港供应进口货，特别是鸦片等大宗洋货和黄铜扣子、扇、软木（Soft - wood Timber）、木杆等广东土货。①

尽管台湾的茶叶出口贸易稳步发展，茶树种植面积逐年扩大，但台茶在生产过程中也未能避免当时大陆产茶区盛行的那种掺杂使假之风，这就使得其品质受到消费者的诟病，海外市场遂逐渐丧失。台湾功夫茶的市场主要在美国，直航（经厦门）贸易渐发达，而台湾包种茶的市场则主要在

① Trade Report，1887 年，1888 年，1889 年，1891 年，1892 年，1893 年，淡水；Trade Report，1890 年，1891 年，打狗（台南）；见《中国旧海关史料》，第 13 - 321，14 - 330，15 - 348，16 - 379，380，17 - 378，401，18 - 379，20 - 391 页。

南洋一带，必会有一定比例经香港转口外销。①

台糖出口贸易时常会受税收政策的影响而有起伏波动，可惜除日本以外的海外市场（如英国、美国、澳洲、新西兰）纷纷被其他糖源（特别是欧洲生产的廉价甜菜糖）所夺占②，出口香港的台糖仍以白糖为主，且出口香港的目的主要是为了在那里取得洋货资格，从而可使其在由香港转口到国内其他口岸时享受子口税待遇。这一时期台湾蔗田先前具有的那种地理优势逐渐消退，预示着台糖的生产成本将会提高，也将面临更为严峻的竞争格局，以致当台糖的价格一旦高于每担2.50（银）元时就会积压滞销。粤商以香港为基地采购台糖，然后运销华南省份，从而打开了台糖贸易的新局面。日本市场的行情日益成为影响台糖贸易的重要因素，当日本市场严重缺货时，商人们会把已出口香港的台糖再次转运日本以济急。此时台日贸易的对流性还不强，台糖运抵日本出售以后交易不到太多的回程货，以致商人常常将售糖得款汇往香港，如此一来台湾本地的糖商就能用这些可在香港兑现的支票从事其他交易活动了。③ 华南地区出产的原糖大量运往香港精制后返销华北市场，这就使台糖的北方市场逐渐遭到蚕食。台糖输港贸易的发展，提升了对港贸易额在台湾南部地区土货出口总额中所占的比重。对台湾南部地区而言，糖的出口额仍占贸易总额的很大比例，表明建省之后当地的贸易商品结构未能逐步多样化，从而再一次证实台湾建省后施行的一系列措施对区域经济发展的促进效应，主要体现在台湾北部地区日趋活跃的商贸活动中。④

---

① Trade Report，1886年，1888年，1889年，1890年，1893年，1894年，淡水，见《中国旧海关史料》，第12－305，14－331，15－349，16－361，20－391，22－402，403页。林仁川：《晚清闽台的商业贸易往来（1860—1894）》，见黄富三、翁佳音主编《台湾商业传统论文集》，台湾“中研院”台湾史研究所筹备处1999年版，第127页。

② 台南海关税务司：《1882—1891年台湾台南海关报告书》，见台湾银行经济研究室编《台湾经济史六集》，1955年，第114页。

③ 台南海关税务司：《1882—1891年台湾台南海关报告书》，见台湾银行经济研究室编《台湾经济史六集》，1955年，第121页。

④ Trade Report，1886年，1887年，1888年，1889年，1890年，1891年，1892年，1893年，打狗（台南），见《中国旧海关史料》，第12－320，321，13－340，341，14－349，351，15－366，16－379，17－400，18－400，20－414页。

台湾建省后，首任巡抚刘铭传指挥湘军展开大规模的军事征番行动，从当地番人手中夺取大片樟林，从而使大宗出口货樟脑的生产有了更为可靠的保障；此外，由政府派遣军队为伐樟工人提供保护，对成品樟脑采用更先进的铅封包装以减少其在运输过程中的挥发量（可将挥发量减少至5%以内），往本地樟脑中掺兑日本樟脑以利结晶等措施，均有利于使这项产业得到稳步推进，也将对港贸易额在台湾北部地区土货出口贸易总额中所占的比重由1%提高到了12%。但樟脑官卖制度日益成为一个妨碍贸易顺利开展的不利因素，政府对樟脑运销开征新税和厘金引发了商人罢市，一度使此项贸易颇受冲击，但这并没有影响香港继续充当台湾樟脑的交易中心。在粤商的承包下，大批台湾樟脑源源不断地运往香港市场，其中台湾南部地区出产的樟脑产品所占的比例有所增加。随着现代科技的进步，樟脑的用途日益多样化，军事工业（可制无烟火药）、塞璐璐工业、爆竹业均须以之作为重要的原料或添加剂，故国际市场上的需求量不断增长；但樟脑的供货量是有限的，当时全世界仅有日本和台湾两处地方的樟脑产量较大，这就在无形中激发了樟脑贸易的投机性，特别是在日本樟脑减产时，或因运输船只失事及战争威胁迫使海运终止等原因导致日本樟脑无法运抵香港市场之际，台湾樟脑的价格就会扶摇直上。尽管樟脑的最终消费市场远在欧洲、印度等地，但全世界近乎所有的樟脑交易都是在香港进行的；在洋商的操纵下，香港市场上的樟脑交易表现出极为强烈的投机性，樟脑的价格经常会在短时间里剧烈波动，而那些远在樟脑原产地的台湾本岛商人却并没有多大能力去主导樟脑价格的升降，这同福建的茶叶出口贸易后来表现出的态势如出一辙。①

基隆煤矿出产的煤仍未能批量出口，受多种因素共同影响，基隆煤矿

① Trade Report，1886年，1887年，1888年，1890年，1891年，1892年，1893年，1894年，1895年，淡水；Trade Report，1886年，1890年，1891年，1892年，1893年，1894年，1895年，打狗（台南）；见《中国旧海关史料》，第12－304，320，322，13－322，14－331，16－360，361，381，17－378，379，400，401，18－380，400，20－392，414，22－402，424，425，23－389，409，410页。

管理混乱，平均日产煤量仅70吨左右。即使在煤炭市场行情看好的情况下，基隆煤矿的产量也难有较大起色，这种局面一直持续到第一次世界大战期间才有所改观。就在煤矿日渐衰落之际，其他几类矿业却有所发展，但规模都不大。例如金矿的发现一度吸引了不少淘金者和失业的煤矿工人蜂拥而至，随即就有价值不菲的金砂被运往香港进一步精炼，可惜这项贸易未能持续多长时间即告终止。①

（三）日本割台后（1896—1911年）港台贸易的演变

甲午战争结束后日本割占了台湾，台湾对外贸易的重心逐渐由对大陆贸易转向对日贸易。茶、樟脑等大宗出口货越来越多地跨过厦门、香港等中转口岸，直接出口到欧美、南洋等终点市场。到了1905年，台湾洋货进口额中的香港来货额已有大幅下降；1905年以后，台湾土货出口香港的数额也明显下滑，这就显示出港台两地的贸易联系在甲午战争以后发生的巨变。② 但这一时期港台贸易展现出一些新特色，不过由于海关资料缺失，笔者只能依据零星的资料和其他学者的相关研究成果，简要地归纳出港台两地的贸易关系在这段时期的演变特征。1899年，日本政府颁布了《改正关税定率法》，将台湾的进口关税由5%提高到15%，同时取消出口关税以鼓励出口贸易的发展。当台湾的进口关税提高之后，由于日本与欧美各国签订有特别低税率协定，但中国不能均沾，因此由中国大陆出口到日本的商品（在台湾）所纳的进口关税，要比欧美各国对日贸易所纳的关税高。不过香港受英国殖民统治，其对日贸易可比照英国对日贸易所对应的税率纳税，再加上香港本身为自由港，进出口货物均可免税流通，因此商人可将货物从香

---

① Trade Report，1886年，1887年，1888年，1889年，1890年，1891年，1892年，1893年，1894年，淡水；Trade Report，1886年，1887年，1888年，1889年，打狗；见《中国旧海关史料》，第12－305，321，13－321，322，339，14－332，351，15－350，368，16－362，17－381，18－380，381，20－393，22－403页。张晓辉：《简论近代台湾与香港贸易》，载《广东社会科学》2003年第5期。

② 蔡采秀：《日本的海上经略与台湾的对外贸易（1874—1945）》，见黄富三、翁佳音主编《台湾商业传统论文集》，台湾“中研院”台湾史研究所筹备处1999年版，第187～232页。

港发往日本，然后再经日本转运到台湾，这样就会有利可图。虽然鸦片烟膏、米谷、蒲包、煤油等洋货和华南土货经香港转口台湾的数量仍较可观，但港台两地的直接贸易额在持续减少，而港台两地通过日本中转的贸易额却有所增加。位于日本长崎的华商行号泰益号，在推动贸易商品沿着“中国大陆—香港—日本（长崎）—台湾”这样一条渠道分三步转运的过程中扮演了重要角色，很多台北重要商号均通过泰益号间接从香港市场采购台湾适销的商品，包括人参、火柴、川耳、发菜、莲子、杏仁、白毛菇等。①

尽管港台间的大宗贸易明显衰落，但中药材贸易是一个例外，在这一时期较日本割台以前有了更大规模的发展，且采用的是上文提到的“中国大陆（或国外）—香港（或上海）—日本（长崎）—台湾”这样一条迂回路线转运货物。因为台湾地处热带与亚热带气候区，当地民众的卫生知识很有限，也不太注重维护生活环境的清洁，故很容易引发传染病流行。而西药价格昂贵，超出普通群众的承受能力，再加上华人对中药材素有偏爱，因此港台两地的中药材贸易的规模稳步扩大。香港南北行中药材贸易的兴起与晚清时期出洋华工数量剧增、全球贸易一体化的进程加速推进都存在密切关系，香港已成为中国大陆所产中药材的最大输出地，面向东南亚、欧美澳各地的华人聚居区大量出口各类中药材，台湾市场所需的中药材也主要从香港采购。此外，中药材贸易领域的一个行规就是很注重药材的原产地，即药材是否“地道货”，其药效会差别很大。如东南亚热带气候条件下出产的沉香、桂皮、丁香，印度出产的木香、牛黄、麝香、红花，伊朗的甘草，非洲的水犀角等，这些药材都是中国比较稀缺的。另外，即使是同种药材，其药效差异也可能很大，如朝鲜的高丽参和美国的

---

① 许紫芬：《近代香港华商转口贸易的个案研究（1910—1933）——华商竞争力的评估》，见台湾“国史馆”编《港澳与近代中国学术研讨会论文集》，台湾“国史馆”2000年版，第187页。朱德兰：《日据时期长崎台北贸易——以长崎华商“泰益号”与三家台商为例》，见吴剑雄主编《中国海洋发展史论文集》（第四辑），台湾“中研院”中山人文社会科学研究所1991年版，第234页。张晓辉：《简论近代台湾与香港贸易》，载《广东社会科学》2003年第5期。

花旗参虽都是人参，但前者属热性，后者属凉性，药效完全不同，因此选购地道的药材对消费者而言是非常重要的。香港拥有四通八达的贸易网络和众多南洋庄、金山庄等熟悉药材贸易的商号，再加上香港—长崎间海运条件便利，从香港向长崎发货也有利于减少税赋支出。这些贸易利得有不少源自日本推行“台日一体化”政策时所忽略掉的盲点，所以在其他大宗商品贸易衰落的背景下，港台药材贸易在这一时期却经历了一个快速的发展过程。①

日本割占台湾以后，基隆取代了淡水迅速发展成为台湾主要的贸易港，台湾总督府补贴大阪商船会社和日本邮船会社两家航运公司大笔营业费后，命令其开辟通往各地的航线，日本航运势力遂得以迅速排挤掉本地区老牌的航运企业英资德忌利士轮船公司，独霸了连接台湾与华南港口的海上运输航线。在这样的背景下，基隆迅速成长为港日贸易的中转站，进而使得中国华南地区与日本的贸易可通过香港和基隆这两个转运地接力开展。此际台湾的对外贸易虽与香港仍有较密切的联系，但已不再严重依赖香港转口大宗商品了，表明这一时期台湾所面临的贸易格局已经发生了很大变化。除了台湾出口英国的乌龙茶仍须经香港转口输出，其他类大宗外销商品直接出口到终点市场的数量明显增多了。②

台湾旧式的郊商受政局起伏更迭的影响很大，他们很快就随着台湾的割让而没落了，只剩下远在日本长崎的华商泰益号能够免于政治风波的干扰，进而努力维持了港—日—台贸易一枝独秀的局面。③ 到了 1910 年前

---

① 朱德兰：《日治时期台湾的中药材贸易》，见黄富三、翁佳音主编《台湾商业传统论文集》，台湾“中研院”台湾史研究所筹备处 1999 年版，第 233 ~ 268 页。

② 朱德兰：《日据时期长崎华商泰益号与基隆批发行之间的贸易》，见张彬村、刘石吉主编《中国海洋发展史论文集》（第五辑），台湾“中研院”中山人文社会科学研究所 1993 年版，第 289 页。刘素芬：《日治初期台湾的海运政策与对外贸易（1895—1914）》，见汤熙勇主编《中国海洋发展史论文集》（第七辑），台湾“中研院”中山人文社会科学研究所 1999 年版，第 637 ~ 694 页。

③ Man-houng Lin, “Economic Ties Between Taiwan and Mainland China, 1860 - 1895: Strengthening or Weakening?” 见郝延平、魏秀梅主编《近世中国之传统与蜕变——刘广京院士七十五岁祝寿论文集》，台湾“中研院”近代史研究所特刊（5），1998 年，第 1067 页。

后，台日贸易额已占台湾对外贸易总额的60% ~90% 。①

四、结　语

晚清时期香港对闽浙台地区对外贸易的兴起发挥了重要的转口功能，但具体到不同时期、不同地区和不同的进出口商品而言，香港所发挥的转口机制则又各具特色。香港是大宗洋货和华南土货销往闽台地区的集中输出地，同时也是闽台地区若干类特色土货销往海外市场的中转港，香港对浙江口岸对外贸易的发展也产生过一定影响。

在对外贸易不断发展的过程中，华商的竞争力表现出逐渐增强的趋势。以台湾市场的情形为例，当地华商一方面输出樟脑到香港，获利后即可就地贩运鸦片至台湾出售，有的华商还拥有政府授予的专卖权，其操控市场的能力明显强于外商，具体表现在华商的存货量和营业额都在外商之上，华商有时还可以通过控制供货量来人为地抬高香港市场上樟脑的价格。当华商最终承包了樟脑专卖权以后，转而采用低价收购、高价售出的营销方式，令外商感到无利可图。于是一些外商不得不勾结华人私购樟脑，最后落得一个货被夺、人被打的悲惨下场，可谓损失惨重。而当专卖制度被废除之后，当地官吏加诸英国商人身上的种种限制，仍屡见不鲜，这几乎等同于恢复了已遭废除的专卖制度。由于外商不懂得向官府行贿，因此其货物在内地流通时常遇有遭扣押耽搁之事；而华商则懂得门路，善于同官员协调税额，故所贩货物可以通行无阻。在匹头货贸易中，华商的低价营销策略也常常使外商感到压力很大。此外，华商还经常从香港走私鸦片至不设海关的小汉港卸货，从而侵蚀了原本是外商独擅其利的经营领域。华商还能凭借充足的货源储备，经常迫使外商无法抬高售价，弄得外商走投无路，最终只得主动去找华商协调价格，却屡屡为华商所拒绝。华商还常趁外商货源充足时跌价竞争，从而进一步加剧外商的损失。这些案

① 朱德兰：《日据时期长崎台北贸易——以长崎华商“泰益号”与三家台商为例》，见吴剑雄主编《中国海洋发展史论文集》（第四辑），台湾“中研院”中山人文社会科学研究所1991年版，第217页。

例都说明华商的竞争力明显要比外商强，因此完全可以不理会外商主动提出的种种合作要求。台糖贸易领域的情形也是如此，英商曾联合一些华商共同将台糖贩往华北市场，但台湾本地郊商则团结一致控制了货源，继而迅速挫败了英商的企图，牢牢控制住了台糖的外销贸易。在台湾电报线与外界连通以后，台湾当地的糖商可以借助电报获知外国市场的糖价，继而在售货时进一步压缩外商的利润空间。① 此外，不同外商相互间的竞争、外商与华商的竞争、银师与买办的舞弊、华商时常延迟付款等种种不利因素均使外商颇感棘手，而华商则能够有效规避这些不利因素的困扰，故能在生意场上明显占有竞争优势。②

闽浙台地区通过与香港开展贸易往来，使得其内部各个区域的外向型经济都有所发展。福建开埠以后，当地的产业结构就逐步发生了变化。首先是与出口贸易有关的水果和农产品种植业得到较大发展。福州附近地区出产的鲜柑橘、闽江上游出产的橄榄、兴化的荔枝、福清的李子等水果的出口量均有较大增长。当然最重要的还是武夷山区制茶业的发展，大大提高了闽北地区经济外向化的水平，茶叶贸易的繁荣还连带促进了制茶辅料茉莉花种植业的兴起。对外贸易的繁荣不仅促进了经济作物种植业的发展，还为当地引进了一些新品种粮食作物。如马铃薯从外国引进当地以后，很快得到推广，“福州周围农村能够生产很多马铃薯，大批运往香港和新加坡售卖，但是在35年以前，本地很难买到马铃薯，外国人餐桌上的马铃薯主要是从澳门或者汕头运来的”。对外贸易给福建农业的发展带来

---

① Man-houng Lin, “Economic Ties Between Taiwan and Mainland China, 1860－1895: Strengthening or Weakening?”见郝延平、魏秀梅主编《近世中国之传统与蜕变——刘广京院士七十五岁祝寿论文集》，台湾“中研院”近代史研究所特刊（5），1998年，第1067页。黄富三：《清季台湾外商的经营问题——以美利士洋行为例》，见中国海洋发展史论文集编辑委员会主编《中国海洋发展史论文集》（第一辑），台湾“中研院”三民主义研究所1984年版，第249～270页。台南海关税务司：《1882—1891年台湾台南海关报告书》，见台湾银行经济研究室编《台湾经济史六集》，1955年，第116页。

② 黄富三：《台湾开港前后怡和洋行对台贸易体制的演变》，见黄富三、翁佳音主编《台湾商业传统论文集》，台湾“中研院”台湾史研究所筹备处1999年版，第81～106页。

了新的生机，促成了农作物种植结构的多元化。其次，贸易的发展也推动了一些特色工业和手工业的兴起。早在1881年，一家德国洋行就在厦门岛上建立了一个生产铁锅的工厂。20世纪以后，厦门当地的工业获得了更快速的发展，1908年创建的广建玻璃制造厂，每天可生产300打不同类型的灯罩。还有瑞记罐头厂，主要生产各类水果罐头；另有厦门淘化公司，除了能生产水果罐头，还生产酱油、咸豆腐等，其产品在本地、台湾及海峡殖民地市场都很畅销。1909年创办的华祥糖厂，产量也具有一定规模。福州口岸所在的闽东北地区也先后设立了糖厂、面粉厂、织布局、锯木场、火柴厂、罐头厂等。三都澳地区的纸张出口贸易也刺激了当地造纸业的发展。由此可见，对外贸易的兴盛使沿海开放城市扩张商品流通渠道的功能发挥得更为顺畅，同时也带动了一系列相关产业的发展。①

对台湾而言，当地的乌龙茶加工工艺最先是由外商约翰·杜德（John Dodd）从福建安溪引进的，并在当地设厂烘制茶叶外销，最终使台湾茶叶（特别是乌龙茶）凭借优异的品质取代福建乌龙茶而畅销美国市场。台湾被纳入世界贸易圈之后，不但使台湾当地相关产业的发展得到了促进、台湾当地商业的经营水平得到了提升，而且加快了台湾内陆资源的开发进程。② 林满红认为对外贸易的发展对台湾经济的进步产生了很多积极影响，表现在贸易的发展并没有对台湾当地的手工业造成很大破坏，反而使台湾有了更多的贸易盈余来购买大陆的手工业品；台湾的贸易条件在这个过程中也大有改善，虽然进口鸦片的消费确实耗费了很大一部分贸易盈余，但本地大宗出口货茶、糖、樟脑的价格持续上涨，出口量也在不断增加，而进口货的价格并未显著上涨，这就增强了台湾民众的支付

---

① 林仁川：《清代福建通商口岸的开放及其对邻近地区的正面影响》，见朱德兰主编《中国海洋发展史论文集》（第八辑），台湾“中研院”中山人文社会科学研究所2002年版，第1～22页。

② 黄富三：《台湾开港前后怡和洋行对台贸易体制的演变》，见黄富三、翁佳音主编《台湾商业传统论文集》，台湾“中研院”台湾史研究所筹备处1999年版，第81～106页。戴国辉：《台湾史研究——回顾与探索》，远流出版事业股份有限公司1985年版，第44页。

能力，与此相伴的转变还有生产区位的合理调整，这同时也会拉动运输、金融等贸易辅助行业的发展。此外，贸易的发展还产生了广泛的社会影响，如缓和了19世纪中叶以来台湾的人口压力，促成了台湾经济重心的北移，大幅减少了基层社会的动乱，同时也加速了买办、豪绅等社会新贵的崛起，等等。①

① 林满红：《贸易与清末台湾的经济社会变迁（1860—1895）》，载（台湾）《食货月刊》复刊第9卷第4期。

第四章　晚清时期香港在上海口岸外贸领域发挥的中转功能

在东海之滨和南海之畔，坐落着两个近代以来快速崛起的国际性都市——上海和香港。近代的沪港同为中西交汇、华洋杂处、商贸辐辏之地，两地最初都是依靠外贸兴市，继而凭借得天独厚的地理区位优势迅速成长起来。上海在鸦片战争后的短短数十年时间里，即由一座县城发展成为远东最大的工商业城市；同期的香港亦跃升为东方枢纽型贸易港和亚洲多功能网络中心城市。沪港两埠由此成为晚清时期中国沿海地区仅有的两个航运枢纽港。这两个城市在近代历史上呈现出令人炫目的发展势头，缔造了中国乃至世界城市发展史上的奇迹。

关于近代上海贸易发展领域的诸多具体问题，前辈学者既进行过宏观层面的综合研究，也进行过微观层面的个案分析。其中，宏观层面的研究成果以黄苇所著的《上海开埠初期对外贸易研究（1843—1863 年）》① 和上海社会科学院经济研究所、上海市国际贸易学会学术委员会联合编著的《上海对外贸易（1840—1949）》② 两书最具权威性。两书均对近代上海外贸领域的重大问题进行了系统归纳和分析，前者偏重于论述 19 世纪 40—

① 黄苇：《上海开埠初期对外贸易研究（1843—1863 年）》，上海人民出版社 1961 年版。

② 上海社会科学院经济研究所、上海市国际贸易学会学术委员会编：《上海对外贸易（1840—1949）》，上海社会科学院出版社 1989 年版。

60 年代初期的贸易发展形势，后者则把研究时段向后延伸至 1949 年，举凡影响近代上海贸易发展的重大问题均有所涉及。这两部开山之作为后辈学者进行更为深入细致的研究奠定了坚实的基础。近年来，戴鞍钢、古田和子、唐巧天等学者分别从不同的角度切入，围绕近代上海外贸领域的若干具体问题进行了系统周密的论述，他们的成果代表了近代上海经济贸易史研究领域出现的新动向。[①] 近代香港的贸易发展情况及其与上海发生的关联，亦是本章关注的重点问题。前辈学者对近代香港经济贸易发展史的研究相对薄弱，目前仅见滨下武志和张晓辉的相关著述对该领域的问题从宏观层面进行了较为全面的分析[②]；微观层面的研究非常少见，除笔者及张金苹对近代香港贸易领域的若干具体问题进行过论述外[③]，其他学者罕有触及，这可能与史料难觅有关。[④] 外国学者的代表性研究成果也只是零星地提到与沪港两埠的贸易发展有关的问题，但缺乏深入系统的论述。[⑤]

---

① 戴鞍钢：《港口、城市、腹地——上海与长江流域经济关系的历史考察（1843—1913）》，复旦大学出版社 1998 年版。［日］古田和子：《上海网络与近代东亚——19 世纪后半期东亚的贸易与交流》，中国社会科学出版社 2009 年版。唐巧天：《上海外贸埠际转运研究（1864—1930 年）》，复旦大学博士学位论文，2006 年。毛立坤：《日货称雄中国市场的先声——晚清上海煤炭贸易初探》，载《史学月刊》2013 年第 2 期。

② 滨下武志著，马宋芝译：《香港大视野——亚洲网络中心》，商务印书馆（香港）有限公司 1997 年版。张晓辉：《香港近代经济史（1840—1949）》，广东人民出版社 2001 年版。张晓辉：《香港与近代中国对外贸易》，中国华侨出版社 2000 年版。

③ 参见毛立坤：《香港与内地的贸易关系（1869—1904）》，载《安徽史学》2005 年第 5 期。毛立坤：《晚清时期中外贸易的个案分析——以香港转口贸易为例》，载《中国历史地理论丛》2006 年第 1 期。毛立坤：《晚清时期香港与两广的贸易关系》，载《安徽史学》2006 年第 4 期。毛立坤：《晚清时期香港与北方环渤海地区的贸易关系》，载《安徽史学》2007 年第 5 期。毛立坤、张金苹：《晚清时期香港与闽台地区的贸易关系》，载《中国社会经济史研究》2008 年第 3 期。毛立坤：《“封锁香港”（1868—1887）问题再解》，载《史学月刊》2015 年第 1 期。

④ 由于近代香港属于自由港，故不设海关，因此未曾留下丰富的进出口贸易统计资料，这就增加了学者开展相关研究的难度。参见许茵：《中国第二历史档案馆馆藏有关香港地区档案史料概述》，载《民国档案》1997 年第 1 期。

⑤ 参见 Francis E. Hyde, *Far Eastern Trade 1860 – 1914* (New York: Barnes and Noble, 1973).

总体而言，沪港两埠在近代历史上的贸易发展过程存在密切的联系，兹引若干代表性史实加以佐证。怡和洋行是近代历史上最早打入中国市场，也是最具影响力的洋行之一，该洋行最先在沪港两埠建立了主营鸦片贸易的经销点①，进而使这两个口岸成为其在华扩展势力的大本营。到了19世纪中叶，香港已成为当时世界上最大的鸦片贮存、转运中心，而上海则是中国沿海一带鸦片进口额最大的口岸。此后，宝顺洋行、旗昌洋行、太古洋行、汇丰银行、沙逊洋行、琼记洋行、英美烟公司、美孚公司等大型跨国企业均先后选择了沪港两埠作为其在远东地区的经营重心。② 就华商行号而言，上海有南洋庄，专司经香港转口上海发往南洋一带的货物；香港则有上海庄，负责向上海供应原产于东南亚的特产品，两地的此类华商行号长年都进行着繁密的贸易往来。③ 在19世纪后半叶，沪港两埠也是中国沿海地区仅有的两个航运枢纽港，各类航线密集分布，物流集散能力极为强大。④ 早在1850年，大英轮船公司就率先开辟出连接港沪两埠的常川航线（定期班轮），为两地间人员、邮件和货物的流通创造了较为便利的条件；后来其他航运公司纷纷仿效，使得两地间的轮船航班日趋密集。1857年，上海口岸进港商船共有495艘，其中216艘来自香港。1894年，驶入上海港的外洋轮船共计1037艘，其中465艘来自香港。⑤ 这足以反映出晚清时期沪港两埠间人员、货物往来之密切。从具体的贸易统计值来看，上海从19世纪80年代以来一直是香港在国内最重要的贸易对象口岸；

---

① 鸦片贸易是晚清时期最大宗的洋货进口贸易，在相当长时段里支配着中国进口贸易的走势。参见勒费窝：《怡和洋行——1842—1895年在华活动概述》，上海社会科学院出版社1986年版，第26页。

② 王垂芳主编：《洋商史——上海：1843～1956》，上海社会科学院出版社2007年版，第57～65页。

③ 张晓辉：《沪港近代城市关系史研究之我见》，载《档案与史学》2001年第1期。

④ 毛立坤：《晚清时期东南沿海通商口岸对外航线与港势地位的变迁》，载《史学月刊》2005年第12期。

⑤ Boyd Cable, *A Hundred Year History of the P. & O., Peninsular and Oriental Steam Navigation Company* (London: Ivor Nicholson & Watson, 1937), 108－110.

而同期的香港则是上海口岸的第二或第三大洋货来源地，第四或第五大土货出口地。① 本章力图阐明晚清时期沪港两埠间贸易关系的演进机理，剖析香港对上海口岸的进出口贸易所发挥的多种中转功能。晚清时期上海口岸在外贸领域与香港发生的关联大致如图 4.1 所示：

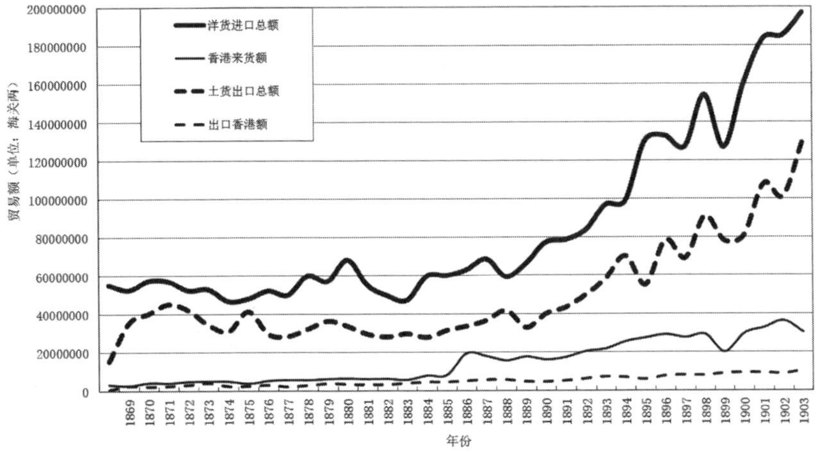

图 4.1　晚清时期上海口岸外贸进出口额及对香港贸易额年际波动示意图（1869—1904 年）

资料来源：据《中国旧海关史料》各有关年度贸易统计值折算。

注：受晚清时期海关贸易统计记录格式的限制，《中国旧海关史料》所载 1869 年以前的统计数据有欠完整，1904 年以后的统计数据则将香港与外国合并统计，目前对这两个时段均难以进行具体的量化分析，故本章可资利用的贸易统计数据仅限于 1869—1904 年这一时段。后文图表的年份断限原因与本表相同。

一、晚清时期香港对上海口岸洋货进口贸易发挥的中转功能

19 世纪 60 年代以前，英帝国（含印度、香港等）来货在上海口岸洋

① 毛立坤：《晚清时期中外贸易的个案分析——以香港转口贸易为例》，载《中国历史地理论丛》2006 年第 1 期。

货进口总额中占很大比例（约2/3），美国次之。① 这种势头一度变得愈发强劲，从19世纪60年代后半期开始，英国本土、印度、香港稳居上海口岸洋货进口贸易领域的三大供货地。三地来货长期占据上海口岸洋货进口额的绝大比例，最高曾达92.8%（1871年），最低也占57.6%（1904年），大致以19世纪80年代中期分界，前期多占80%以上，此后缓慢下滑，中日甲午战争以后英、印、港三地来货总和所占比例跌至60%~70%之间，但仍位列上海口岸洋货进口额的前三名，如图4.2所示。因此研究三地来货额的波动情况，可以大体揭示出本时期上海口岸洋货进口贸易领域的一些主要特征，以及香港对沪洋货转口贸易额的波动趋势。

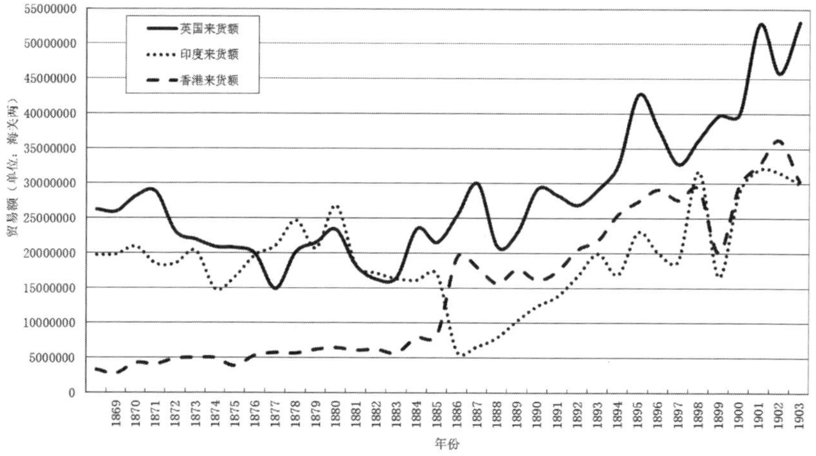

图4.2 晚清时期英国、印度、香港洋货输沪贸易额波动示意图（1869—1904年）

资料来源：据《中国旧海关史料》各有关年度贸易统计值折算。

从图4.2可见，三地来货总额呈连年增长之势，但三地在上海口岸洋

① 《（英国）领事罗伯逊1855年度、1856年度上海港贸易报告》《（英国）领事罗伯逊1858年度上海港对外贸易报告》，见李必樟译编《上海近代贸易经济发展概况（1854—1898年）——英国驻上海领事贸易报告汇编》，上海社会科学院出版社1993年版，第3、23、45页。

货进口贸易领域中各自的波动趋势又不尽相同。总体来看，三地来货额的增速越来越低于上海口岸洋货进口总额的增速，具体表现为三地来货额在上海口岸洋货进口总额中所占的比重逐年下滑，这主要是由越来越多的三地以外货源（如德国杂货、美国和俄国煤油、日本廉价货）在19世纪晚期大规模涌入上海市场造成的。① 而同期香港来货额之增速却明显快于上海口岸洋货进口总额的平均增速，香港来货额在上海口岸洋货进口总额中所占比重有较大提高，最高达30.8%（1887年），直到20世纪以后才开始出现下滑，但仍占15%以上，这反映出上海口岸在洋货进口贸易领域与香港的关联总体上是渐趋密切的，如图4.3所示。

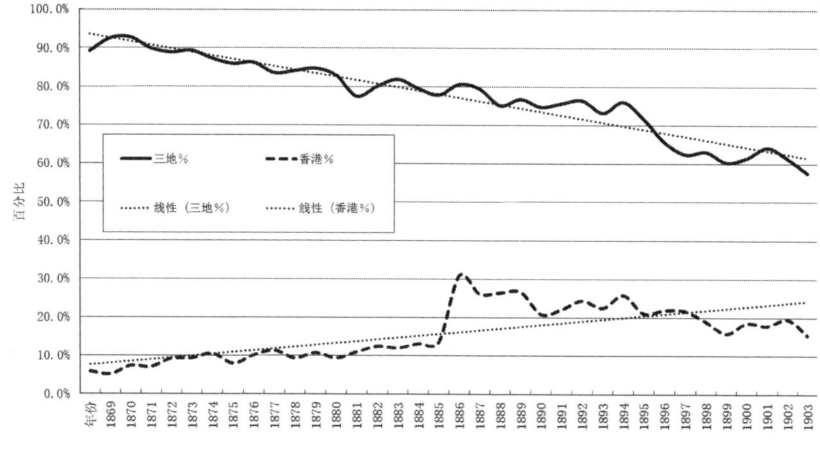

图4.3　晚清时期英国、印度、香港三地洋货输沪额所占比重波动示意图（1869—1904年）

资料来源：据《中国旧海关史料》各有关年度贸易统计值折算。

下面拟分时段分析晚清时期上海口岸从香港输入洋货的演变过程。鸦片和各类棉纺织品（匹头货）是19世纪40—50年代上海从香港输入的最

① 《（英国）总领事许士1884年度、1887年度、1889年度上海贸易报告》《（英国）代理总领事阿查立1885年度上海贸易报告》《（英国）总领事韩能1891年度上海贸易报告》，见李必樟译编《上海近代贸易经济发展概况（1854—1898年）——英国驻上海领事贸易报告汇编》，上海社会科学院出版社1993年版，第688、694～695、721、743、760页。

重要的两类大宗产品，其他进口额稍大的洋货还有糖、金属（锡）、胡椒和檀香木等，多为南洋货。由于这一时期中国外贸领域的头号大宗进口货鸦片以从印度直接输入为主，各类棉纺织品（名列次大宗进口货）也以从英国直接输入为主，其他小宗杂货如煤、金属产品也多从产地（英国、澳大利亚、美国、日本）直接输入，因此在19世纪60年代之前香港对沪洋货转口输入贸易还不算发达，香港来货额在上海口岸洋货进口总额中不占优势地位，香港对沪洋货转口贸易的发展在此期正处于起步阶段。①

19世纪60年代，北洋三口（天津、营口、烟台）和长江流域口岸（镇江、九江、汉口）相继开埠通商，日本多个口岸（长崎、神户、横滨、新潟、函馆）也正式开港通商，这种新格局明显有利于外商以上海为基地同中国广阔的长江流域内陆腹地、北方环渤海地区以及日本开展商业活动。② 上海对外贸易的发展必然会随之增添新的活力，这也就预示着沪港两埠的贸易关系将会出现新进展。从这一时期上海口岸的洋货进口额来看，英、印两地来货额的年际波动性较大，而香港来货额却保持了缓慢增长的势头（参见图4.2），因此这一时期可以视作香港对沪洋货转口贸易的慢速发育期。境外米谷经香港转口输沪贸易兴起于这段时期，大量原产于印度、孟加拉和南洋一带的米谷越来越多地经香港转口输入上海，这些米谷除了可供接济内地缺粮省份和发生烟粮争地现象的地区，还直接被用来交易蚕丝。此外，这一时期经香港转口输入上海口岸的各类匹头货、棉纱也与日俱增，这要归因于汉口、天津等依赖上海转口发货的内贸对象口岸

① 《（英国）领事罗伯逊1855年度、1856年度上海港贸易报告》《（英国）领事罗伯逊1858年度上海港对外贸易报告》《（英国）参赞威妥玛附于1864年度上海贸易统计表的备忘录》《（英国）参赞威妥玛关于从商业角度看1864年度上海港贸易情况的备忘录》《（英国）领事文极司脱关于1865年度上海贸易的商务意见内容摘要》，见李必樟译编《上海近代贸易经济发展概况（1854—1898年）——英国驻上海领事贸易报告汇编》，上海社会科学院出版社1993年版，第4~7、26~29、46~48、78、83、98~99、102页。

② ［日］古田和子：《上海网络与近代东亚——19世纪后半期东亚的贸易与交流》，中国社会科学出版社2009年版，第14页。

的市面和同样依赖上海转口发货的日本市场对此类商品均表现出旺盛的需求。到19世纪60年代末，香港在英帝国（主要包括英国本土、印度和香港）对上海口岸洋货输出贸易领域所据有的地位已渐趋巩固，并渐次步入良性发展态势；从贸易额排名来看，香港已稳居上海口岸第三大洋货供应地。在19世纪60年代，虽然鸦片、匹头这两类大宗进口货仍以从原产地直接输往上海口岸为主；但除此之外，包括煤、木材、印度香、蘑菇、燕窝、海参、翠鸟羽毛等多种英国货、印度货、南洋货则越来越多地经香港转口输往上海，表明上海口岸在洋货进口贸易领域与香港的联系益趋紧密。①

从19世纪70年代开始到中法战争结束，上海口岸英、印两地洋货进口额的波动性均进一步增大。造成这种局面的原因有很多，举其大者有该时期英国劣质匹头货投机贸易盛行，由此引发的倾销行为和滞销结果会导致匹头货进口额大起大落；此外，中国土产鸦片的丰收或歉收也会对印度鸦片进口贸易造成巨大影响；尤为值得一提的是香港在这一时期发挥了日益显著的“拦截—中转”效应，这也是造成上海口岸英、印两地来货额大幅波动的重要原因。② 通过“拦截”继而“中转”英、印两地的输华商品，香港对上海口岸的洋货转口贸易额得以保持稳步增长的趋势。如图4.2、图4.3所示，在英、印两地来货额所占比重逐年下滑的背景下，香港

---

① 《（英国）参赞威妥玛关于从商业角度看1864年度上海港贸易情况的备忘录》《（英国）领事文极司脱附于1866年度上海港贸易统计表的备忘录》《（英国）领事文极司脱关于1866年度上海贸易的商务意见摘要》《（英国）领事麦华陀1868年度上海港贸易报告》，见李必樟译编《上海近代贸易经济发展概况（1854—1898年）——英国驻上海领事贸易报告汇编》，上海社会科学院出版社1993年版，第84～85、121、124～125、130、166、169页。

② 《（英国）领事麦华陀1869年度、1875年度上海贸易报告》《（英国）领事马安关于12月31日为止的1870年度上海港贸易报告》《（英国）领事麦华陀1872年度贸易报告》《（英国）领事许士1882年度上海贸易报告》，见李必樟译编《上海近代贸易经济发展概况（1854—1898年）——英国驻上海领事贸易报告汇编》，上海社会科学院出版社1993年版，第193、221～222、227、252、365、635页。Trade Report，1882年，1884年，上海，见《中国旧海关史料》，第9－654，10－625页。

在上海口岸洋货进口贸易领域据有的地位日益重要。这种现象也引起了当时英国驻沪领事官员的关注，他们声称上海市场上有1/10～1/5的英（帝）国货物来自香港；从海关统计的贸易额来看，这一比例的平均值约为1/8。总体来说，这段时期香港对上海口岸的洋货转口贸易步入稳步增长期，转口商品的结构日趋多样化，除鸦片和匹头等大宗产品外，又逐渐囊括了多种杂货。香港本地生产的精白糖输沪贸易在这一时期快速发展。而华南省份出产的土糖取道香港转销上海的贸易也是在这一时期发展起来的，这些原产于台湾和广东潮汕地区的土糖绕道香港转口输入上海，即可享受洋货在内地市场流通时独有的子口半税待遇；故采取这种绕道香港转运土货的方式可以降低商人们的税费支出，对土糖内销贸易规模的扩大发挥了明显的刺激功效。①

从19世纪80年代中叶到甲午战争爆发前，随着香港鸦片转口贸易的持续发展，港英政府通过出售香港市场上的鸦片垄断专营权获得大笔财政收入，用于改善香港发展转口贸易的设施和条件，此举对香港贸易中转能力的增强贡献很大。② 此外，价格低廉的印度棉纱作为鸦片之外的又一种印度大宗出口商品，在这一时期表现出强劲的势头，进口额在从1888年开始的6年内增长9倍。香港、上海两埠迅即成为中国沿海地区南北两大印纱贸易集散中转地，无形中推动了香港洋货转口输沪贸易额大幅增长。加上英国来货中的匹头货也在这一时期销路重开，以及欧美国家生产的金属产品、机械设备等原料、资本品及各种杂货进口额的增长，到本期结束之

---

① 《（英国）领事麦华陀1872年度贸易报告》《（英国）领事麦华陀1874年度上海港贸易报告》《（英国）领事麦华陀1875年度上海贸易报告》《（英国）副领事阿连壁1879年度上海贸易报告》，见李必樟译编《上海近代贸易经济发展概况（1854—1898年）——英国驻上海领事贸易报告汇编》，上海社会科学院出版社1993年版，第255、260、318、359、532页。Trade Report，1883年，上海，见《中国旧海关史料》，第10－203页。

② 石楠：《略论港英政府的鸦片专卖政策（1844—1941）》，载《近代史研究》1992年第6期。Tsui Ping Cheung，“The Opium Monopoly in Hong Kong，1844－1887”（Unpublished Master Paper，Hong Kong University，1986），25－29.

际，上海口岸的洋货进口贸易结构已明显多元化。而上述变化也推动了英、印对华洋货输出贸易额迈入新一轮波动攀升期。与此同时，上海对北洋三口、长江流域口岸、日本口岸和朝鲜新开商埠转口贸易规模的扩大，也是拉动前述大宗洋货进口额猛增的重要原因。由于中、印、港三地此期都实行银本位制，相互间的贸易结算基本不受黄金与白银汇率波动的影响，而香港又恰好地处中印两地的居间位置，于是除了上述英国本土来货有一定比例继续经由香港中转，印度来货也越来越多地经由香港转口输入上海口岸，甚至连香港本地生产的精白糖也发展成为出口上海的大宗产品。以上这些因素共同推动了香港在此期超过印度升格为上海口岸的第二大洋货供应地，排名仅次于英国本土。① 这段时期遂成为香港对上海口岸洋货转口贸易的巅峰期。

上海作为国内最大的贸易集散港，其内贸转口对象口岸的市面行情必然会对上海外贸吞吐量产生很大影响。例如1882年汉口、天津两口岸市面银根同时出现紧张状况，无力从上海市场采购大宗洋货，导致当年上海口岸英、印洋货输入额出现较大下滑。而同期香港来货额却保持平稳，这反映出英、印来货以大宗商品为主，而香港除向上海转口输出英、印大宗洋货外，还有众多特色贸易商品，如港产精白糖、南洋货、众多欧美洋杂货

① 《（英国）总领事许士1883年度、1884年度、1886年度、1887年度、1888年度上海贸易报告》《（英国）代理总领事阿查立1885年度上海贸易报告》《（英国）总领事韩能1891年度上海贸易报告》《（英国）领事哲美森1892年度上海领事管区的贸易和商业报告》《（英国）代理总领事哲美森1894年度上海贸易和商业报告》，见李必樟译编《上海近代贸易经济发展概况（1854—1898年）——英国驻上海领事贸易报告汇编》，上海社会科学院出版社1993年版，第652、655、671、692～693、707、716、730、755、760、783、855、859、865页。Trade Report，1886年，1892年，上海，见《中国旧海关史料》，第12－204，18－247页。Decennial Report，1882—1891年，上海，见徐雪筠等译编《上海近代社会经济发展概况（1882—1931）——〈海关十年报告〉译编》，上海社会科学院出版社1985年版，第5页。上海社会科学院经济研究所、上海市国际贸易学会学术委员会编：《上海对外贸易（1840—1949）》（上），上海社会科学院出版社1989年版，第48页。

等，贸易结构的多样化降低了贸易额出现大幅波动的概率。① 市场投机活动对正常的贸易流通产生的冲击亦不可小觑，如发生在本期的“1883—1884 年上海金融风潮”导致以阜康银号为首的多家上海钱庄破产，剩余的钱庄也被迫停止外放信用，此事件对严重依赖信贷支持的中小商人影响极大，致使这两年的贸易活动明显受阻。②

从甲午战争结束到清朝灭亡的这段时期，上海快速地由商业城市向工商业中心城市转型，洋货进口贸易结构随之益趋丰富。除机械设备、工业原料、燃料的进口额大幅增长外，数以万计的新兴消费品、奢侈品也渐次涌入上海市场。此外，上海租界的扩展带来了房地产业的繁荣，引发各类建材进口量大增。在这段时期，美、日等国来货的快速增长影响到英、印、港三地来货原先所占的比重，洋鸦片在和土鸦片的竞争中也日渐失利；但香港精白糖输入贸易大有跃进，印纱经香港转口输沪贸易也持续活跃。印纱在上海市场上与日纱发生激烈竞争，且印纱屡占上风；香港精白糖在上海市场上能够和欧洲甜菜糖、日本糖、爪哇糖跌价竞争，最终仍能保持销量最大，这些例证都显示出香港在转口贸易领域特有的强劲竞争力。凭借转输棉纱（印纱、港纱）、精白糖等大宗产品，此期香港已经稳居上海口岸的第二大洋货供应地。此期香港转口贸易的辐射范围甚至一度扩展到东北亚一带的朝鲜、俄国口岸，而这已经侵蚀到上海口岸传统的转口贸易圈。③ 就本时期进口量日渐增多的日用品类洋货而言，价格高低乃是其能否畅销的重要因素。“中国买主……在经济上考虑最多的就是价格

① Trade Report，1882 年，上海，见《中国旧海关史料》，第 9 - 653 页。

② Trade Report，1884 年，上海，见《中国旧海关史料》，第 10 - 623 页。

③ 《（英国）代理总领事满思礼 1897 年度上海贸易报告》，见李必樟译编《上海近代贸易经济发展概况（1854—1898 年）——英国驻上海领事贸易报告汇编》，上海社会科学院出版社 1993 年版，第 932 页。Trade Report，1895 年，1896 年，1897 年，1898 年，1901 年，1902 年，1904 年，1905 年，1906 年，1907 年，1910 年，上海，见《中国旧海关史料》，第 23 - 252，254，24 - 286，287，25 - 287，27 - 292，293，33 - 338，35 - 411，39 - 525，41 - 441，43 - 433，45 - 449，52 - 589 页。滨下武志著，马宋芝译：《香港大视野——亚洲网络中心》，商务印书馆（香港）有限公司 1997 年版，第 88 ~ 89 页。

的差别”，“中国的买主大多是穷人……当他们买外国商品时，必定买最便宜的一种，否则就买不起”，因此降低货物成本的各种方法在此期都很盛行，如给劣质匹头货上重浆以次充好，推销比美、俄两国的煤油更加便宜的苏门答腊煤油以开拓市场等。① 此外，因轮船航运业领域的竞争而出现的货运费下降的趋势，在这一时期也明显刺激了贸易额的增长。②

二、晚清时期香港对上海口岸土货出口贸易发挥的中转功能

在晚清时期上海口岸的土货出口贸易对象中，英国在 19 世纪 40—50 年代表现得格外抢眼，上海口岸土货出口额的一半以上（50% ~90%）在此期要归列英国名下，美国次之。③ 19 世纪 60 年代以后，土货出口贸易的发展态势同样也以 80 年代中期为界分成前后两段，英国是前段最主要的土货出口贸易对象，但其旧有的优势在逐渐减弱；欧陆国家是此后最主要的土货出口贸易对象。美国在这段时期先是降格为上海口岸第三大土货输出地，仅次于英国和欧陆国家；不过到 90 年代以后美国在上海口岸土货出口贸易额中所占的比例有较大反弹，并超过英国成为上海口岸的第二大土货出口贸易对象。而香港通常只是上海口岸的第四大土货输出地④，1895 年以后香港的地位还为日本所赶超，排名复降至第五位。各土货出口贸易对象排名的具体波动情况如图 4. 4 所示。香港在上海口岸土货出口贸易总额中所占的比例虽然不大，但贸易结构较为独特，尤其是沿内地↔上海↔香

① 《（英国）领事达文波 1878 年度上海贸易报告》《（英国）领事哲美森 1895 年度上海贸易和商业报告》，见李必樟译编《上海近代贸易经济发展概况（1854—1898 年）——英国驻上海领事贸易报告汇编》，上海社会科学院出版社 1993 年版，第 467、888 ~889 页。Trade Report，1898 年，上海，见《中国旧海关史料》，第 27 –294 页。

② Francis E. Hyde, *Far Eastern Trade*, *1860 – 1914* (New York: Barnes and Noble, 1973), 244 –246.

③ 《（英国）领事罗伯逊 1855 年度、1856 年度上海港贸易报告》《（英国）领事罗伯逊 1858 年度上海港对外贸易报告》，见李必樟译编《上海近代贸易经济发展概况（1854—1898 年）——英国驻上海领事贸易报告汇编》，上海社会科学院出版社 1993 年版，第 3、23、45 页。

④ 这里，上海港的内贸对象口岸未纳入香港。

港↔南洋一线流动的小宗特产品接力转运贸易非常兴盛。

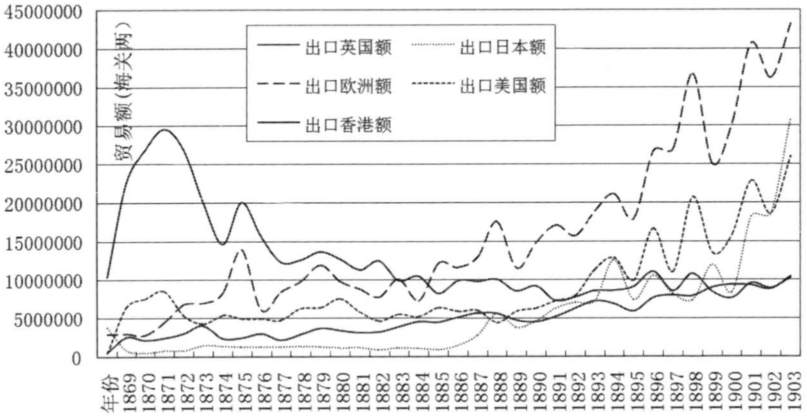

图4.4　上海口岸面向主要贸易对象土货出口额年际波动图（1869—1904年）

资料来源：据《中国旧海关史料》各有关年度贸易统计值折算。

注：在1893年以前的海关统计表格中，上海口岸土货出口香港会分成转口国外部分（for foreign countries）和转口国内部分（for Chinese ports）两项来统计，且转口国内部分不计入土货出口国外总额当中，但这两种转口方向其实很难区分，故1893年以后取消对转口国内部分的统计，仅列转口国外部分的数额。本图当中1893年以前上海口岸土货出口香港的数额系将转口国内部分与转口国外部分加总而得。另外，中国海关在进行国别贸易统计时，将（除俄国以外的）欧陆国家视为一个整体来计值，故此处无法单列欧陆具体国家的贸易额，也只能将其作为一个整体来对待。

在19世纪60年代以前，各类茶叶及生丝、绸缎是经上海口岸出口的大宗商品，其他产品的出口在这段时期尚无足轻重。茶叶外销以直接出口英美两国为主，其中红茶主销英国，绿茶主销美国，出口香港的数量不算多。但生丝除直接出口英国外，出口香港的数量也比较大，此类货物运抵香港后复经香港转口输往英国、欧陆国家和印度等重要市场；这可能与早期上海口岸远洋航线的分布存在一些盲区有关，因为大英轮船公司虽辟有连接英国本土和上海或香港的常川航线，可是除英美两国以外的其他国家或地区（如欧陆国家、印度）通往中国沿海的航线一般多选择经停香港，未必会继续北驶上海。由此可见，香港较上海更早成为远洋航线和中国沿海航线这两类长短程航线的对接点。① 为了避免货物长时间滞留上海候船，货主宁愿采取先行将货发往香港、再从香港转运到目标市场的办法，因为香港的对外航线分布较上海更为密集，故候船时间短，且香港作为自由港不会对进出口货物征收任何税费，故货物经香港转运的附加成本也很低。

同洋货进口贸易领域的行情相仿，上海口岸的土货出口贸易额在19世纪60年代以后也呈现出大幅增长的势头。此期发生的美国南北战争导致英国纺织工业所需的棉花原料严重短缺，一度刺激了中国棉花出口量陡增，在上海口岸远洋船只空缺期间，大批棉花往往被先行运抵香港以缩短候船时间；不过随着美国南北战争的结束，中国棉花出口英国的贸易也很快衰减至微不足道的规模。但这一时期从长江流域（含浙江）经上海销往华南的棉花有所增加，而香港在这一转运过程中发挥的接力功能颇为突出。② 后来随着上海口岸的港势地位不断增强，新的远洋航线得以渐次开辟，特别是作为生丝消费大国的英国和法国均定期派船来沪载运生丝，遂使香港对江浙生丝销欧贸易发挥的转口功能受到明显削弱，到19世纪70年代中后期江浙生丝经上海出口香港的数量已降至每年只有数百包的规模；相比之下，同期由上海口岸直接出口英法等国的生丝多在20000包

---

① 《（英国）领事罗伯逊1855年、1856年度上海港贸易报告》《（英国）领事罗伯逊1858年度上海港对外贸易报告》，见李必樟译编《上海近代贸易经济发展概况（1854—1898年）——英国驻上海领事贸易报告汇编》，上海社会科学院出版社1993年版，第7~8、15、50、58页。徐曰彪：《近代香港航运业的兴起》，见台湾“国史馆”编《港澳与近代中国学术研讨会论文集》，台湾“国史馆”2000年版，第193~194页。

② 《（英国）参赞威妥玛关于从商业角度看1864年度上海港贸易情况的备忘录》《（英国）领事文极司脱附于1865年度上海港贸易统计表的备忘录》《（英国）领事文极司脱关于1865年度上海贸易的商务意见内容摘要》，见李必樟译编《上海近代贸易经济发展概况（1854—1898年）——英国驻上海领事贸易报告汇编》，上海社会科学院出版社1993年版，第88、94、107页。

上下。① 此外，随着华南地区经济作物的广泛种植，当地粮食供应缺口增大，必要时也会从长江流域的镇江和上海采购米谷，经香港集中后转输往华南各地，其中转输往广州口岸的数量最多。继米谷贸易之后，多种农副产品出口贸易也从19世纪60年代末期开始持续发展起来，包括金针菜、卷心菜、花菜、洋葱在内的各类蔬菜从上海口岸装货大批量发往香港，这类农副产品贸易的发生机理与上述米谷贸易大体相同。到19世纪90年代以后，中国绿茶打开了中亚市场，这些外销茶叶通常会沿着产地→上海→香港→印度→中亚汗国这样一条运输线辗转出口。② 总体而言，上海口岸的大宗外销土货以直接出口远方贸易对象国为主，经香港转口输出的比例不大。

值得一提的是在上海口岸的土货出口额（国别）排名当中，英国和欧陆国家交替领先只不过是一种表象。在苏伊士运河于1869年通航之前，上海口岸出口欧洲大陆市场的大宗产品必须取道好望角并经英国伦敦集散中转；而苏伊士运河通航后，上海与欧陆国家的直接贸易渐趋发达，最典型的就是生丝输欧（法国、意大利）贸易和红茶（经黑海港口敖德萨）输俄贸易快速发展，可见苏伊士运河的通航无助于促进经由沪港两埠接力中转的大宗土货出口贸易，但使香港充当的商业讯息汇集地的角色愈

① 《（英国）领事文极司脱关于1865年度上海贸易的商务意见内容摘要》《（英国）领事文极司脱关于1866年度上海贸易的商务意见摘要》《（英国）领事达文波1876年度上海贸易报告》《（英国）副领事阿连壁1879年度上海贸易报告》，见李必樟译编《上海近代贸易经济发展概况（1854—1898年）——英国驻上海领事贸易报告汇编》，上海社会科学院出版社1993年版，第106、133、417、540页。

② 《（英国）领事麦华陀1868年度上海港贸易报告》《船舶登记员泰卜1877年度、1880年度上海港航运业务报告》《（英国）副领事阿连壁1879年度上海贸易报告》，见李必樟译编《上海近代贸易经济发展概况（1854—1898年）——英国驻上海领事贸易报告汇编》，上海社会科学院出版社1993年版，第174～175、459、547、589页。Trade Report，1892年，上海，见《中国旧海关史料》，第18－248页。Decennial Report，1892—1901年，上海，见徐雪筠等译编《上海近代社会经济发展概况（1882—1931）——〈海关十年报告〉译编》，上海社会科学院出版社1985年版，第44页。

显突出。① 到了19世纪80年代中期以后，大宗出口货生丝直接输欧（法国、意大利）贸易的规模进一步扩大，终于促成欧陆国家超越英国升格为上海口岸最重要的土货出口贸易对象，此时的香港同江浙生丝出口贸易已毫无关联。② 19世纪90年代以后，随着上海口岸对美日两国大宗商品出口贸易的发展，香港在上海口岸土货出口贸易领域发挥的中转功能遂进一步减弱。不过到了1895年以后，上海现代工业迅速发展，这却使香港意外扮演起将上海发来的国产工业品跨境（经越南）转销西南内陆省份（云、贵、川）的二传手，从而为国货跨境内销打开了新局面。上海生产的棉纱、机织布、面粉、纸张、卷烟等工业品经香港源源不断地转往越南海防港，然后沿陆路运往中国西南内陆市场。③

尽管上海口岸在大宗土货出口贸易领域与香港发生的关联并不算密切，但在“中国内地↔上海↔香港↔南洋”之间双向流通、且以沪港两埠为关键接力点的内地土货与南洋货对流贸易，却成为上海与香港两地之间较有特色的小宗贸易。此类贸易模式的登场与上海—南洋间直达航线稀疏有关，而香港恰与两地的交通联系均很便利，航线分布也较为密集，因此自然充当起中转中国内地与南洋一带对流贸易商品的二传手。早在19世纪60年代以前，上海和南洋之间的贸易联系就发展起来了，从南洋输入糖、米以及多种马六甲海峡地区的特产品（如藤、檀香木、胡椒、槟榔子、锡、栲树皮、苏方、苏门答腊煤油、南药等），但由于内地市场尚未完全开放，故此类贸易的规模并不算大，经香港转运的份额则更小。到了19世

① 《（英国）领事麦华陀1869年度上海贸易报告》《（英国）领事麦华陀1872年度贸易报告》,《（英国）领事麦华陀1873年度上海贸易报告》《（英国）总领事韩能1891年度上海贸易报告》，见李必樟译编《上海近代贸易经济发展概况（1854—1898年）——英国驻上海领事贸易报告汇编》，上海社会科学院出版社1993年版，第215、263、293、762页。

② 《（英国）总领事许士1884年度上海贸易报告》，见李必樟译编《上海近代贸易经济发展概况（1854—1898年）——英国驻上海领事贸易报告汇编》，上海社会科学院出版社1993年版，第683～684页。

③ Trade Report，1901年，1905年，上海，见《中国旧海关史料》，第33－341，41－442页。

纪60年代以后，胡椒、锡、檀香木、栲树皮、苏方、燕窝等南洋货在上海及内地市场销路渐开，香港也就开始充当起上海和南洋两地商品对流的重要中转站；到了19世纪80年代中期，经上海口岸集中发货的内地土产和运抵上海口岸的南洋来货均已增长到一定规模，遂使此类特色商品在上海↔香港两埠间的对流性明显增强。由于上海口岸的其他大宗出口产品（如茶、丝）经香港转口输出的规模一直不大，所以上海口岸对香港土货出口贸易额的增长主要就是上述特色商品贸易规模逐年扩大的结果。19世纪90年代以后，随着大量华工到南洋一带谋生，各类侨需品出口贸易大有起色。以中药材出口贸易为例，南洋各地所需的中药材一般都就近从香港市场采购，而香港市场上出售的中药材有不少都是经上海口岸集中后发送过来的，其中既有内地出产的各类中药材，也有原产于朝鲜的高丽参等域外药材。上海的南洋办庄所采购的中药材品种以清凉剂类的药材为数最多，且大部分经香港转口输往南洋华侨聚居区。20世纪以后，上海口岸兴起的另一类出口南洋的大宗产品是内地出产的土布，这是由于土布质地坚牢、不透光、吸汗性好，因此受到南洋锡矿和橡胶园华侨工人的喜爱。此外，杂粮和山地货、南北货也是经沪港两埠接力转输往南洋的畅销货。① 各类商品细目大致如表4.1所示。

表4.1 上海外销南洋土特产品品目表

类别	品名
药材	生地、白术、菊花、当归等数百种

① 《（英国）领事罗伯逊1856年度上海港贸易报告》《（英国）领事文极司脱关于1866年度上海贸易的商务意见摘要》《（英国）领事麦华陀1869年度上海贸易报告》《（英国）领事麦华陀1874年度上海港贸易报告》，见李必樟译编《上海近代贸易经济发展概况（1854—1898年）——英国驻上海领事贸易报告汇编》，上海社会科学院出版社1993年版，第17、130、194～195、334页。Trade Report，1885年，1892年，1893年，1896年，1898年，1900年，1905年，1911年，上海，见《中国旧海关史料》，第11－202，18－250，20－261，24－289，27－294，31－342，343，41－442，55－524页。上海社会科学院经济研究所、上海市国际贸易学会学术委员会编：《上海对外贸易（1840—1949）》（上），上海社会科学院出版社1989年版，第158、395～401页。

（续表）

类别	品名
丝绸、匹头货	土布、格子布、广绫、花碧绉、幸福葛、山东府绸、印花绸
杂粮	绿豆、黄豆、芝麻、赤豆、花生、黑豆、土油（植物油、猪油）、面粉
山地货（南北货）	蔬菜：崇明白菜、土豆、西红柿、洋葱、咸菜、大蒜头、大头菜、四川榨菜
	水果：水蜜桃、枇杷、杨梅
	南北货：红枣、黑枣、核桃、瓜子、黑木耳、香菇、金针菜、粉丝
	罐头食品：凤尾鱼、水果罐头
	调味品：观音粉、味精、九味一
	其他：火腿及各类腌腊制品、酱油、腐乳、五加皮酒、啤酒（瓶装）、绍兴黄酒（坛装）、皮蛋、咸蛋、鱼干、海蜇、阳澄湖大闸蟹

资料来源：上海社会科学院经济研究所、上海市国际贸易学会学术委员会编：《上海对外贸易（1840—1949）》（上），上海社会科学院出版社 1989 年版，第 447 ~ 469 页。

与外商主导上海口岸大宗土货出口欧美贸易的格局不同，贸易商权由华商主导乃是上海↔香港↔南洋间土特产品对流贸易的一个突出特色。“中国人能联合起来，形成一股很大的力量，用于控制运价，以致运费很难上升……中国人在商业和金融问题上……更为冷静，更有远见”；而外商在竞购同类货物时的表现“在远离这种激动场面的人们看来……是如此的愚蠢和难以理解”。① 事实的确如此，由于华商在这一领域经营日久，积累了丰富的从业经验，对所营商品的品种、规格以及国内外销货渠道都摸得很清楚。以表 4.1 所列的土特产品为例，这些产品大多为满足南洋华侨

① 《（英国）领事马安关于 12 月 31 日为止的 1870 年度上海港贸易报告》《（英国）领事麦华陀 1874 年度上海港贸易报告》《（英国）领事麦华陀 1875 年度上海贸易报告》，见李必樟译编《上海近代贸易经济发展概况（1854—1898 年）——英国驻上海领事贸易报告汇编》，上海社会科学院出版社 1993 年版，第 229 ~ 231、322、374 页。Trade Report，1895 年，上海，见《中国旧海关史料》，第 23 – 252 页。

日常生活所需的土特产品，尤其是山地货、南北货和中药材，品种繁多，规格复杂，出口前须经过专业化拣选和整理，而这些业务均非外商所擅长。又如蔬菜、水果等外销货属于快速消费品，上市的季节性强，而个体生产者手中的货源数量零星，需要通过多种渠道组织货源。专营这些类商品的南洋办庄可以及时采购到货源，赶上旺季销售，而外商洋行则无意或无力问津。在南洋货进口贸易领域，华商也早已摸索出一套熟练的营销模式，因而获利丰厚。以海味类商品中的鱼翅为例，南洋来货往往分成几个档次，这就要求经营者熟悉等级差别，按质论价，而业外人士往往很难插手。此外，在对国内外客户放账及提供对口服务方面，华商开办的南洋庄亦可给予优待，而外商洋行则很难仿效，这些都是华商经营此类贸易独有的优势。①

三、结　语

在19世纪中叶，远东地区与欧洲的贸易联系基本上表现为一种三角贸易格局，中外贸易领域大宗进出口商品的流通和运转方式如下：印度出产的鸦片和棉花大量销往中国，中国出产的茶叶、丝绸以及抵补贸易逆差的白银则大量出口英国，英国生产的工业品（主要是布匹）大量销往印度，此之谓“简单形态”的三角贸易模式。② 其中，上海口岸的进出口贸易额占据了当时中国对外贸易总额的最大比例。但是到了19世纪80年代以后，中外贸易的规模已经大幅扩张，突破了上述这种“简单形态”的三角贸易模式，开始向以三角贸易为其组成部分之一的“多边贸易形态”演变，而上海、香港两埠在这种“多边贸易形态”结构中扮演了重要角色，如图4.5所示。

---

① 上海社会科学院经济研究所、上海市国际贸易学会学术委员会编：《上海对外贸易（1840—1949）》（上），上海社会科学院出版社1989年版，第165、413页。

② 陈慈玉：《以中印英三角贸易为基轴探讨十九世纪中国的对外贸易》，见中国海洋发展史论文集编辑委员会主编《中国海洋发展史论文集》（第一辑），台湾“中研院”三民主义研究所1984年版，第142页。

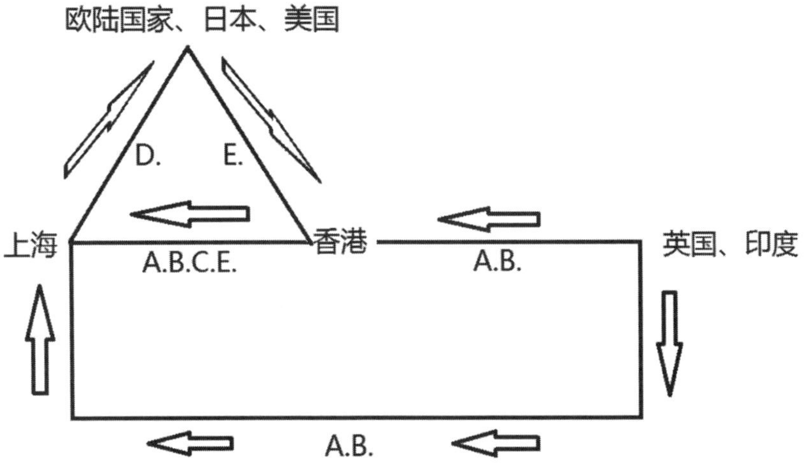

图4.5 19世纪晚期中外多边贸易形态示意图

图中代码详解：

A：英国大宗输华商品，如各类匹头货、机器设备等。

B：印度大宗输华商品，如鸦片、棉纱等。

C：香港大宗输出内地商品（如精制白糖）和英、印以外地区的输华商品（如南洋货等）。

D：中国大宗出口商品，如茶叶、生丝、棉花、豆货、皮毛、草辫、侨需品（药材、南北货）等。

E：外国洋杂货，如美国面粉、煤油、香烟、水银，德国金属、机器、军火、安尼林染料，日本廉价货（棉袜、汗衫、毛巾、手帕、雨伞、肥皂）等。

资料来源：《（英国）领事马安关于12月31日为止的1870年度上海港贸易报告》《（英国）领事麦华陀1874年度上海港贸易报告》《（英国）副领事阿连壁1879年度上海贸易报告》《（英国）领事哲美森1893年度上海贸易和商业报告》《（英国）代理总领事满思礼1897年度上海贸易报告》，见李必樟译编《上海近代贸易经济发展概况（1854—1898年）——英国驻上海领事贸易报告汇编》，上海社会科学院出版社1993年版，第223～224、334～335、532、842、932页。Trade Report，1882年，1892年，上海，见《中国旧海关史料》，第9－654，18－248页。上海社会科学院经济研究所、上海市国际贸易学会学术委员会编：《上海对外贸易（1840—1949）》（上），上海社会科学院出版社1989年版，第170页。

据图4.5可以归纳出香港在上海口岸对外贸易领域乃至在全国对外贸易领域发挥的两项基本功能：其一，香港先行“拦截”、而后“中转”了很大一部分英国和印度两地的销华商品，成为在中英印三地直达航线存在盲区、对流贸易局部失衡的情况下，大宗商品远途运输的中继站。尽管在19世纪80年代中期以前，英国在上海口岸（国别）进出口贸易领域都占据着最大份额，双方贸易的对流性较强；但此后尽管英国仍是上海乃至全国多数通商口岸最主要的洋货供应地，可是中国（上海）土货出口英国的贸易额逐年下滑，由此导致中英对流贸易失衡的幅度越来越大。就上海口岸与印度的贸易往来而言，更是长期维持了上海口岸大幅入超的局面，两地贸易的对流性一直偏弱，以致早期（19世纪60年代以前）常将金条从上海汇往印度以支付鸦片货款。① 为了解决这种双边贸易或简单多边贸易流向失衡、直达运输受限的问题，以三角贸易为主体构成的多边贸易形态逐渐兴起，这就是19世纪80年代中期以后上海口岸外贸领域出现的一大变局，而香港恰在这一转变过程中发挥了重要的“拦截”和“中转”功能。其二，在早期适销英国市场的大宗商品茶叶、生丝等对英出口贸易额不断萎缩，而晚期新兴出口商品（如东北豆货、北方皮毛、草辫、台湾樟脑、华南蛋品等）又主销英国以外的其他市场的情况下，香港通过大量吸纳这些英国以外市场的输出货（如煤油、面粉、金属等），进而转口到以上海口岸占最大份额的国内市场，有助于推动中国实现外贸收支的滚动平衡。

① 《（英国）领事罗伯逊1858年度上海港对外贸易报告》，见李必樟译编《上海近代贸易经济发展概况（1854—1898年）——英国驻上海领事贸易报告汇编》，上海社会科学院出版社1993年版，第56页。

第五章　晚清时期香港与北方环渤海地区的贸易关系

晚清时期北方环渤海地区先后有牛庄、大连、天津、秦皇岛、烟台、青岛等主要口岸开埠通商，对外贸易经历了一个逐渐发达的过程①，本地区面向香港先后发展起豆货、粉丝、皮毛、高丽参等大宗商品出口或转口贸易，及军火、机械、金属、精糖、印纱等大宗商品进口贸易。以往限于研究资料的不足，除一些宏观贸易史著作和若干有关香港经济贸易史的研究成果曾简要提及此问题外，学界缺少对香港面向环渤海地区开展转口贸易进行专门研究的著述。本章拟以《中国旧海关史料》及其他海关资料中的贸易报告和统计为依据，力图阐明晚清时期环渤海地区与香港之间贸易关系的演进机理，分析不同口岸与香港往来贸易的特色，最后以贸易发展的结果来检验一些传统的贸易理论。

在论述香港与本地区的贸易关系之前，首先应当指出上海作为晚清时期环渤海地区口岸最重要的贸易对象，对本地区主要几种大宗进出口货物都发挥了难以替代的转口功能，如输出入东北的豆货、匹头，山东出口贸易大宗货草辫、各类丝织品，天津输入的大量鸦片

---

① 有关环渤海地区对外贸易研究的代表性著作如下，雷慧儿：《东北的豆货贸易（1907—1931）》，台湾师范大学历史研究所专刊（7），1981 年。张博：《晚清东北豆货贸易研究》，南开大学博士学位论文，2006 年。刘素芬：《烟台贸易研究（1867—1919）》，台湾商务印书馆 1990 年版。姚洪卓主编：《近代天津对外贸易（1861—1948 年）》，天津社会科学院出版社 1993 年版。

等①，但上海并未能包揽转口环渤海地区口岸的全部对外贸易。20 世纪以前环渤海地区口岸除与朝鲜、日本、俄国存在一定量的直接贸易往来外，与香港也存在贸易往来，但各口的格局又有所不同，牛庄只在三大类洋货进口贸易和少量豆货出口贸易中与香港的联系较为密切，烟台还在若干类土特产品出口贸易以及对朝转口贸易中与香港往来频繁，天津对港贸易则以特货贸易为主。本地区经香港转口的贸易对象除欧美、印度与上海转口对象有部分重合外，南洋、华南地区以及香港本地，甚至对朝贸易等都是上海转口贸易所不能涵盖的，因此香港的转口影响力虽不及上海，但也是本地区相对重要的贸易对象，且以特色转口贸易为主。

一、东北与香港的贸易关系

晚清时期东北开埠以后直到20 世纪以前，其对外贸易有较大比例通过上海转口，20 世纪以后特别是大连正式开放以后，直接对外贸易迅速兴起。此外，香港地区以及日本、朝鲜、俄国也是东北的直接贸易对象，以香港来货额在洋货输入贸易领域所占比例较大，其贸易商品结构中多为特产品，非上海转口贸易所能替代。1907 年大连开埠以前，东北的对外贸易主要通过牛庄进行，通过研究牛庄口岸的贸易情况基本上能够揭示出这一时期东北与香港贸易往来的主要特征。

牛庄于第二次鸦片战争后开埠通商，但早期对外贸易不发达，19 世纪70 年代起贸易逐渐发展，至 1880 年始具有比较稳定的贸易规模。凭借大宗出口商品豆货，牛庄口岸的进出口贸易能够维持出超。据《中国旧海关史料》收录的第一份贸易报告（Trade Report，牛庄，1882 年，但实际的贸易统计和贸易报告始于 19 世纪 60 年代前期）记载，鸦片在洋货进口额中所占的比重已大幅降低，由 10 年前的接近一半降至 1/10，匹头和各类杂货在进口贸易商品中的地位逐渐上升，出口商品仍以豆货（大豆、豆

① 关于这一时期上海面向北方环渤海地区开展的转口贸易问题，可参考唐巧天：《上海外贸埠际转运研究（1864—1930 年）》，复旦大学博士学位论文，2006 年。

饼、豆油）为主（占 75%），其余为各类皮张、药材、丝等。①

19 世纪 80 年代以前，牛庄与香港的洋货贸易关系并不算密切，因为这一时期豆货出口贸易尚未充分发展，豆货出口香港虽占 1/5 以上，但总量也不算多，加上鸦片贸易额所占比例又很大，故没有充分的贸易盈余可以用来大量交易其他洋货。当地的主要进出口贸易需求大多通过上海转口即可满足，豆货和鸦片可能是牛庄与香港两地的主要贸易商品。

19 世纪 80 年代以后形势有所改变，大批北方垦殖移民和铁路劳工涌入东北，腹地的开发逐渐深入，豆货在华南和日本市场扩大了销路，而本地土烟种植业的兴起则迅速排挤了进口鸦片的市场②，再加上德籍航运企业在中国沿海低价招揽生意③，以及香港本地转口贸易、船舶修造业和制糖业的兴起，这些都预示着香港将要发展成为牛庄重要的贸易伙伴。尽管如表 5. 1 所示，这一时期香港在牛庄口岸对外贸易总额中所占比重仍不大，最高只占全部贸易额的 7% 左右，但在金属、印纱、精糖等日用消费品贸易中比牛庄最大的贸易伙伴上海略占优势，香港是 1908 年以前牛庄最主要的洋货直接来源地，也是东北豆货的消费地和转口港。这一时期牛庄腹地农业收成的丰歉成为影响牛庄与香港贸易荣枯的关键因素。

表 5. 1　牛庄口岸进出口贸易额统计表

单位：海关两（1869 年为两）

年份	土货出口额	出口香港额	百分比	洋货进口额	香港来货额	百分比
1869	2240439	496465	22%	2512843	232235	9%

① Trade Report，1882 年，牛庄，见《中国旧海关史料》，第 9 - 493，494，495 页。

② 由于交通落后，运输不便，由东北北部地区采用马车运货至口岸均会因运费过高而亏损，鸦片是唯一有利可图的南运货。Trade Report，1888 年，牛庄；Decennial Report，1882—1891 年，牛庄；见《中国旧海关史料》，第 14 - 41，42，152 - 23 页。

③ 刘素芬：《近代北洋中外航运势力的竞争》，见张彬村、刘石吉主编《中国海洋发展史论文集》（第五辑），台湾“中研院”中山人文社会科学研究所 1993 年版，第 301 ~ 356 页。

（续表）

年份	土货出口额	出口香港额	百分比	洋货进口额	香港来货额	百分比
1874	1753543	458310	26%	1771706	281347	16%
1885	4574471	262068	6%	2285174	214145	9%
1896	11277287	433106	4%	8157651	1614908	20%
1904	12159486	448475	4%	19297717	2746395	14%

资料来源：根据《中国旧海关史料》有关年份贸易统计值折算。

牛庄口岸对外贸易的兴起从根本上得益于豆货出口规模的扩大。华南和日本市场需求孔亟，在价格不断上涨的环境中仍能维持供需两旺，从而积累了足够的贸易盈余用来交易进口货。此外，19 世纪后半期美国修建了联合太平洋—中央太平洋铁路等 5 条横贯美洲大陆的铁路，列车车厢制造业勃兴，促使本地皮毛（车厢装潢用品）出口贸易一度十分兴盛，狗皮、山羊皮、狼皮、熊皮、鹿皮、松鼠皮、狐皮、貂皮、水獭皮、虎皮等本地特产皮毛大量销往欧美市场。19 世纪 90 年代以后，皮毛贸易衰落，丝货、药材成为另外几类略具规模的出口贸易商品。出口的扩张拉动了整个贸易规模的扩大，使香港得以在牛庄口岸洋货进口贸易领域逐渐占有一席之地。但随着日本势力的不断渗透，到 20 世纪以后东北日益沦为日货的倾销地，香港发挥的影响逐年减小。①

东北独特的自然和人文环境使马车成为早期最主要的运输工具，其所需的各类耗材为数不少，如布搭篷、钢、铁皮、马掌铁、铁钉、铁丝、钉头铁、铁圈、各种旧铁等，还有采用产于云南和马来亚的两种锡原料在香港精炼成的锡板，以及铅。北方扎灯笼的习俗使用于制灯笼骨架的铁丝日益成为一种大宗进口金属。香港作为远东一带重要的航运中心，船舶制造业素称发达，各类废弃船只的金属零部件和其他金属边角料被裁成一定的

① Trade Report，1882 年，1883 年，1885 年，1886 年，1888 年，牛庄；Decennial Report，1882—1891 年，牛庄；见《中国旧海关史料》，第 9－495，10－42，11－43，12－42，14－43，152－16，17 页。

规格后，成为内地手工业的廉价原料，适合用来加工各种农具、器具。不少南洋华侨也将废弃船料汇集香港，待转往内地后即可用作手工业原料。1881 年香港来货价值 213358 海关两，几乎全是各类旧铁。铁轮和马掌等各类马车耗材直到东北地区铁路建成通车以后才随着马车运输的衰落而减少，农业收成仍是影响金属贸易的重要因素。①

由于印纱的价格比国产纱低得多，织出的布质地良好，故在东北市场的销路迅速扩展，深受内地乡民的喜爱。19 世纪 90 年代以后，沿海轮船运输业竞争日趋激烈导致运费降低，再加上香港市场货源充足引发价格下降，印纱自香港的输入量剧增，上海的输入量反而有所减少；当然，相反的情形也曾出现在上海市场棉纱跌价的时候。到了 19 与 20 世纪之交，随着大批移民涌入东北，棉纱的需求量陡增，日本棉纱和上海产棉纱开始侵蚀印纱的市场，三地货源展开了激烈的竞争，结果仍以经香港输入的印纱销量稍占上风，显示出印纱本身所具有的营销优势，以及长期以来形成的消费习惯使香港在少数几类商品贸易领域维持了特有的竞争力，1907 年以后香港产棉纱也出口到牛庄口岸，但随后几年日纱倾销东北市场，致使印纱的输入量有较大下滑。②

香港精制白糖于 19 世纪 80 年代早期开始出口牛庄，销路极好，贸易额连年增长。19 世纪 90 年代以后，随着太古糖厂的设立，香港制糖业生产规模进一步扩大，糖货北销量大增。与其他商品的转口贸易不同，香港是精糖的原产地，所以精糖贸易不会因贸易条件的改变而分流到其他口岸，成为香港与牛庄之间最稳定持久的一类贸易。除精糖以外，华南出产的粗糖（红糖）逐渐丧失了香港本地市场，商人为了减轻税赋支出，也故

---

① Trade Report，1883 年，1885 年，1886 年，1888 年，1891 年，1907 年，牛庄；Decennial Report，1882—1891 年，牛庄；见《中国旧海关史料》，第 10－41，11－41，12－40，14－42，17－41，45－192，152－13 页。

② Trade Report，1885 年，1887 年，1888 年，1893 年，1894 年，1896 年，1897 年，1899 年，1901 年，1907 年，1910 年，牛庄，见《中国旧海关史料》，第 10－42，13－42，14－42，20－41，22－45，24－52，25－53，55，29－51，33－52，45－191，52－287 页。

意绕道香港后将其出口到北方环渤海地区，从而满足了北方低端市场对廉价糖的需求，销路也不错。随着东北腹地经济开发带来的繁荣和富裕，当地对精糖的消费量连年大幅增长，遂使东北成为香港精糖的重要市场。但糖基本不属日用必需品，因此在庄稼歉收或兵荒马乱的年份进口量会大幅减低。值得一提的是这种白糖为北方糕饼加工工艺带来诸多改进，特别是以之做糖膜包裹的糕饼能够将保质期延长到半个月，故深受饼商的欢迎，也有利于市场的扩大。虽然缺乏具体的销量统计数字，但是参照其他商品（如消毒牛奶）的经验，保质期的延长可以使特定类商品的市场扩大100倍以上。①

19世纪80年代以前，牛庄与香港的洋货贸易关系还不是十分稳定，输入额较低且有所波动。但以上三大类特色洋货的进口量在19世纪80年代中期以后持续增长，显著提高了香港来货额在牛庄口岸进口贸易额中所占的比重，最高曾达20%左右，这种势头一直维持到20世纪以后日货倾销东北时才发生改变，但也只是所占比重的降低，而非贸易绝对额的减少。其他小宗进口商品还有鸦片、多种匹头（美货为主）、毛料、安尼林染料、玻璃、针、（欧洲）火柴、颜料、朱砂、南洋苏方、胡椒、美国煤油、草袋、槟榔等，香港来货所占比例不大。从南方北上采购豆货的船只有时会缺乏适销货物，为避免空载，曾将大量豆货包装材料草袋从香港等地运往牛庄。到了19与20世纪之交，随着铁路的修建和日本在东北的影响不断扩大，各式日货席卷东北市场，以日本火柴淘汰欧洲火柴的过程最为典型。但香烟、啤酒、（棕熊牌）美国面粉、西药、肥皂等欧美货也在大量经香港转口输入，其他多种主要供洋人洋兵消费的欧美洋杂货也逐渐

① Trade Report，1883年，1885年，1893年，1894年，1897年，1898年，1899年，1900年，1902年，牛庄，见《中国旧海关史料》，第10－41，11－42，19－51，20－41，22－45，25－53，27－54，31－69，35－51页。莫应溎：《英商太古洋行在华南的业务活动与莫氏家族》，见中国人民政治协商会议全国委员会文史资料研究委员会《文史资料选辑》编辑部编《文史资料选辑——港澳台及海外来稿专辑》（第十四辑），中国文史出版社1988年版，第139页。

打开了东北市场。清末，奢侈品进口贸易开始兴起，具体商品有镜子、钟表、洋酒、炼乳等，均有一定比例经香港转口输入本地。随着1907年以后大连港和海参崴港的兴起，再加上牛庄口岸直接进出口贸易的发展，香港对牛庄口岸发挥的杂货转口贸易功能日渐衰退，印纱和精糖两项大宗贸易的规模也有所减小，这以后香港对牛庄的洋货输入额开始减少。此外，香港作为各类商品的重要交易市场，也是牛庄口岸滞销商品的返销地。1908年以后，东北市场上的美国面粉受到本地面粉和上海面粉的低价竞争，只得大量退货至香港。①

豆饼作为良好的肥田料，不仅热销华南和日本市场，世界其他产糖地（如三明治群岛）也通过香港市场采购东北豆饼。19世纪90年代以后，东南亚爪哇一带的甘蔗园种植业兴起，大量需求豆饼肥，香港的转口量因此有较大增长。在直航船只短缺期间，华南口岸有时也会通过香港转口输入东北豆饼。需要指出，豆饼贸易有很多是通过民船运输的，因此海关统计的豆饼贸易额仅是实际贸易额的一部分。在大吨位汽船和铁路运输显著降低远途运费之前，参照当时东北豆饼的全部生产和转运支出，香港已近乎是豆饼的最远市场。同期美洲、澳大利亚、西印度群岛的制糖业对豆饼的需求同样孔亟，但因运费过高而不划算，这种受制于交通不便的局面直到清末才开始发生改变。1909年以后东北豆货开始出口到全球市场，香港的主要转口地（华南、南洋、印度、欧洲）或直接输入，或通过香港采购，至此香港对豆货这一东北最大宗的出口商品才开始发挥重要的转口功能，以致连俄国西伯利亚出产的大豆也有很大比例先从海参崴出口到香港，再转往欧洲。②

---

① Trade Report，1887年，1888年，1889年，1890年，1894年，1897年，1901年，1903年，1904年，1905年，1906年，1908年，1909年，牛庄；Decennial Report，1882—1891年，1902—1911年，牛庄；见《中国旧海关史料》，第13－42，14－42，15－41，16－43，22－45，25－53，33－51，52，37－65，39－85，41－209，43－203，47－205，49－252，152－13，155－144页。

② 滨下武志著，马宋芝译：《香港大视野——亚洲网络中心》，商务印书馆（香港）有限公司1997年版，第38页。

豆油是东北另一种重要的出口产品。华南一带因经济作物的广泛种植引发油料作物花生的产量大幅下降，往往需要进口东北豆油；香港作为近乎纯粹的消费城市，一旦邻近地区（广东）烹饪用油供货不足，也需要从牛庄大量进口豆油，结果常常造成运油船只不敷需求。此项贸易利润不菲，但年际波动性较大。由于装油的纸筐不适合采用轮船运输，故民船承担了很大一部分运输量，所以实际的豆油贸易量远高于海关统计的数额。1888 年以前早已畅销关内市场的煤油一直未能打入东北市场，而豆油贸易兴盛、价格逐年上涨带来的另一结果，就是煤油消费习惯在东北的形成，这是外向型经济兴起的典型例证。20 世纪以后，随着梧州口岸开埠，油料大省广西面向香港展开大规模的油料输出贸易，东北豆油才逐渐退出香港市场。此外，东北盛产的另一种榨油原料芝麻在清末出口到华南市场，预计香港市场的消费量也占一定比例。①

药材生产随着东北腹地开发的深入而发展起来，多种东北药材遂成为另一项牛庄与香港间的大宗贸易商品，但由于药材多通过常关输出或走私贩运，无法确知其具体的贸易量。高丽参、土参、野参等东北出产的名贵药材（最高售价达 250 海关两/斤），以及其他 50 余种东北特色中药材，大量出口南方口岸，在香港市场销路甚好。②

从海关贸易统计来看，牛庄与香港之间的土货出口贸易额基本上比较稳定，说明牛庄在晚清时期特别是东北铁路网建成以前经海关输出的豆货数量（主要是豆饼）是相对固定的，基本维持在 40～50 万海关两/年之

① Trade Report，1887 年，1888 年，1889 年，1890 年，1892 年，1893 年，1895 年，1896 年，1897 年，1899 年，1900 年，1901 年，1908 年，1909 年，牛庄；Decennial Report，1882—1891 年，牛庄；见《中国旧海关史料》，第 13－43，14－42，15－42，16－44，18－42，20－42，23－666，24－52，25－54，29－51，31－69，33－52，47－205，49－253，152－14 页。

② Trade Report，1891 年，牛庄；Decennial Report，1882—1891 年，1892—1901 年，牛庄；见《中国旧海关史料》，第 17－42，152－15，153－27 页。张述远：《旧营口的中药业逡巡》，见中国人民政治协商会议营口市委员会文史资料研究委员会编《营口文史资料》（第 10 辑），1994 年，第 2、6～7 页。

间，这也间接反映出华南和东南亚对豆饼的需求量年际波动性不会太大，这种格局直到清末交通条件改善之后扩大了豆货的市场时才发生改变。在牛庄口岸土货出口贸易额于80年代以后连年增长的情况下，出口香港额所占的比重只能由前期的20%以上不断下滑至5%左右。此外，另一种大宗输港商品豆油因主要不经海关出口，所以无法提升土货出口香港额在牛庄口岸土货出口贸易总额中所占的比重，因此海关统计的贸易额特别是土货出口贸易额并不能反映全部贸易往来。

二、山东与香港的贸易关系

晚清时期山东省烟台口岸开埠较早，在20世纪之前是大宗商品进出口山东的主要通道，后随着青岛的兴起而相对衰落。青岛开埠以后，与外国的直接进出口贸易所占比重较大，与香港的联系不多，所以这里以烟台为例进行考察能够揭示出晚清时期特别是20世纪以前山东与香港贸易关系的主要特征。烟台的对外贸易与牛庄的情形有类似之处，香港与烟台的贸易关系也集中在少数几类洋货和土特产品贸易领域，但烟台的贸易情形也有一些独特之处，特别是对朝鲜的转口贸易值得分析。

表5.2　烟台口岸进出口贸易额统计表

单位：海关两（1869年为两）

年份	土货出口额	出口香港额	百分比	洋货进口额	香港来货额	百分比
1869	1885536	224115	12%	4705014	428969	9%
1874	1960402	131895	7%	4441575	340107	8%
1885	4076110	273952	7%	4471050	435825	10%
1896	6304908	573253	9%	10092767	2090697	21%
1904	12686154	1658644	13%	16390519	2273577	14%

资料来源：根据《中国旧海关史料》有关年份贸易统计值折算。

烟台口岸在19世纪60年代开埠通商，之后对外贸易有了较大发展，据《中国旧海关史料》收录的第一份烟台贸易报告记载，1882年烟台口岸进出口贸易总额已超过900万海关两，远高于对岸的牛庄。同牛庄的情形类似，匹头正逐步取代鸦片成为最大宗的进口货，金属等杂货贸易也有较大发展。该年英国货占洋货进口额的4/5，烟台口岸的进口货主要通过上海和香港两埠转口输入，以上海来货所占比例较大，香港来货则不超过洋货进口额的1/4；在土货进出口贸易中对港贸易也占一定比例，其中土货出口香港额占7%，仅次于上海、汕头和厦门。因此香港是烟台与国内外若干地区特别是南洋、英、美、印等地开展远程贸易的二传手之一，主要的转口商品有粉丝、药材、丝货、糖、匹头等。①

1882年朝鲜开埠通商，1886年以后日本邮船会社（Nippon Yusen Kabushiki Kaisha）陆续开辟了长崎—仁川—烟台—天津航线、上海—烟台—朝鲜（釜山、元山）—海参崴航线，遂使烟台成为对朝贸易和对海参崴贸易的转口港，中朝贸易形式也由先前的陆上边境贸易转变为海路贸易，这种变化为烟台与香港的贸易关系注入了新的活力。随着烟台与香港两地的贸易关系日渐密切，1888年山东本地商人首次在香港设立了联号，这也预示着山东商人胜过洋商和粤商，在烟台口岸对外贸易活动中的影响进一步增强。19世纪90年代以后，香港一度跃升为烟台重要的贸易对象，在烟台口岸对外贸易总额中所占的比重由19世纪80年代以前的10%以下增至15%左右，且对港贸易成为山东全省对外贸易的主流方向之一。但20世纪以后，青岛开埠分流了烟台的贸易，青岛的贸易模式以日本匹头、草辫、黄丝等大宗物资的直接进出口为主导，青岛与香港之间仅有精糖贸易具有一定规模。② 虽然这时烟台与香港的贸易额仍不断增长，但烟台口岸的贸易情形已不再能代表山东对外贸易的主要趋势和特征了。

---

① 刘素芬：《烟台贸易研究（1867—1919）》，台湾商务印书馆1990年版，第15、25、28页。

② Trade Report，1882年，1884年，1886年，1888年，1889年，1893年，1899年，1905年，烟台；Decennial Report，1882—1891年，烟台；见《中国旧海关史料》，第9－531，532，533，10－499，12－78，14－84，15－83，20－87，29－103，104，41－267，152－67页。Decennial Report，1902—1911年，青岛，见青岛市档案馆编《帝国主义与胶海关》，档案出版社1986年版，第112页。

烟台口岸的大宗出口商品结构较为丰富，有草辫、丝、豆货、粉丝、茧绸等先后在欧美澳市场开拓出销路，这就为本埠进口贸易的繁荣奠定了基础，使得各类洋货能够深入山东省内陆市场。与此相对应，匹头（含印纱）、金属、火柴、精糖成为香港输入烟台口岸的四大宗进口货。①

与同期美国匹头热销东北市场的情形有所不同，灰布、斜纹布、被单布等英国匹头能够在山东与美国匹头竞争市场，其中有不少是香港来货。用印纱纺布穿着保暖又舒适，深受本地人喜爱，故印纱的进口量逐年增长，经香港转口输入的印纱数量也不小。香港和上海市场上印纱的时价成为影响印纱贸易交易地点的重要因素。甲午战争以后，日本匹头和棉纱开始大量输入山东市场，到20世纪以后香港来货所占份额明显下降。②

烟台口岸的金属贸易也同牛庄的情况相类似，烟台是内陆长途马车运输线的终点站，马车运货至此地后需进行车辆修补，驮畜也需更换一路磨损严重的铁马掌，本地铁坊还精于制造多种斧、锹等农具、家用器具、船用锚，用铁丝编成的灯笼在山东也是逢年过节时的重要装饰品，这些因素都促使烟台成为一个大型打铁业中心，当地市场对各类金属形成一种持久而旺盛的需求。香港则是旧铁、铁条、钢、铁丝、炊具板材（boiler - plates）、马掌铁等多种废弃金属的供货地，也是铅和云南大锡的国际市场，烟台市场所需的金属必有相当比例从香港进口。香港来货不仅包括当地修造船业产生的废旧金属，还有从欧洲（主要是德国）进口的优质成品铁料，如钉头铁、钢条、竹节钢等，这些金属大都已裁成适当的规格，如此不仅省去了在烟台就地重新裁截的额外开销，而且适合用驮畜运往内地出售，所有这些贸易上的便利条件都使香港在烟台口岸的金属进口贸易领域

① Decennial Report，1882—1891年，烟台，见《中国旧海关史料》，第152 - 60页。

② Trade Report，1882年，1884年，1885年，1886年，1887年，1893年，1897年，1903年，烟台，见《中国旧海关史料》，第9 - 532，10 - 500，11 - 79，12 - 79，13 - 83，20 - 87，25 - 101，37 - 164页。

占有一定优势。①

可能是由于自香港北上的船只有时会缺乏适销货源，于是本地商人习惯于在香港市场采购欧洲火柴，除贩往山东出售外，还有相当一部分转销朝鲜市场。到了19与20世纪之交，日本火柴涌入烟台市场与从香港转口输入的欧洲火柴相竞争，最终把欧洲火柴逐出了本地市场。②

山东是南方糖的主要消费市场之一，但早期所销者多为国产糖，香港精糖迟至1890年以后才大批量出口烟台，精糖由此很快发展成为两地的大宗贸易商品之一。同牛庄的情形一样，由于没有其他货源地的产品能与香港精糖相竞争，因此精糖成为烟台与香港两地比较持久稳固的贸易商品。当胶济铁路通车以后，精糖贸易日渐转向青岛，加上白银贬值导致精糖价格上涨，烟台口岸的精糖贸易额出现了较大下滑，反倒是廉价的汕糖销路有所扩展。③

以上四类特色洋货的进口量在19世纪80年代中期以后持续增长，显著提高了香港来货额在烟台口岸进口贸易额中所占的比重，最高曾占20%以上，这种势头一直维持到20世纪以后。其他杂货如玻璃、南洋苏方、胡椒、香料（spice）等经香港转口输入者应占一定比例。其中，玻璃在北方严寒的冬季具有良好的透光保暖性，在山东销路很好。20世纪以后，染料、针、家具等日用品，以及香烟、镜子、灯具、乐器、洋酒等奢侈品的进口量大增，其中经香港转口输入者应占一定比例。④

得益于山东半岛凉爽干燥的气候条件，粉丝成为烟台口岸出口香港的

① Trade Report，1882年，1884年，1885年，1887年，1888年，1889年，1890年，1891年，烟台，见《中国旧海关史料》，第9－532，10－500，11－79，13－83，14－82，15－84，16－86，17－84页。

② Trade Report，1884年，1888年，1891年，1896年，1898年，1900年，1902年，烟台，见《中国旧海关史料》，第10－499，14－82，17－84，24－104，27－108，31－101，35－141页。

③ Trade Report，1890年，1891年，1893年，1894年，1895年，1902年，1908年，1910年，1911年，烟台，见《中国旧海关史料》，第16－86，17－84，20－87，22－91，24－103，35－141，47－277，52－366，55－295，296页。

④ Trade Report，1886年，1887年，1891年，1902年，烟台，见《中国旧海关史料》，第12－79，13－83，17－84，35－141页。

大宗土特产品①，贸易量最大时一度接近出口总额的10%，获利丰厚。19世纪90年代以后，粉丝出口贸易的规模进一步扩大，除供应香港本地市场外，还转销往海峡一带的华侨聚居区。20世纪以后，随着越来越多的移民到南洋谋生，海外市场对国内土特产品的需求量明显增加了，烟台口岸出口香港的粉丝贸易额顺势也有了更大的增长。本地产红枣、黑枣在南方销路不错，但因属快速消费品，一度因运输方式不当亏损甚大，后经晾干脱水后方得以成批出口香港、广州，随后其他鲜果出口贸易也逐渐发展起来。本地产的咸鱼等海产也属快速消费品，不仅远销香港，还转往海峡地区。19世纪90年代以后本地豆货开始出口香港，也转往南洋一带的甘蔗种植园，销量稳定。如同东北豆油热销华南一样，山东出产的优质油料作物花生及花生油在甲午战争以后也开始出口到香港和华南市场，满足了香港城市经济发展和人口增长对各类生活原料的强劲需求。20世纪以后山东特产药材甘草、蜜饯、茧绸等土特产品输港贸易也有所发展，在船只空缺期间，大宗出口货丝有时也会先行运往香港再转往欧洲市场。② 正是因为本地不断有新的出口商品开拓出香港市场，香港从19世纪70年代开始在烟台口岸土货出口贸易额中所占的比重不断增长，最高可达15%左右。需要指出的是在烟台口岸出口贸易总额增长超过5倍的情况下，出口香港额所占比重能保持不断提升，说明烟台对香港土货出口贸易额的增速远远快于本地对外贸易总额的增速，两地的贸易联系表现出逐渐密切的趋势。

香港与朝鲜两地通过烟台中转的接力贸易虽然规模不大且贸易结构相对单一，但非常重要。香港输入烟台的金属会有一定比例转口到朝鲜，以满足那里兴办工业对原料的需求。此外，匹头、火柴、玻璃等西洋货，黑

---

① 刘素芬：《烟台贸易研究（1867—1919）》，台湾商务印书馆1990年版，第105页。

② Trade Report，1882年，1885年，1887年，1889年，1890年，1891年，1892年，1893年，1895年，1897年，1898年，1900年，1901年，1902年，1903年，1905年，1906年，1907年，1908年，1910年，烟台；Decennial Report，1882—1891年，烟台；见《中国旧海关史料》，第9－534，11－81，13－84，15－85，16－86，17－84，18－84，20－87，23－76，25－102，27－108，31－101，33－87，35－141，37－165，41－268，43－264，45－258，47－277，52－367，152－58页。

胡椒等南洋货以及香港精糖也沿着产地（欧洲、南洋）—香港—烟台—仁川/釜山这样一条运输线出口到朝鲜。由于烟台气候干燥，特别适合名贵药材高丽参在此地脱水晾干，改良药质，因此甲午战争以后，在朝鲜沦为日本附庸的背景下，曾是朝贡贸易重要商品的高丽参（及参须、参块）从此变为一般贸易商品，改由朝鲜经海路出口烟台，然后转往香港和内地市场，以香港市场为主，转口规模迅速扩大，成为后期香港与烟台两地贸易的特色商品之一。由于日本航运势力称雄东北亚水域，而太古、怡和、招商局三家轮船公司则几乎独占了中国沿海特别是北洋航线的运输业务，南洋及对欧远洋航线又为蓝烟囱公司、法国火轮船公司等多家外籍航运企业瓜分，导致航运市场被分割，跨区转运货物必须换船。其中，香港和烟台分别是南洋或欧洲航线、中国沿海航线和东北亚航线的对接点，上述洋货和朝鲜特产品须在香港和烟台两地转船才能运往最终消费市场。①

三、天津与香港的贸易关系

晚清时期位于直隶沿海的天津是北方最重要的口岸，包括华北、西北各省乃至边疆地区的蒙古和新疆均属其腹地，而邻近的北京又是全国最大的消费城市，天津口岸的对外贸易就是在这样的大背景下发展起来的。虽然在20世纪以前上海对天津的贸易影响极大，特别是日用品从上海输入的比例较大，但香港也是天津比较重要的贸易伙伴，不少天津独需的特种商品的来源地以香港为主。因为这些商品并非大宗日用消费品，而其产地往往又远在欧洲、印度、南洋一带，前期远洋来船直航天津不能像在上海和福州那样容易获得足够的回程货，因而难以获利。故采取先将货运至香港后，转由经营中国沿海航运业务的轮船公司再与其他北销商品混运北上，

---

① Trade Report，1890年，1891年，1895年，1897年，1898年，1899年，1902年，烟台；Decennial Report，1882—1891年，烟台；见《中国旧海关史料》，第16-86，87，17-85，23-76，25-101，27-108，29-104，35-141，142，152-55页。毛立坤：《晚清时期东南沿海通商口岸对外航线与港势地位的变迁》，载《史学月刊》2005年第12期。

途经天津时卸货，再开往牛庄和烟台，以装载回程货物。后期天津口岸土货出口贸易有所发展，如药材等很多特色输港商品，大多经香港转运至南洋华侨聚居的地区。①

表5.3　天津口岸进出口贸易额统计表

单位：海关两（1869年为两）

年份	土货出口额	出口香港额	百分比	洋货进口额	香港来货额	百分比
1869	962965	120106	12%	11294732	351248	3%
1874	1144893	70012	6%	10557532	621052	6%
1885	3745071	293022	8%	12516208	1063181	8%
1896	8561840	323810	4%	29584743	2414474	8%
1904	14895379	630183	4%	36840510	2581060	7%

资料来源：根据《中国旧海关史料》有关年份贸易统计值折算。

早期天津口岸洋货进口结构比较单一，鸦片和棉纺织品所占的比例较大，这两种商品的产地远在印度和英国，除大部分经上海转口输入外，还有一小部分经由香港运抵。② 与牛庄和烟台的情形类似，糖也是天津口岸的大宗进口货，除香港精糖外，汕头糖、台湾糖也有很大比例通过香港转往北方口岸。19世纪90年代以后，糖贸易大有进步。其他进口杂货以日用品为主，有针、火柴、玻璃、染料、铜纽扣、香烟、美国面粉等欧美货，也有夏布、胡椒、槟榔、苏木等华南货、南洋货。此外，还有钟表、望远镜、孔雀（等）羽毛（供装饰官帽）、洋酒、牛奶等奢侈品，显示出邻近的首都北京作为达官显贵云集之地特有的消费需求，这些商品当中有

① Trade Report，1866年，1869年，天津，见吴弘明等译编《津海关年报档案汇编（1865—1911）》（上），1993年，第43、114页。《宣统二年（1910）天津口华洋贸易情形论略》，见吴弘明等译编《津海关年报档案汇编（1865—1911）》（下），1993年，第209页。Trade Report，1873年，厦门，见厦门市志编纂委员会、《厦门海关志》编委会编《近代厦门社会经济概况》，鹭江出版社1990年版，第110页。

② Trade Report，1865年，1866年，天津，见吴弘明等译编《津海关年报档案汇编（1865—1911）》（上），1993年，第3、16～17、23～24页。

些经香港转口输入。①

此外，为了镇压捻军、西北回民起义，清政府不惜花费巨资从国外购买大批新式军火，开展洋务运动也需要进口大量重工业设备、原料，大批“加农炮、毛瑟枪、手枪、炸弹、弹丸、铸型（模）、铜帽，另有通常来自英国之火药（概由上海与香港转口）输入天津，进口量颇巨”。② 向清政府出售军火数额最大的国家是德国，大批取道伦敦、鹿特丹和安特卫普的德国商品以英国货、荷兰货和比利时货的名义运到了中国，海关统计的“香港”一栏包含了大量的德国商品，因为这是向中国输出军火的中心。德国从19世纪60年代开始经济快速发展，这也迫使德国工业家和金融家更为积极地开拓中国市场。1869年苏伊士运河开通以后，欧洲与中国之间的航程大为缩短。1872年从汉堡出发的第一艘汽船驶抵中国，随后德籍“金星”轮船公司（Deutschen Dampfschiffs Rhederei Zu Hamburg）开辟了往返中德两国的常川航线，中欧电报线也在这时铺设到香港，大大便利了信息的交流。特别是以钢铁和军火产品驰名的德国重工业企业克虏伯（Krupp）努力开拓中国市场，将大批军火、工业设备出口到中国。香港作为德商洋行在中国的重要据点，承揽了大批量德国货物的代理分销业务，美最时洋行（C. Melchers & Co.）、禅臣洋行（Siemssen & Co.）、施密特洋行（Schmidt & Co.）都曾借军火贸易大发利市。③ 运抵香港的军火再转运到国内各地，其中转运到天津口岸的比例很大。随着北洋舰队和新式陆

① Trade Report，1865年，1866年，1868年，1869年，1874年，1880年，天津，见吴弘明等译编《津海关年报档案汇编（1865—1911）》（上），1993年，第3、18、31~32、78、85、109、111、116、153、196页。《光绪十五年（1889）、十九年（1893）、二十三年（1897）、二十九年（1903）、三十年（1904）、三十二年（1906）天津口华洋贸易情形论略》，见吴弘明等译编《津海关年报档案汇编（1865—1911）》（下），1993年，第5、40、69、126、132、159~160页。

② Trade Report，1866年，1868年，天津，见吴弘明等译编《津海关年报档案汇编（1865—1911）》（上），1993年，第32、80、88页。

③ 麦劲生：《十八至十九世纪德国商人在中国沿海的活动》，见李金强、刘义章、麦劲生合编《近代中国海防军事与经济》，香港中国近代史学会1999年版，第419~438页。

军的创建，到1898年，军火的进口额已位居天津口岸当年洋货进口货值的第一位。① 金属是又一种大宗进口货，主要供应天津及邻近地区重工业发展尤其是多座军械厂的需要，与烟台的情形有所不同。② 和上海对天津的转口贸易相比，香港与天津的联系显得相对单一。主要依靠军火和机械设备转口贸易的扩大支撑香港来货额在天津进口贸易额中所占的比重缓慢增加，考虑到在进口贸易总额增长超过3倍的情况下，香港来货额所占比重能保持7%左右不跌，说明香港仅凭这两大类特货转口贸易就能对天津口岸的洋货进口贸易产生重要影响。

由于首都北京周边地区驻扎有大批军队，加上晚清时期北方各类自然灾害频发，饿殍遍野的严重局面迫使清政府从各地运粮接济。而香港恰是南洋米谷面向中国沿海市场的转运集散地，因此粮食也是天津与香港两地重要的贸易商品，清政府派有专人在香港负责采购大米运往天津。③ 但与其他商品相比，粮食贸易额的年际波动性较大。④

药材很早就是天津口岸的重要出口商品之一，有鹿茸、人参（含高丽参）、大黄、甘草等。南洋一带有众多华侨聚居区，成为中药材在海外的重要市场，香港则是国内药材出口南洋的中转港。19世纪90年代以后，药材从天津口岸出口香港的数量有大幅增长。⑤

---

① 姚洪卓主编：《近代天津对外贸易（1861—1948年）》，天津社会科学院出版社1993年版，第112页。

② ［德］施丢克尔著，乔松译：《十九世纪的德国与中国》，生活·读书·新知三联书店1963年版，第100页。姚洪卓主编：《近代天津对外贸易（1861—1948年）》，天津社会科学院出版社1993年版，第112页。Trade Report，1869年，天津，见吴弘明等译编《津海关年报档案汇编（1865—1911）》（上），1993年，第106页。

③ Trade Report，1867年，1877—1879年，1884年，天津，见吴弘明等译编《津海关年报档案汇编（1865—1911）》（上），1993年，第58～60、70、170、226页。

④ 姚洪卓主编：《近代天津对外贸易（1861—1948年）》，天津社会科学院出版社1993年版，第124页。

⑤ Trade Report，1865年，1870—1872年，1880年，1882年，天津，见吴弘明等译编《津海关年报档案汇编（1865—1911）》（上），1993年，第7、133、198、216页。《光绪十七年（1891）天津口华洋贸易情形论略》，见吴弘明等译编《津海关年报档案汇编（1865—1911）》（下），1993年，第25页。

天津还是皮毛贸易最为兴盛的口岸，是蒙古草原所产多种皮毛的交易市场，但皮毛掺杂现象极为突出，含泥量有时可达30%以上。由于天津本地水质不佳，不太适合清洗皮毛，此类货物在运往欧美市场的途中需在香港进行清洁拣选，以除去沙子、粪便、毛发、旧皮碎片等多种掺杂物。皮毛产品包括骆驼毛、山羊皮褥、山羊绒、绵羊绒、羽毛及绒毛、西藏的牦牛尾，此外还有猪鬃、马毛、生牛皮等。19世纪90年代以后皮毛输港贸易额大增。总体而言，天津口岸的皮毛贸易远较牛庄口岸兴盛。①

牛羊骨不仅可作肥料，也是制糖业良好的洁净剂，从19世纪80年代以后开始出口香港，满足那里精糖加工业的需求，成为天津出口香港的特色产品之一。唐山水泥厂所产水泥随后也在香港市场找到了销路。开平煤逐渐打开外地市场，于1891年以后开始出口香港，销量连年增长。其他输港杂货还有豆货、花生油等农副产品，水果（红枣、黑枣、梨）、杏仁、药酒、烧酒、棉花等，19世纪90年代以后各类杂货出口香港的数量有显著增加。② 虽然不断有新的出口商品开拓出香港市场，出口额也能保持缓慢增长，但因缺乏稳定的大宗出口货源，天津口岸对香港的土货出口贸易显得相对滞后，远低于同期烟台口岸的出口额，在天津口岸土货出口总额中所占比重也在不断下降，平均只占出口额的5%左右，说明天津与香港两地在土货出口贸易领域的联系不太密切。

值得一提的还有古董贸易，古董贸易虽然并不突出，但除天津以外的其他口岸几乎完全没有此类贸易，这显然与北京历元明清三代长期作为重

---

① Trade Report，1865年，1866年，1873年，1876年，1877—1879年，1881年，1882年，1883年，1884年，天津，见吴弘明等译编《津海关年报档案汇编（1865—1911）》（上），1993年，第8、35、148、165、177～179、207、216、222、228页。《光绪十七年（1891）、十八年（1892）天津口华洋贸易情形论略》，见吴弘明等译编《津海关年报档案汇编（1865—1911）》（下），1993年，第24、33页。

② Trade Report，1869年，1882年，天津，见吴弘明等译编《津海关年报档案汇编（1865—1911）》（上），1993年，第113、216页。《光绪十七年（1891）、十八年（1892）、三十三年（1907）、三十四年（1908）、宣统三年（1911）天津口华洋贸易情形论略》，见吴弘明等译编《津海关年报档案汇编（1865—1911）》（下），1993年，第25、33、174、189、221页。

要的政治和文化中心存在密切关系。皇室收藏的很多历代文物珍品会慢慢流入民间，这一点在灾荒年份表现得尤为突出，大量古董会被用于交易粮食，也有很多外国人专门趁火打劫，廉价易取珍贵文物后偷运出洋，当然以转往不受中国政府管制的香港市场最为方便。①

四、结 语

早期北方环渤海地区各口岸的贸易结构差别较大，天津口岸的洋货需求量比较大，而土货出口贸易却不算发达；牛庄口岸恰能输出南方农业生产消耗量很大的豆货产品；烟台口岸的贸易也有自身的特色；因此促成了本地区相对独特的互补型贸易结构。② 但北洋三埠的大宗进口商品异中有同，鸦片、棉纺织品、糖在各地的需求都很旺盛，只是在一些特色产品进口贸易领域，如军火、废旧金属、粮食等因各地消费侧重点的不同而有所差异。腹地的经济发展水平和自然条件对出口商品贸易结构影响很大，不同口岸的出口商品虽都以地方农副土特产品为主，却差别较大。东北以豆货为主，山东的粉丝出口和高丽参转口贸易较为突出，天津的皮毛出口贸易较发达，反映出区域经济发展的差异性。各地农作物收成的丰歉仍是影响进出口贸易的重要因素。总体而言，香港虽不是本地区最重要的贸易对象，但在几大类主要商品贸易中占有相对突出的地位。北方环渤海地区与香港的贸易关系，在这几十年中经历了一个逐渐密切而又相对平稳的发展过程，具体表现为双方贸易额的不断增长，而对港贸易额所占比重却基本保持稳中有降。这与整个北方地区对外贸易的发展水平，特别是直接对外贸易的发展水平有必然联系。香港对环渤海地区开展进出口

---

① Trade Report，1870—1872 年，1880 年，天津，见吴弘明等译编《津海关年报档案汇编（1865—1911）》（上），1993 年，第 133、199 页。

② 刘素芬：《近代北洋中外航运势力的竞争》，见张彬村、刘石吉主编《中国海洋发展史论文集》（第五辑），台湾“中研院”中山人文社会科学研究所 1993 年版，第 301 ~ 356 页。王怀远：《旧中国时期天津的对外贸易》，载《北国春秋》1960 年第 1 ~ 3 期。

贸易活动大体发挥了四种功能：五大类大宗洋货的采购市场，特货（鸦片、军火）走私中心，本地大宗土货输出地和精加工地，对东北亚邻国贸易的重要转口港，进而对晚清时期北方地区外向型经济的兴起发挥了有益的影响。进入20世纪以后，随着大连、青岛等新口岸的开辟，北方环渤海地区直接对外贸易快速发展，香港转口贸易的辐射范围因之相对收缩，集中于华南、西南、闽台等地区，贸易商品结构如表5.4所示。

表5.4　20世纪30年代香港对内地大宗转口贸易商品结构

香港大宗输出内地商品	内地大宗出口香港商品
砂糖、鱼介及海产品、米谷、各类金属	蔬菜及其他植物产品、绸缎、药材及香料、生动物、生丝、油类、棉布、果品

资料来源：何炳贤：《中国的国际贸易》，上海商务印书馆1937年版，第808～829页。

对外贸易的兴盛促进了山东多种外销型农业和手工业的兴起。如开辟经济林场，引进优质花生、水果良种，发展粉丝、草帽辫加工，花边、发网编织，缫丝、榨油等特色手工业，继而开拓出包括香港在内的广大市场，特别值得一提的是张裕酿酒公司在烟台取得的辉煌成就。此外，山东当地的华资和外资金融业在这一时期也获得一定发展，这些都是对外贸易繁荣产生的积极影响。[①] 就天津口岸的情况来说，对外贸易促进了多种贸易辅助行业的兴起，包括现代化的打包厂、船坞、油库、修船厂等；还刺激了腹地商品性农牧业的发展。[②] 此外，对外贸易也刺激了辽河流域商品

① 刘素芬：《烟台贸易研究（1867—1919）》，台湾商务印书馆1990年版，第75、79、82～83、110～111、125页。

② 王怀远：《旧中国时期天津的对外贸易》，载《北国春秋》1960年第1～3期。姚洪卓主编：《近代天津对外贸易（1861—1948年）》，天津社会科学院出版社1993年版，第45、164～165页。

经济的繁荣和新兴市镇的兴起。①

本地区对外贸易发展的结果未能支持若干传统的贸易结论。首先，近代中国的确在“被动附庸型开放”的状态下与资本主义世界市场的联系不断加强，这种联系对中国农、牧、矿等初级产品市场、中国工业品市场、中国货币与资金市场等各类市场产生了影响，对外贸易通过传导上述市场影响，加剧了中国对外贸易条件的恶化，加深了中国农民的贫困化和农村经济的衰退。至少从这一时期环渤海地区外向型农牧业的发展来看，这些结论都有待商榷。其次，对于贸易收支问题也应区别对待，尽管天津口岸和烟台口岸连年入超，但牛庄口岸维持了连年出超，且牛庄的情形绝非特例，稍早（19 世纪 80 年代以前）的福州口岸和同期（日占前）的台湾淡水口岸，以及稍晚（19 世纪 90 年代以后）的云南蒙自口岸均长年维持贸易出超。这些现象都很难套用出口商品价格主动权的丧失引发贸易中的不等价交换来解释。再次，就商权问题来说，华商也逐渐取得了对洋商的竞争优势。以天津为例，怡和洋行、林德塞洋行、麦多士洋行、菲利普穆尔洋行四家洋行虽于天津开埠早期就设立了分支机构，且垄断了洋货进口贸易，但华商很快就开始直接从上海进货，从洋行手中夺回了不少生意。特别是在豆货、枣、药材、酒等特产品贸易中，华商占有更大的优势，与香港的贸易量较大，供应香港当地消费，或经香港转往南洋地区。华人办的贸易行，机构简，人员精，开支小，成本低，又取薄利多销的贸易方针，资金周转快，有一定竞争力，大大活跃了天津口岸的进出口贸易。烟台的情况也比较类似。这些都反驳了洋商利用他们在国际市场上的经验及他们的侵略特权欺压华商的旧论调。②

---

① 曲晓范：《近代营口航运经济的建立和发展与东北地区社会经济的早期现代化》，见复旦大学历史地理研究中心主编《港口—腹地和中国现代化进程》，齐鲁书社 2005 年版，第 335 ~ 351 页。

② 本段观点摘自陈争平教授主持的国家社科基金项目“近代中外贸易的发展及其对国内市场的影响”（批准号：97BJL029）成果简介。

第六章　晚清时期香港与云南的贸易关系

从海关统计的贸易额来看，晚清时期香港是云南口岸最重要的外贸伙伴。尽管海关所统计的贸易额未能将通向邻省的国内贸易额及出口越南的云土等大宗货物贸易额包括在内，但对港贸易额在云南对外贸易总额中所占的比重一般在80%～90%之间。本章力图阐明晚清时期云南与香港两地之间贸易关系的演进过程，分析两地贸易往来的特点，以及香港在云南发展对外贸易的过程中扮演的角色。由于蒙自口岸设关的时间相对较早，且是云南大宗进出口货物的主要通关口岸，其贸易额占云南三口岸（蒙自、思茅、腾越①）贸易总额的90%以上，因此以蒙自口岸的贸易额作为研究样本，基本上能够揭示出云南对外贸易的主要特征。

一、蒙自口岸开埠的背景及其发展对外贸易的有利形势

蒙自位于云南省东南部，靠近大型锡矿所在地个旧，同时也是离越南的出海口海防港最近的口岸。当地有陆路可通往流经中越两国的红河水道，这条陆路交通线也是北上省城昆明的必经之道，故当地的贸易活动早在19世纪前期已很活跃。但当太平天国运动被镇压以后，云南回民起义再度风起云涌，清政府遂倾力镇压。持续的战争对云南经济造成严重破坏，许多精心修筑的庙宇、石牌坊变成废墟，当地的矿业生产也受到严重打

---

① 各口岸的开埠时间分别为：蒙自（1889）、思茅（1897）、腾越（1902），见吴松弟主编《中国百年经济拼图——港口城市及其腹地与中国现代化》，山东画报出版社2006年版，第5～6页。

击，大批矿井渗水，再加上政府视矿工为乱源，对开矿实行严厉控制，进而导致土鸦片加工业趁势兴起。在蒙自口岸开埠前，经北海—百色一线进出口云南的大宗货物有棉纱、匹头、毛纺织品、云土（云南土产鸦片）、云南大锡等，主要靠驮畜运输，其中云土在1885年前后是最大宗的出口货，占出口总额的7/10，而这一时期恰也是北海口岸对外贸易的极盛年代。①

在晚清时期，沿海、沿江省份已于19世纪40—60年代相继开埠通商，蒙自口岸则迟至1889年才开埠。虽然长江流经云南，但在云南的河段几乎没有航运价值，蒙自口岸开埠之际，云南有如下5条通往国内外市场的商路：1. 昆明—贵州—湖南岳州—汉口线，全程耗时40天，主要采用驮畜运输，沿途运费高昂，厘金等税赋沉重。2. 纳溪—四川永宁—成都线，全程耗时39天，前后须经水陆联运，特别是在山间的羊肠小路上依靠驮畜运输极其不便。3. 昆明—滇东北（昭通）—叙州府（重庆）线，全程耗时22天，这是早期朝东北方向的主要外贸商路，大宗进出口商品多经此路转运。以上3条商路均曲折难行，运输成本极高，且距沿海地区的主要贸易中心城市路途遥远。4. 昆明—广南—剥隘—百色—南宁—北海线，全程耗时54天，虽然经这条线路的运输时间较长，但贸易流通量较大，成为蒙自口岸开埠前云南南部地区的主要外贸商路，其中百色是云贵土鸦片的外销集散地，不过该运输线跨越滇桂两省的税费支出也比较高，且驮畜和人力运输的里程过长，有时候仅在百色等待挑夫就要耽误不少时间。5. 昆明—蒙自—蛮耗（经红河）—老开—河内—海防（—香港）线，其中昆明至海防全程需40天，沿途运输时间比4线相对缩短，更重要的是折扣税率制度（洋货进口税打7折，土货出口税打6折）使这条路线上的各项税费支出大为降低，唯一的不利之处是沿途有盗匪出没，商人需结队出行，这会对货物的运输造成延误。尽管如此，这条滇越商路注定将成为货物进出口云

① Trade Report，1889年，蒙自；Decennial Report，1889—1891年，蒙自；见《中国旧海关史料》，第15－574，152－668，669，674页。

南的一条最短、最快、最实惠的路线，对云南大锡出口贸易的兴起十分有利，对蒙自口岸开埠后20多年间云南对外贸易的发展以及交通运输条件的改善均有助益。1889年蒙自口岸开埠之初，沿这条路线从香港运送60斤货物到蒙自，包含各项税赋支出在内的全部费用只要2.20海关两，仅相当于蒙自至百色的驮畜运费，两年后走这条路线的运费又降至65斤货物仅需支出1.75海关两，而从红河顺流而下的返程运输费用就更便宜了。再加上法国殖民当局起初（1895年前）对云南（和广西）出口越南的所有商品（云土除外）免征一切税费，并注重改善红河（越段）的航运条件，这就大大刺激了贸易的扩展。4线于是明显受到5线的分流，直到1897年梧州开埠后，云南通往广西的商路才渐渐复苏。①

二、香港与蒙自口岸的贸易关系

蒙自口岸开埠伊始，香港就是其最主要的贸易对象，对港贸易额占蒙自口岸对外贸易总额的78%，随后的几年这一比重稳步增长，基本保持占贸易总额的80%以上。

表6.1　蒙自口岸进出口贸易额统计表

单位：海关两

年份	土货出口额	出口香港额	百分比	洋货进口额	香港来货额	百分比
1889	88000	73015	83%	62300	37895	61%
1890	468904	407603	87%	466089	362553	78%
1891	583275	514305	88%	744480	588635	79%
1892	736355	643728	87%	887606	740792	83%

① Trade Report，1889年，1890年，1891年，1893年，1894年，1895年，1898年，蒙自；Decennial Report，1889—1891年，1892—1901年，蒙自；见《中国旧海关史料》，第15－573，574，575，576，16－596，17－626，21－120，22－643，23－632，28－133，152－665，666，154－467页。

（续表）

年份	土货出口额	出口香港额	百分比	洋货进口额	香港来货额	百分比
1893	735204	613509	83%	1524290	1414509	93%
1894	943321	773677	82%	1241879	1097540	88%
1895	1033066	821500	80%	1809253	1683073	93%
1896	849639	715421	84%	1627036	1541227	95%
1897	1057737	866771	82%	2394028	2319608	97%
1898	1218811	1013663	83%	2453839	2371157	97%
1899	1883297	1566821	83%	3373641	3303680	98%
1900	2439088	1969455	81%	2963242	2847416	96%
1901	3066934	2513663	82%	3748339	3628118	97%
1902	3688085	3383488	92%	3687444	3478534	94%
1903	2518688	2117107	84%	3916890	3106487	79%
1904	4683522	3279168	70%	6063777	5234541	86%

资料来源：根据《中国旧海关史料》有关年份贸易统计值折算。

各类洋货、东部沿海地区出产的土货均需通过香港经越南海防港沿红河水路运抵云南，交易极为兴盛。很多货物早在由香港实际运抵蒙自口岸之前，就已预售一空，到货后立即会被转运至省内各地，除进口过量外很少出现积压的情况，特别是在农历新年临近之际，商人们的抢购之风更盛。1897 年，蒙自口岸洋货进口额中香港来货占 97%，1899 年达到 98%；大宗出口物资（主要是大锡、普洱茶）也经同一路线出口香港市场，1896 年土货出口香港额占出口总额的 84%，1902 年达到 92%。云南对香港的贸易依存度之高，已接近于对港贸易关系最密切的两广地区。贸易商品结构与贸易对象的单一是造成上述格局的主要原因。因为在海关可统计的商品范围内，除了销往香港的大锡，云南可提供的其他出口货很少，而印纱、棉布、煤油等大宗进口日用品的发货地也独限于香港，供需货物流均形成了一种比较稳定的态势。此外，与沿海地区的口岸相比，洋商在云南的势力更小，直到滇越铁路修筑以前，蒙自口岸几乎没有洋商。①

到了19世纪与20世纪之交，云南的对外贸易额有所增长。铁路的修筑、白银的贬值、矿业的兴盛、香港市场洋货涨价、昆明商业活动日益发达均是促使贸易活跃的重要推动力。由于滇越铁路的建设环境极为恶劣，部分路段上的劳工死亡率高达70%，因此施工方所支付的工价较高，众多外国人和数万外省劳工随之涌入，拉动了消费，促使对外贸易额上升，1904年蒙自口岸的贸易额首次突破了1000万海关两，超过牛庄、汉口和天津，跻身当年香港对内地第七大贸易对象口岸。随着白银的持续贬值，香港市场上大锡的价格连年上涨，棉纱的价格也上涨了，沿西江水路销往两广地区的云南土鸦片在这段时期也获得大笔贸易盈余，这些有利形势均成为拉动云南进出口贸易额双双猛增的重要因素。随着贸易对象的多样化，越南市场逐渐吸纳了更多的云南出口货，对港贸易额在蒙自口岸出口贸易额中所占的比重最低曾降至70%左右，但得益于大锡的产量连年猛增，香港市场供需两旺，到1910年蒙自口岸出口香港的货值已恢复到占出口总额的95%，1911年更高达97.4%；而香港来货额在蒙自口岸进口贸易额中所占的比重则降至80%以下，1910年复降至65%，显示出受出口货单一化集聚和进口货多样化分散两种相反趋势的影响，对港贸易额在蒙自口岸的进出口贸易额中所占的比重也沿相反的趋势推移。② 1909年，海防—蒙自段铁路建成通车，1910年，海防—蒙自—昆明铁路全线通车，这就使得深内陆省份云南与世界市场的联系渠道大为改善，香港至昆明的旅

---

① Trade Report，1889年，1891年，1892年，1893年，1896年，1897年，1899年，1902年，蒙自；Decennial Report，1889—1891年，蒙自；见《中国旧海关史料》，第15-576，17-628，19-125，21-121，122，24-640，26-197，30-233，36-246，152-677，678页。

② Trade Report，1897年，1899年，1900年，1902年，1903年，1904年，1905年，1910年，1911年，蒙自；Decennial Report，1892—1901年，蒙自；见《中国旧海关史料》，第26-196，30-233，234，32-212，36-245，38-261，40-284，41-728，730，53-279，280，56-286，154-465页。这里的贸易额比重引自海关报告中的文字叙述，并非依照贸易统计值折算。毛立坤：《香港与内地的贸易关系（1869—1904）》，载《安徽史学》2005年第5期。

程也由 70 天缩短为 7 天，从而预示着云南的对外贸易模式即将发生重大转型，蒙自口岸作为贸易转运站的地位也会日益重要，香港来货势将以更快的速度运销云南全省。①

在其他南方沿海口岸对港贸易的商品结构当中，印度鸦片通常会占进口贸易额的最大或较大比重，但香港与云南两地间的贸易商品几乎没有印度鸦片。于是匹头货便成为由香港输往云南的最大宗洋货，进口量增长很快，匹头货中又以印纱占绝大比重，通常仅印纱这一项商品就能占蒙自口岸历年洋货进口总额的 56% ~83%。因云南当地人喜用印纱纺织耐穿的厚布，以致后来棉纱的输入量已影响到成品匹头的进口量。其他类进口匹头货还有标布、灰布、白布、毛巾、袈裟布、棉绒、细布等，毛货有哔叽、羽纱、斜纹呢（Lasting）、西班牙条纹布、阔布、毛毯等，不过本地人的消费水平明显偏低成为毛货贸易量扩大的主要障碍。匹头货贸易额的年际波动性较大，这主要是因为本地市场需求有限，若上一年进口量过多导致存货积压，则下一年的进口量必然萎缩。由于香港几乎是云南唯一的大宗洋货来源地，因此一旦香港市场发生变故（如 1894 年鼠疫大流行），蒙自口岸的贸易行情立即就会受到影响。②

到了 19 世纪和 20 世纪之交，日本棉纱、越南棉纱开始打入云南市场，印纱在市场上所占比重有所下降，但仍可占蒙自口岸进口贸易额的 1/2 ~2/3，这种情况连带使香港来货额在蒙自口岸进口贸易总额中所占的比重有所降低。大批铁路劳工涌入云南后曾引发棉纱投机贸易，但在其他货源地供货缺乏保障的情况下，香港市场棉纱价格坚挺对投机者而言明显不利。另一种匹头货袈裟布的用途日广，可供寺院装饰、官邸装饰、制军旗、做马衣等，进口量连年大增。尽管随着进口商品结构的多样化，匹头

① Trade Report，1909 年，1910 年，蒙自，见《中国旧海关史料》，第 50 -210，53 -278，282 页。

② Trade Report，1889 年，1890 年，1891 年，1892 年，1893 年，1894 年，1895 年，1896 年，1898 年，1899 年，蒙自，见《中国旧海关史料》，第 15 -576，16 -596，17 -627，19 -126，21 -121，22 -644，23 -632，24 -640，28 -132，30 -234 页。

贸易额在贸易总额中所占的比重有所降低，但其占洋货进口额最大比例的格局并没有改变，且进口匹头货的种类也更为多样化了。丝织品、土布、各类厚斜纹布、棉线、棉毛混纺品、日本毛巾等新兴匹头货也逐渐打入云南市场，这一时期成品匹头货的进口贸易表现出侵蚀半成品棉纱的进口贸易的趋势，云南市场对毛货的需求量也有所增加。①

早期蒙自口岸的金属进口贸易很不发达，仅有少量系政府采购拟充作军火原料的金属零星进口。20世纪以后，随着滇越铁路的修建，大量铁路物料输入云南，1909年铁路物料的进口额几乎占蒙自口岸洋货进口总额的一半，这就大大丰富了金属产品的进口结构，不过这种局面仅持续到1910年铁路建成以后便告终止。②

杂货贸易的商品结构也经历了一个逐渐多样化的过程，起初只有少量欧洲火柴输入，煤油、贵重灯饰、日本火柴、缝衣针、铜纽扣、眼镜、纸张、土布、安尼林染料、日本伞、西药、胡椒粉、海参、檀香木等日用品、奢侈品，不久也从香港输入云南市场，蒙自设立海关所需的多种器材、建材也从香港进口。交通条件不便阻碍了杂货贸易规模的扩大，在由香港运货至云南的途中，玻璃灯具的破损率在一半以上，煤油产品则因包装材料受损而泄漏量超过1/3，这都是商品经由水路、山路、苦力挑夫、驮畜层层接力运输造成的弊端。运费昂贵自然抬高了洋货的售价，使得不少廉价日用品无法畅销于由大量基层民众构成的低端市场。这里不妨以煤油贸易为例来加以展示，煤油在香港市场的售价为1.50～1.60元/箱，香港至蒙自的运费在3元/箱以内，论理云南市场的售价不应高于5元/箱，但由于沿途运输过程中易发生泄漏，以致煤油运抵云南市场后的售价一般

---

① Trade Report，1897年，1901年，1902年，1903年，1904年，1905年，1910年，1911年，蒙自；Decennial Report，1902—1911年，蒙自；见《中国旧海关史料》，第26－197，34－214，36－245，38－259，260，40－282，283，41－729，53－279，56－286，155－729页。

② Trade Report，1889年，1903年，1904年，1909年，1910年，蒙自，见《中国旧海关史料》，第15－577，38－259，40－283，50－211，53－279页。

都要被抬高到6.50～7元/箱方能挽回损失。棉纱在香港和云南两地的差价也很大，所有这些困局都使得改良运输条件成为促进贸易发展的当务之急，但这个难题直到铁路修通以后才算解决。1906年滇越铁路越南段通车，不仅大幅加快了货物运输的速度，同时也有效降低了货物在运输过程中的破损率，煤油贸易从中获益最大。①

还有一些小宗商品贸易，如荔枝干、二等纸、爆竹、瓷器、鞋靴、广州烟叶、福建水仙花等土货均产自东部沿海地区，也会通过香港转口运往云南，从而使其得以享受洋货子口税待遇。其中有些产品的市场需求较稳定，特别是广州烟叶、烟丝深受云南当地人青睐，在本地烟草种植业兴起之前，广州烟叶的进口额逐年增长，最高时曾占蒙自口岸土货进口额的82%。1893年以后，云南省通海等地的烟草种植业发展起来，广州烟叶的进口量才开始下降，但在个别年份，其进口量也会出现大幅反弹。②

甲午战争以后，杂货进口贸易额所占的比重逐渐扩大，达到1/5～1/4的规模，到1908年杂货进口额已接近蒙自口岸洋货进口总额的一半。甲鱼、海带等各类海产品，神纸、蜡烛、陶瓷器、搪瓷器、钟表、镜子、西式衣帽、颜料、玻璃及玻璃器皿、室内装饰品、香水、肥皂等多种新兴洋货、奢侈品开始输入云南市场。彩扣、羽毛带（Llama Braid）逐渐成为云南境内众多少数民族的成员喜爱的饰物，进口量增长得很快。煤油的进口量大幅增长，显示出当地人消费煤油的习惯已经形成，尽管煤油在云南市场上的售价可能是全国最高的，由此也连带引发了日本火柴、各类灯具的进口量猛增。1905年清政府正式废除科举、试办新学，不久就有大量原产

---

① Trade Report，1890年，1891年，1892年，1893年，1894年，1895年，1897年，1898年，1903年，1906年，1909年，蒙自，见《中国旧海关史料》，第16－596，17－627，19－126，21－121，22－643，644，23－632，26－196，197，28－131，38－260，43－730，50－211页。

② Trade Report，1889年，1890年，1891年，1892年，1893年，1896年，1898年，1903年，蒙自；Decennial Report，1892—1901年，蒙自；见《中国旧海关史料》，第15－577，16－596，17－628，19－125，127，21－121，24－640，28－133，38－260，154－471页。

于日本的地图、课本、教学仪器、学生帽之类的商品出现在云南市场上，受到新式学生的青睐。本省开办铸币厂所需的机器设备也取道蒙自运往昆明。虽然进口商品从产地到云南市场的运费很贵，且沿途充满风险，但这都挡不住洋货对民众的吸引力，香港仍旧是云南市场上畅销的绝大多数洋货的转口发货地。随着滇越铁路的修筑，大批外国人进入云南，进而在一定程度上改变了蒙自口岸的洋货进口结构，很多专供铁路公司外籍人员消费的商品开始输入云南。如玻璃、家具、洋酒、食品（stores）等供法国人建设住宅、日常生活之用。专门面向外籍顾客的食品店、面包房、肉店相继在省内开业，其所售商品大多来自香港。外国大米也随着铁路的修建而大量输入云南，以供养路工人消费。到了清末，中央政府开始推行禁烟令，土鸦片生产大省云南不得不改弦更张，于是廉价方便的外国香烟迅速涌入云南，并很快淘汰了当地人惯用的那种旧式竹烟管，缅甸和香港两个发货地得以借助便捷的运输渠道源源不断地向云南市场供货。虽然香港仍旧是云南市场上所销大宗洋货的重要中转港，但这些货物的原产地发生了较大变化，各类廉价日本货在云南市场上所占的份额不断增长，诸如火柴、伞，以及上文所提到的多种杂货，均以日货占上风。①

对于云南这种偏远落后的省份而言，进口货的商品结构本难以同沿海省份相比，而出口货的商品结构则更为单一。与其他沿海、沿江省份靠本地农副产品的出口支撑贸易规模的情况有所不同，云南的矿产品出口量则成为影响贸易盈亏的决定因素，这类产品的贸易流程最集中地体现了香港与云南两地的密切联系。

大锡出口贸易在滇越商路开辟之后获益最大，便利的运输条件大幅缩

---

① Trade Report，1896 年，1897 年，1898 年，1900 年，1901 年，1902 年，1903 年，1904 年，1905 年，1906 年，1907 年，1908 年，1909 年，1911 年，蒙自，见《中国旧海关史料》，第 24 - 640，26 - 197，28 - 132，32 - 212，213，34 - 214，36 - 246，38 - 259，261，40 - 283，41 - 729，43 - 732，45 - 786，787，47 - 843，50 - 211，56 - 286 页。

短了销货周期，刺激了大锡的生产规模持续扩大，其出口量在蒙自口岸开埠之年即猛增3倍，随后仍保持了稳定增长的态势。特别是在降雨充沛的年份，雨水可以为淘洗矿石提供丰富的水源，大锡的产量往往也就随之大增，不过暴雨成灾有时也会冲走锡矿石。产地价格的高低对大锡贸易影响很大，一旦因矿主抬价或其他因素导致大锡在产地的售价上涨，商人便会面临无利可图乃至亏本的结局。大锡的出口额往往会占蒙自口岸土货出口贸易额的绝大比重，通常可达79%～86%，于是大锡便成为维系云南外贸平衡的重要支柱。鉴于大锡是唯一能够畅销香港市场的云南大宗出口产品，除此之外别无其他产品能够在香港市场上大量交易洋货，结果便造成洋货进口商必须同时身兼大锡出口商，否则就会处处受制于人，这就在很大程度上剥夺了大锡出口贸易的主动权，即使赔本也得出口，不然就无法筹集到必要的购货款。以1896年的情形为例，香港市场上大锡价格下跌，商人损失惨重，但不能压货，只能忍痛出售；而在随后的几年里香港市场大锡价格暴涨，当然也会让商人大发横财。可香港市场锡价过高又会引发供货过量，结果往往是灾难性的，甚至一度迫使另一种云南大宗出口货云土在越南市场上跌价求售以清偿香港大锡贸易的亏损。大锡出口到香港后，需重新熔炼改铸成另一种规格的锡板，然后再被转运往上海等沿海口岸销售。①

20世纪以后，白银持续贬值刺激了大锡的出口量屡创新高，从1903—1910年，大锡的出口量从41000担增长到102000担，1902年大锡出口额占蒙自口岸土货出口总额的90%，1909年一度增至93%，1910年达94%，显示出铁路运输推动了矿业的兴盛。滇越铁路通车后，尽管大锡外销的运费并未能降低，但货物运输的安全性和便捷程度均大有改善，这就刺激了大锡的出口量连年大幅增长，以致进口的洋货不足以弥补由大锡出口造成

① Trade Report，1889年，1890年，1891年，1892年，1893年，1894年，1895年，1896年，1897年，1898年，1899年，1901年，蒙自，见《中国旧海关史料》，第15－577，16－596，17－626，627，19－125，21－121，22－645，23－633，24－640，26－197，28－132，30－233，34－214页。

的大幅出超，于是便出现了白银自香港内流云南的罕见景象。后又因政府强制摊派发售川滇铁路股票挤占了贸易资金，结果对大锡出口贸易损害很大。此外，滇越铁路支付的高额工价和创办新军所支付的高额军饷吸引走了大批锡矿工人，导致锡矿劳力流失。再加上有些年份天旱缺水、世界市场锡价下跌，这些因素都曾严重影响过大锡生产，可当世界市场的价格恢复正常以后，大锡贸易额仍能屡创新高，到1910年前后云南个旧已成为全世界最重要的大锡产地之一。随着国内市场对大锡的需求量相对下降，欧洲市场对大锡贸易的影响不断增强，香港已身兼大锡贸易面向国内和国外两种市场的转口港，能够维持供需两旺的局面。尽管云南省其他类矿藏的储量也比较丰富，可在这一时期都没有形成规模化生产，当时专以开矿为业的宝华公司曾计划将少量锑矿石、锌矿石、雌黄试销香港，但直至清末也未能形成一定出口规模，铁路运费较高也是造成很多商品的出口贸易获利有限的原因之一。①

除了大锡，云南出口香港的商品中值得一提的还有普洱茶。普洱茶不仅在香港市场很受欢迎，还被转口到广州出售。但其每年的出口规模并不大，早期仅有数百担左右，最高时也不过千余担。20世纪以后，香港市场对普洱茶的需求量大幅增长，但云南产地的供应量也仅增加到2000～3000担/年，对云南贸易逆差的平衡效应仍不够突出。云南出产的薯莨作为一种染料在香港市场上也有一定销路。另一种云南特产的名贵药材冬虫草曾试销香港市场，却无人问津，未能发展成为一种特色出口货。②

---

① Trade Report，1902年，1904年，1905年，1906年，1907年，1908年，1909年，1910年，1911年，蒙自；Decennial Report，1902—1911年，蒙自；见《中国旧海关史料》，第36－245，246，40－283，41－730，43－730，45－787，47－844，50－212，53－280，56－286，287，155－729，731，734页。

② Trade Report，1889年，1890年，1891年，1892年，1895年，1896年，1897年，1898年，1899年，1902年，1903年，1904年，1905年，1908年，蒙自；Decennial Report，1892—1901年，蒙自；见《中国旧海关史料》，第15－578，16－596，17－627，19－126，23－633，24－640，26－198，28－133，30－234，36－246，38－260，40－283，41－730，47－844，154－472页。

其他出口货均不太重要，有麝香（musk）、大理石板材、牛角、生皮、羽毛、烧酒（samshu）、红糖、豆类、马铃薯、烟叶、花生油、火腿、粉丝（面线）、土布、中药材、铁器、铁锅、铁钉等。只有少数商品（如四川白蜡）因其运输成本不算高，故可长年热销香港市场；但其他可供外销的产品（如生皮、牛角等）则因运输成本太高，在香港市场上往往无利可图。①

三、影响香港与蒙自口岸贸易联系的其他潜在因素

滇越交界地带山峦险阻，对于走私分子贩运云南土鸦片（俗称“云土”）搞跨境贸易极为有利，云土走私基本上与洋鸦片贸易中心香港无缘。云土除大量出口越南市场外，内销长江流域和两广地区的数量也很大。据时人估计，在19世纪与20世纪之交，云土的年贸易额可达2000万海关两。若再加上赶考的学生和旅人随身携带的作为旅费的鸦片，其贸易规模就更大了。由其产生的巨额贸易盈余，显然能够增强如云南这般落后的省份从香港市场采购洋货的支付能力，云土遂成为大锡之外抵补云南外贸逆差的又一种厚利商品，特别是在19世纪末叶云土丰收而又恰逢市场旺需的年份，云土生意极为活跃。当1893年越南当局废除云土垄断专卖制度后，贸易条件遂变得更为有利。直到1905年前后，云土贸易才逐渐面临不利的营销环境。先是广西不靖，致使通往广东这个云土大市场的商路受阻，导致货物积压被迫跌价求售；1907年云南地方政府开始推行禁烟令，强制农民将大片烟田改种玉米和其他类谷物。云土贸易盈余的丧失严重削弱了大量农民的购买力，大批本地人因此而失业，同时还加剧了云南对外贸易的单一化格局，即在进口货的抵偿商品上形成对大锡的严重依赖，在贸易对

---

① Trade Report，1889年，1891年，1892年，1894年，1895年，1896年，1897年，1902年，1904年，1906年，蒙自，见《中国旧海关史料》，第15－577，578，17－628，19－126，127，22－645，23－633，24－641，26－197，198，36－246，40－283，284，43－730页。

象上形成对大锡交易市场香港的严重依赖。①

由于云南绝少进口印度鸦片，各类奢侈品的进口量也相对有限，除匹头货和杂货以外的其他稍有规模的进口商品（如从越南进口的优质阴沉杉松以及原棉、籽棉等）均不会耗费大量贸易盈余，且盛产十分畅销的大宗出口货大锡，因此云南的外贸收支易于维持出超。蒙自口岸在出口贸易领域类似于牛庄（豆货）、福州（茶）、淡水（茶、樟脑）等拥有特色大宗出口货的口岸，即贸易发展对本地经济产生的影响主要是积极的，贸易的繁荣为本地特色矿业经济的发展注入了活力，推动了深内陆省份云南外向型经济的兴起。但是由于云南缺乏长期信贷制度，这就限制了购货方的支付能力，制约了贸易规模的持续扩大，以致虽然云南与香港之间的交通运输条件在清末有了很大改善，但两地的贸易规模未能成比例扩大，大锡—棉纱易货贸易长期成为云南与香港两地间贸易活动的主流。②

与沿海地区的多数通商口岸身兼货物集散地和商品消费地两种角色不同，蒙自口岸仅充当了一个货物集散地，面向香港、越南市场和整个云南省以及四川、贵州两省的少数地区开展接力贸易。蒙自本地市场对进口洋货的消费量相对有限，大部分（81% ~82%）进口货物均经此地运往省内各地，棉纱和匹头货一直是最大宗的内运商品，最远可运达四川、贵州乃至广西边境，特别是内运贵州省的份额最高可达蒙自口岸进口额的17%。滇越铁路全线通车后，昆明成为很多大宗货物的终点集散地，遂使得蒙自中转集散货物的功能有所削弱，但该口岸来货内运的比重仍达75%。在本书所研究的时段里，香港市场的辐射力主要通过蒙自口岸渗透到云南全省

---

① Trade Report，1889年，1890年，1891年，1892年，1893年，1894年，1900年，1901年，1905年，1907年，1908年，1909年，1910年，蒙自；Decennial Report，1892—1901年，蒙自；见《中国旧海关史料》，第15－576，16－597，17－626，19－128，21－121，122，22－646，32－213，214，34－215，41－731，45－788，47－845，50－210，211，53－280，154－467，469，474，475，476页。

② Trade Report，1889年，1890年，1891年，1903年，蒙自，见《中国旧海关史料》，第15－576，16－596，17－627，38－259页。

和邻省的部分地区。①

在滇越铁路通车以前，云南对外贸易领域存在的一个突出问题就是红河的航运条件不够理想，夏季河流涨水期间无法行船，使贸易活动不得不停顿一段时期，待9月底河水水位回落后方能继续进行贸易，而暴雨又常使船货遭受巨大损失。猖獗的水贼无时无刻不在威胁着船货的安全，何况很多船夫本身就是水贼，常常故意弄翻船造成船货损失的假象，然后暗地里又将落水的货物打捞上岸后私吞。轮船多次试航红河均不能开辟出令人满意的航线，即使仿照粤商在西江上那样搞轮拖渡，效果也不理想。但滇越铁路的通车最终解决了货物运输的安全性问题，云南与香港两地的贸易关系因之日益密切。②

华商的势力在云南省内和邻国越南一直都比较强，出自买办之乡广东香山的商人叶伯行和陈立炬很早就成为南越的富商，他们两人到了民国年间被选为南越中华总商会会长，还曾担任过法国东方汇理银行的总经理，对越南和云南的贸易活动颇有影响，堪称华商的代表。③

---

① Trade Report，1890年，1891年，1892年，1893年，1896年，1898年，1903年，1904年，蒙自，见《中国旧海关史料》，第16－596，597，17－628，19－127，21－122，24－641，28－133，38－261，40－284页。

② Trade Report，1890年，1892年，蒙自；Decennial Report，1889—1891年，蒙自；见《中国旧海关史料》，第16－595，19－125，152－666页。

③ 黎志刚：《近代广东香山商人的商业网路初探》，见汤熙勇主编《中国海洋发展史论文集》（第七辑），台湾“中研院”中山人文社会科学研究所1999年版，第233～255页。

第七章　贸易纠纷及其解决机制

——“封锁香港”(1868—1887)问题再解

香港是近代中国华南地区重要的贸易转口港，同时由于英国在19世纪一直是中国最为重要的贸易对象国，于是作为受英国殖民统治而又紧邻中国人口密集省份的香港，便拥有了开展大宗贸易活动的有利条件。这些有利条件奠定了香港在近代中国外贸领域所据有的重要地位。① 就19世纪60年代晚期至80年代中叶这段时期香港的贸易状况而言，诚如当时香港永安泰行行东褚清衡所描述的那样，香港此际的贸易条件非常优越：一、华商运来的土货在香港销路甚好；二、港府不会随意没收华商的财产，也不搞敲诈勒索；三、从香港可以便宜采购到大量欧洲货。② 可由于香港是自由港，中外商人很早就注意到借助于香港开展走私活动或者故意绕道香港开展内贸活动，可以偷逃掉大笔税赋开支。而清政府方面（具体表现为广东

---

① 霍启昌:《晚清期间香港对内地经济发展之影响》，载《学术研究》1988年第2期。

② 香港政府:《坚尼地致卡纳封专函附件之三》（Hong Kong Government House, Enclosure 3 in Governor Sir Arthur Kennedy, CB, KCMG, to the Earl of Carnarvon），见爱尔兰大学出版社编《英国议会文书·中国问题（第25卷）——关于香港事件的相关函件汇编（1862—1881）》（Irish University Press ed., *British Parliamentary Papers: China vol. 25, Correspondence, Dispatches, Reports, Returns, Memorials and Other Papers Respecting the Affairs of Hong Kong 1862 – 1881*），香农1971年版，第379页。（以下简称*BPP*, vol. 25）

地方政府，简称粤方）也意识到这个问题的严重性，便于19世纪60年代晚期开始派遣巡船“封锁”香港，稽查进出香港的华商民船，绵延了近20年的“封锁香港”问题便由此而生。

这一问题很早就引起了学者的关注。马士在其名著《中华帝国对外关系史》一书当中辟有专章介绍这一问题，对该问题的成因及阻碍其妥善解决的诸多障碍皆有概略性的分析。① 另一名在华外国人莱特也在其《中国关税沿革史》一书当中详细论及此问题，但他主要侧重于从中英双方出台的多种征税方式和贸易管理体制入手，来对“封锁”香港过程中涉及的重大问题加以阐述。② 当代研究海关史及海关缉私职能的学者连心豪，也对19世纪后半叶环绕香港的走私活动及清政府方面的缉私行动进行过深入探讨，但受研究倾向的局限，其著述与本章所涉时段相关的内容较为单薄。③ 此外，陈新文、曹英等学者近年来亦撰文论及与“封锁”香港有关的问题，然而由于受资料的局限，某些文章对关键史实的阐发有失偏颇。④

上述研究成果使后辈学者对“封锁香港”问题从宏观层面有了相对完整的把握，但这些成果在呈现“封锁”行动在微观层面的具体运作方面着墨不多，亟待新资料的发掘来充实这一研究薄弱的环节。本章试图借助于新史料尽可能详尽地为读者呈现出“封锁香港”问题的内幕细节。

---

① 参见［美］马士著，张汇文等译：《中华帝国对外关系史》（第二卷），上海书店出版社2000年版，第420～430页。

② 参见［英］莱特著，姚曾廙译：《中国关税沿革史》，商务印书馆1963年版，第295～317页。

③ 连心豪：《近代中国的走私与海关缉私》，厦门大学出版社2011年版，第84～90页。

④ 参见陈新文：《“封锁香港”问题研究（1868—1886）》，载《近代史研究》2003年第1期。曹英：《两难的抉择：晚清中英关于香港在中国沿海贸易中的地位之争》，载《近代史研究》2007年第4期。

一、“封锁香港”的起源——涉港贸易活动的走私色彩渐趋浓厚

在香港发展成为大型贸易港之前，粤海关①对经民船运输的货物征税并无太多困难，因为可以通过在始发港、途经港、终点港核发、核验船只的纳税单据来管控民船贸易。但当香港崛起为大宗进出口货的集散地之后，情况就不同了。很多民船从未设税关的汊港载运出口货直驶香港出售，又从香港载运各类进口货直驶汊港卸货。商人搞此类走私活动可偷逃掉各项税赋，导致粤海关的关税收入锐减。② 由于整个珠江水系的入海口太多，粤方很难从源头上对走私活动加以防范；同时鉴于绝大多数的走私活动都与香港存在关联，因此粤方除了把香港“封锁”起来，对进出香港的民船所载的货物实施盘查并征税，实在没有别的办法来解决由走私导致的税收漏卮。③

于是两广总督瑞麟于1868年知照英国驻广州领事罗伯逊，向他解释了华商民船假道香港走私货物导致粤方税赋流失的原委，并通告对方粤方已就此特立新规，在香港港口东西两处出入口及九龙半岛界限街以北区域设立了三个水上或陆上厘金局，专职负责对进出香港的华商民船征收厘金，并查缉走私。此举收效明显，以致粤海关监督后来也照猫画虎，在上述区域设立起常关税卡，负责对进出香港的民船征收（常）关税。广东盐运使也不甘自己的利益受损，遂也加派船只在香港周边水域巡逻，查缉从香港走私食盐入境的私盐贩子。至此，三股缉私力量相继投入运转，正式建立

① 此机构为粤海关监督下辖的税赋征收机构，其性质为常关；而外籍税务司管辖的广州海关（有时也称粤海关）的性质为海关（洋关）。参见［美］马士著，张汇文等译：《中华帝国对外关系史》（第一卷），上海书店出版社2000年版，第17、36～37页。

② 英国外交部：《外交部致殖民地部专函附件之一》（Foreign Office, Enclosure 1 in Foreign Office to Colonial Office），见 *BPP*, vol. 25，第393页。

③ 港府：《坚尼地致卡纳封专函附件之二》（HKGH, E. 2 in K. to C.），见 *BPP*, vol. 25，第435页。

起对香港的“封锁”，于是一度颇为猖獗的各类走私活动很快遭到强力压制。进出香港港口的民船纷纷在上述厘金局或税卡前排队缴纳厘金、常关税等税费并获得纳税单据，如此可确保船只在后续行驶途中免遭被缉私船查扣的命运。①

1874 年，广东官府拟订出一套更为完备的管理涉港民船贸易的办法，那就是在香港港口维多利亚湾东西两处出入口航道附近的佛头洲和长洲两个岛屿（属中国所有）上设立固定的税卡，上述三类征税、缉私机构将合署办公，过往民船可在上述税卡报关纳税以取得统税单据。民船在后续行驶途中遇到缉私船盘查时只需出示此单据即可获放行。同时粤方延聘外籍员司驾驶彭超海号蒸汽巡船统一调度指挥粤海关、厘金局、盐运使三个机构名下的缉私船围捕走私船，封锁之势遂愈加严密。②

粤方的上述举动注定会引发港英方面的反对和抗议。到了 1874 年年底，随着港英方面围绕此事提交的各类材料陆续上报给英国政府殖民地部、外交部等机构，英国殖民地部大臣、外交大臣开始关注并过问此事。于是留存至今的大量往返于港府、英国殖民地部、英国驻广州领事公署、英国外交部之间的信函及其附件，就为后人研究粤港双方围绕此事而产生的纠纷提供了丰富的参考资料，下文将首先着手分析有关各方在此期间激烈争辩过的六类问题。

二、各执一词——有关各方围绕六类问题的争辩

在香港被“封锁”期间，粤港双方争执不断，尽管引发双方争执的具

---

① 有学者认为此类“封锁”香港的行动单纯是为了查禁鸦片走私，对其他类货物走私则并不严究，这种说法显然与史实不符，且有悖于常理。参见陈新文：《“封锁香港”问题研究（1868—1886）》，载《近代史研究》2003 年第 1 期。港府：《坚尼地致卡纳封专函附件之五》（HKGH，E. 5 in K. to C.），见 *BPP*，vol. 25，第 373 ~ 374 页。

② 港府：《坚尼地致卡纳封专函附件之二》（HKGH，E. 2 in K. to C.），见 *BPP*，vol. 25，第 365 页。港府：《坚尼地致卡纳封专函附件之五》（HKGH，E. 5 in K. to C.），见 *BPP*，vol. 25，第 373 页。

体缘由五花八门，但总体上可归纳为以下六类：反对粤方“封锁”行动的那些人士是否具有广泛的代表性；粤方的“封锁”行动是否侵犯了英国在香港的权益或违反了中英两国间的有关条约；《天津条约》涉及贸易问题的条款究竟该如何来解释；粤方是否蓄意要毁灭香港的贸易繁荣景象；粤方的“封锁”行动是否对进出香港的合法民船贸易造成危害；粤方在开展缉私行动时拥有多大的权限。下文将围绕这六类存在争议的问题进行细致辨析。

1. 出面指责粤方“封锁”行动的人士和社会团体究竟有没有广泛的代表性

粤方开始“封锁”香港以后，很快就有各方人士及社会团体出面指责粤方的行动。香港华商很早就为此而向港府请愿，据说整个请愿过程声势浩大，肯在请愿结束后提交的请愿书上签名者却不多，最终签名者基本都是那些香港大型华资商行的行东。大多数参与请愿者不敢签名，据称原因乃是惧怕中国官府会拘禁或迫害他们在内地的亲属以示报复。① 后来另外一批香港商人于 1874 年 9 月 14 日在香港市政厅集会抗议粤方的“封锁”行动，并草拟了集会决议，可最终在此决议上签名者也不多，原因同上，该决议还特意指出广东官府在残害民众方面丝毫不会手软。② 再以个人为例，香港永安泰行行东褚清衡在向港府递交的请愿书中也指出，由于粤方缉私船严重滋扰进出香港的华商民船，华商都有了一种强烈的恐惧感，华商们热切期待港府出面干预这种令人忧虑的局面。③ 作为社会团体的代表，香港洋商总会在呈递港府的请愿书中声称粤方的“封锁”行动激起了商人们的强烈抱怨，请港府出面解决这一问

① 港府：《坚尼地致卡纳封专函附件之一》（HKGH, E. 1 in K. to C.），见 *BPP*, vol. 25，第 359 页。

② 港府：《坚尼地致卡纳封专函附件之二》（HKGH, E. 2 in K. to C.），见 *BPP*, vol. 25，第 390 页。

③ 港府：《坚尼地致卡纳封专函附件之二》（HKGH, E. 2 in K. to C.），见 *BPP*, vol. 25，第 377 ~ 378 页。

题。[①] 此外，奉港督坚尼地之命成立的“封锁香港问题专门调查委员会”（以下简称调查委员会）在调查过程中也发现，往返于粤港之间做生意的商人，除了明确表示缉私船拦截民船检查确实存在诸多违规操作，大多不愿配合调查或提供证据，因为他们担心自己和家人会因此而受到官府的迫害；但是闽台商人及福建以北省份的商人则因没有家眷在广东，所以往往都会积极提供有关的证据。[②] 如果上述各方人士、商会和调查委员会所反映的情况基本属实，就表明反对粤方“封锁”行动者为数不少，因而他们的意见具有广泛的代表性。

怡和洋行作为此际香港营业额最大的一家英资洋行，其日常业务不可能不受到粤方“封锁”行动的影响。该洋行大班惠代尔在港督坚尼地看来是一位德高望重且能够明辨是非的商人，而他却对粤方“封锁”香港的行动另有看法。[③] 惠代尔指出，凡是那些从事合法贸易的商人都不会去抱怨粤方的“封锁”行动，粤方只不过是在正当地行使征税权，意在将进出香港的民船贸易纳入与进出广州的民船贸易一样的管理体制当中。粤方在执法过程中确实有违规行为，但并不如某些人所宣称的那样严重，某些人的论调不具有广泛的代表性。贩货来香港贸易的民船商人如果按照粤方规定的流程纳税，其船只就不会被缉私船查扣，而被查扣的民船基本都是走私船。粤方有权在其辖境内的水域征税，因此指斥粤方“封锁”香港实属污蔑之词，现行的体制保护了占主流的那一大批诚实纳税的商人的利益，只会给走私者造成不便，香港的繁荣主要是建立在与前一批商人做生意的基础之上，而非与偷逃税款的走私者做生意的基础之上。广州领事罗伯逊也认为惠代尔的看法切中肯綮，正确辨析了相关问

① 港府：《坚尼地致卡纳封专函附件之四》（HKGH, E. 4 in K. to C.），见 *BPP*, vol. 25，第 372 页。

② 港府：《坚尼地致卡纳封专函附件之二》（HKGH, E. 2 in K. to C.），见 *BPP*, vol. 25，第 365 页。

③ 港府：《坚尼地致卡纳封专函》（HKGH, K. to C.），见 *BPP*, vol. 25，第 389 页。

题的是非曲直。①

罗伯逊指出，前述出自各方人士、商会和调查委员会之手的请愿书、决议或备忘录当中所述及的内容只能视为“一面之词”，唯有参考其他方面的资料作为旁证之后才能做出公正的判断。这里不妨以打着华商的名义提交给港府的一份请愿书为例来加以辨析。该请愿书严词责难粤方缉私船的滋扰行为，从表面上看并无破绽，可是稍一仔细审读该请愿书的内容，就会发现诸多疑点。其一，执笔人竟敢在请愿书中批评英国政府的对华政策过于“怯懦”“卑屈”，这是一种极为冒犯的语气，华人绝对不敢在致英国女王陛下的函件上使用这样的措辞。其二，华人在缮写文书时会恪守一套通行的行文礼节，在提及尊贵人物（尤其是皇帝）的名号时，务必要另起一行并抬高两格（从顶格）写起以示恭敬。可在这份请愿书当中，女王陛下的名字恰恰是顺文缮写的，这不能不让人怀疑其执笔人可能根本不是华人，而应是一名外国人。其三，该请愿书上的文字简直走形到难以识读的程度，这就更令人怀疑其究竟是否出自华人之手；教育水平低的华人书写的文字可能会难看、潦草，但是如此走形的汉字华人恐怕是写不出来的。由此罗伯逊做出了以下推断：该请愿书并非出自华人之手，而是出自某个略懂中文的外国人之手。此人凭借其浅陋的中文功底整出了一份如此蹩脚的中文稿件，随后拿着这份中文稿去找华商签名，可是香港大多数有威望的华商都拒绝在这份请愿书上签字。在《香港行名录》一书中列举的66家大型华资商号中，只有11家商号的行东在他这份请愿书上签了名，其余签名者都是些无名之辈。罗伯逊的分析逻辑也受到英国殖民地部大臣的认可，该大臣也认为这部分香港商人并没有对整个事态发表客观、公允的意见。②

---

① 英国外交部：《外交部致殖民地部专函附件之一》（FO，E. 1 in FO to CO），见 *BPP*，vol. 25，第395～396页。

② 英国外交部：《外交部致殖民地部专函附件之一》（FO，E. 1 in FO to CO），见 *BPP*，vol. 25，第397～399页。（唐宁街）英国首相官邸：《卡纳封致坚尼地专函》（DS，C. to K.），见 *BPP*，vol. 25，第408页。

2. 粤方“封锁”香港是否侵犯了英国在香港的权益，违反了中英两国间的有关条约

第一次鸦片战争期间，英军占领香港之后随即宣布香港为自由港，并宣称任何损害香港贸易自由的行为都将被视为对英国在香港权益的侵犯。①这一点便成为某些人指责粤方侵犯英国在香港权益的依据。调查委员会就认为，由于香港是自由港，因此任何从香港出口的货物都不能被视为违禁品，任何船只从香港驶出后，只要尚未驶入内地口岸或在内地领土上卸货，都不能被定性为走私。而且港府理应保障来此经商的华人享有完全自由的贸易权，无论是进口还是出口贸易，都无须缴纳任何税费。而粤方把进出香港的民船视为利薮，进而无视香港的自由港地位和中英两国间的条约规定，强行征税以填其欲壑，这就是对英国在香港权益的公然侵犯。②香港洋商总会也指出，香港既已割让给英国，清政府便无权封锁香港港口的出入口，不能对香港与外界发生的贸易活动征税。③ 1874 年 9 月 14 日在香港市政厅集会的那批商人也提道：粤方的“封锁”行动违背了 1869 年粤港双方达成的协议。④

上述说法触及一个核心问题，即中国领地（含领水）的界限问题，即哪些区域当属中国领地，船只一旦驶入这些区域即须接受清政府方面的盘查、缉私、征税等。英国殖民地部大臣、前任驻华公使阿礼国和广州领事罗伯逊均认为此际香港的辖境包括香港岛和九龙半岛（含陆地近岸水域），以及两者之间的维多利亚湾，这一区域外围的水域则为中国领水，因此清政府有权在邻近香港港口的香港辖境外水域对过往民船征

① 港府：《坚尼地致卡纳封专函附件之二》（HKGH，E. 2 in K. to C.），见 *BPP*，vol. 25，第 360 页。

② 港府：《坚尼地致卡纳封专函附件之二》（HKGH，E. 2 in K. to C.），见 *BPP*，vol. 25，第 365 ~ 367 页。

③ 港府：《坚尼地致卡纳封专函附件之四》（HKGH，E. 4 in K. to C.），见 *BPP*，vol. 25，第 373 页。

④ 港府：《坚尼地致卡纳封专函附件之二、之四》（HKGH，E. 2，E. 4 in K. to C.），见 *BPP*，vol. 25，第 389 ~ 391 页。

税。[①] 亦即只要粤方的缉私船不驶入维多利亚湾、不在香港岛和九龙半岛近岸水域缉私，就不构成对英国在香港权益的侵犯；而无论封锁香港港口的出入口也罢、拦截查扣民船也罢，都属于粤方在自己辖境内的举动，与是否损及香港的自由港地位无关。此外，1869 年粤港双方达成的协议只是规定严禁心怀歹意之徒驾驶悬挂海关旗帜的巡船到海上强行拦截商船违规征税。罗伯逊认为该协议只是禁止个人违规动用海关巡船从事与海关公务无关的工作，这与缉私船奉命打击走私活动是两码事。[②] 他还指出，诚如港方会认为粤方的做法损害了其正当权益一样，港府对此类民船走私贸易的纵容同样也损害了粤方的权益。一部分走私者成功逃避了本应向粤方缴纳的赋税，还有一部分走私者在被缉私船擒获之后又挑动港府出面代其向粤方交涉，而港府若出面干预此类事件，不仅涉及繁杂的交涉手续，而且没有健全的法规可以依据，结果只能是自找麻烦。[③] 这就进一步表明粤方“封锁”香港的行动纯系清廷内政，没有侵犯英国在香港的权益。广东地方政府的相关表态当然更为直白：华人虽可赴香港经商牟利，但这并不意味着粤方由此便丧失了对这些华人属民的管理权，粤方在中国领水内打击属民开展的走私活动与香港无涉。[④]

3.《天津条约》涉及贸易问题的有关条款究竟该如何解释

罗伯逊曾提及中国内贸活动的纳税程序，即货物从一处运往另一处时，需要在始发港缴纳内地税之一出口税，在目的地港缴纳内地税之二进

---

① 英国外交部：《外交部致殖民地部专函附件之一》（FO，E. 1 in FO to CO），见 *BPP*，vol. 25，第 398 页。（唐宁街）英国首相官邸：《殖民地部致外交部专函》（DS，CO to FO），见 *BPP*，vol. 25，第 426～427 页。

② 港府：《坚尼地致卡纳封专函附件之七、之八》（HKGH，E. 7，E. 8 in K. to C.），见 *BPP*，vol. 25，第 391～393 页。

③ 港府：《坚尼地致卡纳封专函附件之二》（HKGH，E. 2 in K. to C.），见 *BPP*，vol. 25，第 365 页。港府：《坚尼地致卡纳封专函附件之五》（HKGH，E. 5 in K. to C.），见 *BPP*，vol. 25，第 374～375 页。英国外交部：《外交部致殖民地部专函附件之一》（FO，E. 1 in FO to CO），见 *BPP*，vol. 25，第 401 页。

④ 英国外交部：《外交部致殖民地部专函附件之二》（FO，E. 2 in FO to CO），见 *BPP*，vol. 25，第 433 页。

口税，此外还有一些额度不固定的小额杂税，在广州这类杂税被称为销号税。60 年代以后随着香港作为中国内贸中转站的地位日形巩固，问题便随之而来。那些载货直驶香港的民船只在始发港缴纳过内地税之一出口税，却未向任何税关缴纳过内地税之二进口税；那些由香港载货直驶内地口岸的民船同样也只需缴纳内地税之二进口税，却未向任何税关缴纳内地税之一出口税；而销号税在这个过程中也被逃掉了。这就促使粤方采取措施来加以反制。粤方指出，民船载货进出香港应当按照《天津条约》所规定的对外贸易税率缴税。民船须在始发港缴纳内地税之一出口税，在驶抵香港之前还须在粤方设在香港港口外围的税卡按照对外贸易税率再度缴纳（对外贸易）出口税，返程时亦然，否则当按逃税处理。[①]

下文将会述及民船由内地载货驶往澳门的税赋支出较之驶往香港要低 40%，其原因就在于民船进出香港要按照上述对外贸易税率缴税，而进出澳门则只需缴纳前述两种内地税即可。这就引发了商人的不满，在商人们看来，港澳同为自由港[②]，缘何一个税轻一个税重；商人由此质疑粤方有何权力对进出香港的华商民船按照对外贸易税率征税。罗伯逊则认为，《天津条约》相关条款在基本立意层面暗含了要对出口到外国或从外国进口的货物按照对外贸易税率征税，而不论这些货物的货主是中国人还是外国人。因此，由于香港和澳门这两个港口此际分属不同地方，两地税率不同实属正常。[③]

英国殖民地部大臣却认为粤方以《天津条约》相关条款为依据对涉港贸易先行征收内地税之后，再按照对外贸易的税率二次征税，完全是乱弹琴。他注意到《天津条约》只是规定了在通商口岸城市从事对外贸易的英

① 英国外交部：《外交部致殖民地部专函附件之一》（FO, E. 1 in FO to CO），见 *BPP*, vol. 25，第 430 ~ 431 页。

② 澳葡当局于 1844 年自行宣布澳门为自由港，但这种自由港地位在 1887 年以前并未得到清政府的承认。

③ 英国外交部：《外交部致殖民地部专函附件之一》（FO, E. 1 in FO to CO），见 *BPP*, vol. 25，第 432 页。

国商人须按照对外贸易税率纳税，而这与华商的贸易活动完全不搭界。因此该大臣指出，《天津条约》的主旨是按照货主的国籍来判定其到底适用哪一种税率，而不是按照货物的输出地或来源地来判定适用的税率。况且华商贩货至马尼拉、西贡等外国口岸时，也无须在缴纳内地税之一出口税之后，再按照对外贸易税率二次缴纳相应的税赋，唯独对贩货驶往香港的民船实施二次征税，这无疑会使那些在内地与香港之间贩货往来的华商损失惨重。因此他强烈质疑粤方究竟有没有这样的权力对此类涉港贸易两度征税。① 可见由于《天津条约》相关条款的意涵不明确，进而造成不同的人产生不同的理解，但从今日的思维模式来看，罗伯逊的理解似更合乎逻辑。

4. 粤方是否打算毁灭香港的贸易繁荣景象

有不少香港华商认为，香港开埠后商贸活动日渐繁荣，使得广州昔日所享有的那种“天子南库”的地位逐步陵夷，由此导致广东官府以嫉妒的心理来审视香港的发展，进而借助于“封锁”行动来遏制香港的繁荣。② 以香港永安泰行行东褚清衡、KHS 号民船船主倪明亭为代表的一批商人则痛批广东地方官员是在利用香港政府的友善态度以遂其贪心，打着缉私的名义或将进出香港的船货押往广州没收、变卖以自肥，或向商人实施敲诈勒索，从而变相逼迫商人放弃香港改赴广州等口岸开展贸易活动。③ 例如有台湾船只在驶近香港时被缉私船查扣，在船主进行交涉的过程中，对方勒令其缴纳的罚金额从 1000 元暴涨至 3290 元。港府大律师海勒认为粤方

① （唐宁街）英国首相官邸：《殖民地部致外交部专函》（DS，CO to FO），见 *BPP*，vol. 25，第 437 ~ 439 页。

② 港府：《坚尼地致卡纳封专函附件之二》（HKGH，E. 2 in K. to C.），见 *BPP*，vol. 25，第 360 页。港府：《坚尼地致卡纳封专函》（HKGH，K. to C.），见 *BPP*，vol. 25，第 449 页。

③ 港府：《坚尼地致卡纳封专函附件之二》（HKGH，E. 2 in K. to C.），见 *BPP*，vol. 25，第 361 页。港府：《坚尼地致卡纳封专函附件之三》（HKGH，E. 3 in K. to C.），见 *BPP*，vol. 25，第 379 页。港府：《坚尼地致卡纳封专函附件之十四》（HKGH，E. 14 in K. to C.），见 *BPP*，vol. 25，第 384 页。

此举毫无法律依据可言，要求当事人缴纳如此巨额的赎金简直就是赤裸裸的敲诈。[①] 还有很多华商指出，粤方之所以要对贩货驶往香港的民船在始发港和途经港（如广州）或香港外围税卡两度征税，就是为了弥补不能在香港直接征税所造成的损失。此外，调查委员会也发现，即便被扣船只事后经核实确系合法商船而非走私船，船主所得到的赔偿额也极低。[②] 若上述言论属实，就反映出粤方拟借助于“封锁”行动乃至敲诈勒索之类的手段来毁灭香港的贸易繁荣景象，进而使广州恢复昔日的地位。

但罗伯逊则明确表示上述论调有悖于常理。他指出香港作为小岛型城市，主要职能是借助其优越的港口条件和自由港制度来中转中外贸易的大宗商品；而广州则是面向广大内陆腹地集散和分销货物的中心。这两个城市就其在经济层面所发挥的城市功能来看，并不存在太多竞争关系。广东官宪很明白这个道理，又岂能毁掉香港繁荣的贸易局面从而自断税源呢？他认为广东官宪对香港的不满其实只有一处，即香港渐渐发展成为一个走私巢穴，导致粤方不得不面临税赋流失的后果。因此只要港府能够妥善解决来港贸易的华商依照规定向粤方缴税的问题，那么粤方肯定会乐见香港的贸易日益繁荣。[③] 罗伯逊科学分析了香港、广州两城市在贸易领域所发挥的不同功能，有力驳斥了某些别有用心者的那番论调。

况且到了19世纪70年代中叶，广东官府已就民船与香港发生贸易往来时所应遵循的纳税方式做出了四条明确规定：一、从香港贩货至中国内地，船只须先驶往粤方设在香港港口外围的税卡呈单纳税以取得盖有官印的统税单据，在后续行驶途中遇到缉私船盘查时凭此单据显示单货相符可

---

① 港府：《坚尼地致卡纳封专函附件之二》（HKGH，E. 2 in K. to C.），见*BPP*，vol. 25，第366～367页。港府：《坚尼地致卡纳封专函附件之十五》（HKGH，E. 15 in K. to C.），见*BPP*，vol. 25，第386～387页。

② 港府：《坚尼地致卡纳封专函附件之二》（HKGH，E. 2 in K. to C.），见*BPP*，vol. 25，第365页。（唐宁街）英国首相官邸：《殖民地部致外交部专函》（DS，CO to FO），见*BPP*，vol. 25，第438页。

③ 英国外交部：《外交部致殖民地部专函附件之一》（FO，E. 1 in FO to CO），见*BPP*，vol. 25，第399页。

获放行。二、如果船主在申领统税单据时隐匿或虚报货物，或以其他方式逃税，被缉私船拦截检查后发现单货不符，则将会面临船货全部没收的处罚。三、从内地贩货至香港的民船，也须先行驶往邻近口岸或沿海税卡呈单纳税以取得统税单据供沿途缉私船检查，若遇到缉私船盘查时拒不呈验此类单据，船主（或货主）将被视为走私者。四、准许沿海税卡发放统税单据的目的纯粹就是为了便利商船与香港开展贸易往来，从而免去商船绕道广州获取统税单据的麻烦。由于商人驾船从内地驶往香港与从香港驶往内地都可以很方便地获得统税单据，因此缉私船检查民船是否携有与船货相符的统税单据，就成为判断该船是否参与走私的可靠手段。① 港督坚尼地与有关官员讨论了粤方的上述征税体制之后表示，这套方案总体而言还算差强人意。② 由此可见，民船商人要获取统税单据并不难，因此遇到缉私船盘查而无法出示此类单据者十有八九当属走私者，粤方对走私者施以严惩并无不妥。

5. 粤方“封锁”香港是否对进出香港的合法民船贸易造成危害

香港洋商总会的一些商人认为，粤方的举动使往来香港的华商皆有不堪滋扰之苦。如粤海关监督曾强令所有民船在驶往香港之前，均须先赴广州缴纳相关的税费，否则被缉私船拦截后将可能面临船货一并没收的处罚。香港与周边汉港及海南岛等地的贸易渠道原本很便利，可是照此规定，由这些地方驶往香港的民船日后将不得不额外行驶 90 英里到广州缴税，商人因此裹足不前。而当厘金局、盐运使下辖的缉私船只也不断增多，并由洋员操驾彭超海号蒸汽巡船统一指挥之后，“封锁”之势愈加严密，一度使得任何民船在驶离香港之际都会遭到此类船只的野蛮拦截和盘查。加之粤方派有大量谍报员在香港港口刺探民船动向，缉私船所得情报颇为可靠，甚至有民船刚刚驶离香港海岸数英尺，即遭缉私船火

---

① 港府：《坚尼地致卡纳封专函附件之六》（HKGH，E. 6 in K. to C.），见 *BPP*，vol. 25，第 375 页。

② 港府：《坚尼地致卡纳封专函附件之八》（HKGH，E. 8 in K. to C.），见 *BPP*，vol. 25，第 376 页。

力攻击。① 此外，在粤方开展“封锁”行动的早期，还常常会伴生一种令诚实守法的商人感到冤枉的缉私行为。这些商人其实并未参与走私活动，只不过是在他们雇来运输货物的船上发现了其他商人夹带的走私物，由此导致全船货物统遭没收，这种过于简单化的缉私方式必然会殃及无辜者。②

另一部分香港华商则指出粤方的行动使香港陷于邪恶的“封锁”当中，导致大量商船遭查扣，贸易活动因之一片萧条。有华商声称，“仅在过去两年间（按：1872 年下半年至 1874 年上半年）就有 300 余艘商船被押送至广州扣留，粤方的行动已经引发了商人群体的恐慌，很多华商已不敢再往香港运货”。1874 年，调查委员会及港府总注册师史密斯、永安泰行行东褚清衡等人也曾向港府报告，每天都有驶往香港的民船在香港附近水域遭粤方缉私船查扣，曾经非常繁盛的民船贸易此际已经变得极为萧条，特别是香港与广东西海岸地区及海南岛的民船贸易已近乎陷于停顿，香港市场上英国工业品的销路因此大受影响。③

针对上述斥责粤方滋扰华商民船的言论，罗伯逊指出，税卡及缉私船所征收的各项税赋是清政府财政收入的正当组成部分，此类民船往返香港贩货的贸易越繁盛，清政府所能征收到的税赋也就越多，因此粤方怎么会去恶意滋扰乃至破坏此类贸易进而自断财源呢？那些反对粤方“封锁”行动之人经常挂在嘴边的一句话就是“粤方的行动欲置香港于死地”，可是拿不出任何实实在在的证据来证明粤方确实怀有这样的预谋；而民船走私

---

① 港府：《坚尼地致卡纳封专函附件之四》（HKGH，E. 4 in K. to C.），见 *BPP*，vol. 25，第 370～371 页。

② 英国外交部：《外交部致殖民地部专函附件之一、之二》（FO，E. 1，E. 2 in FO to CO），见 *BPP*，vol. 25，第 440～441 页。

③ 港府：《坚尼地致卡纳封专函附件之二》（HKGH，E. 2 in K. to C.），见 *BPP*，vol. 25，第 361～362 页。港府：《坚尼地致卡纳封专函附件之二》（HKGH，E. 2 in K. to C.），见 *BPP*，vol. 25，第 366 页。港府：《坚尼地致卡纳封专函》（HKGH，K. to C.），见 *BPP*，vol. 25，第 368 页。港府：《坚尼地致卡纳封专函附件之三》（HKGH，E. 3 in K. to C.），见 *BPP*，vol. 25，第 378～379 页。港府：《坚尼地致卡纳封专函附件之二》（HKGH，E. 2 in K. to C.），见 *BPP*，vol. 25，第 389～390 页。港府：《坚尼地致卡纳封专函附件之四》（HKGH，E. 4 in K. to C.），见 *BPP*，vol. 25，第 454 页。

逃税就是在欺骗政府，粤方的行动只是为了应对此类欺诈行为，而并不会伤及合法的贸易活动。从这一时期的《香港政府宪报》上所刊载的民船贸易统计数据来看，除了1873年这个贸易大萧条的年份，在其他年份与香港发生贸易往来的民船数量都保持了稳定增长的势头。即便是在1873年这个大萧条的年份，进出香港的民船也只比1872年减少1291艘次，就算将这一结果完全说成是由粤方查扣民船造成的，那么这一减少量也只占全部民船数量的4%，不足以对民船贸易从整体上造成毁灭性的打击。从1872年下半年到1874年上半年的两年间，累计只有18桩涉及缉私船查扣民船的案件经由港府出面委托领事本人与粤方交涉，如果大量涉案民船商人果有冤情需要申诉的话，恐怕不会只有区区18桩案件吧。真实的情况是船主已诚实纳税的那些民船很少会被查扣，以在广州—香港间承运大宗货物的船只为例，这类船只所载运的货物多为值钱的鸦片、茶、丝等进出口物资，如果粤方缉私船对此类船只狠敲竹杠的话将会获利丰厚，可他从未听说此类船只被缉私船查扣过；因为这类船只已在广州或香港外围税卡缴纳了相关的税赋并取得了统税单据，缉私船当然也就不会查扣这类船只了。而绝大多数被查扣的商船都是在广东沿海从事走私贸易的民船，由于粤方很难从源头上对此类船只加以监管，因此只得从末端入手在香港周边水域拦截、盘查此类船只，这是正当的缉私行为，毋庸非议。① 罗伯逊最终指出，固然人人皆盼望涉港贸易活动免遭任何不义之举的危害，但是下面的结论其实颇为公允：备受部分商人抱怨的粤方缉私船拦截、查扣民船的行动并非旨在扼杀进出香港的合法贸易活动，也不会对此类贸易活动造成危害，只有那些专搞走私的商人会由此而感到不便。②

笔者认为，粤方的“封锁”行动肯定会在一定程度上影响到进出香港的民船贸易，也肯定会有从事合法贸易的民船遭到缉私船的滋扰。譬如一

---

① 英国外交部：《外交部致殖民地部专函附件之一》（FO, E. 1 in FO to CO），见*BPP*, vol. 25，第394～395页。

② 英国外交部：《外交部致殖民地部专函附件之一》（FO, E. 1 in FO to CO），见*BPP*, vol. 25，第398页。

些案件当事人就曾声称，民船在遇到缉私船拦截盘查时，为了避免耽搁，几乎不得不向参与盘查的员司馈赠各种礼品以示打点，而此类礼品从未被拒收过。① 但是这种滋扰行为是主流还是支流值得进一步辨析。如果仅凭某些人的一面之词，就会误以为粤方的缉私行动充斥着各种腐败行为，笔者在整理史料时最初就曾产生过这样的印象；而在充分研判、辨析了众多交涉案件所曝出的事实真相之后，就会得出下述与罗伯逊相似的看法：一些华商（尤其是奸商）已习惯于援引外部力量（如港府）来干扰粤方正常的执法行为，即便他们根本没有遭到不公正的对待，也会采用小题大做或栽赃于粤方的伎俩来争取有利的结果。总体而言，缉私员司的滋扰行为肯定不可能杜绝，但并不能就此全盘否认粤方的缉私行动具有正当性；相比之下，那些提请港府出面与粤方交涉查扣船只案件的华商则基本都不是诚实本分的商人，而是走私者。② 由此可见，走私者才是粤方的“封锁”行动所主要针对的害群之马，而从事合法贸易的商人所受到的滋扰不会很严重。此外，关于在早期的缉私行动中屡屡出现的那种殃及无辜者的行为，两广总督刘坤一于1876年发布文告予以纠正，代之以只对具体的走私者施以处罚，进而树立起不知情者不为罪的原则，此类冤案的数量遂明显减少。③

针对前述指责粤方的“封锁”行动导致香港的贸易活动一片萧条之类的说法，罗伯逊特意开列出1867—1873年香港棉、毛纺织品进口量统计表，从表中可以发现尽管进口量存在年际波动，但是并没有表现出明显下降的趋势。此外，香港华人聚居区的人口不断增多，新建房屋的数量也在持续增加，且房租与地价均呈上涨之势，这恰恰反映出香港华商的生意日

---

① （唐宁街）英国首相官邸：《殖民地部致外交部专函》（DS, CO to FO），见 *BPP*, vol. 25，第437页。港府：《坚尼地致卡纳封专函附件之一》（HKGH, E. 1 in K. to C.），见 *BPP*, vol. 25，第443页。

② 英国外交部：《外交部致殖民地部专函附件之一》（FO, E. 1 in FO to CO），见 *BPP*, vol. 25，第421～422页。

③ 英国外交部：《外交部致殖民地部专函附件之一、之二》（FO, E. 1, E. 2 in FO to CO），见 *BPP*, vol. 25，第440～441页。

渐兴隆，而非不断衰退。[1] 针对某些商人引用香港港务局的统计数字所证实的“进出香港的民船所承运的货物大幅减少”这一提法，罗伯逊也进行了细致分析。他认为，由于1873年是一个贸易大萧条的年份，由国外运货经停香港的轮船数量本身就有所减少，而且这样的场景在各个通商口岸都在上演，香港的贸易活动不够活跃也实属正常。因此某些商人所抛出的“如果粤方停止封锁，民船贸易就能维持昔日那种繁盛的态势”之类的说法显然站不住脚，因为粤方“封锁”香港并不是造成香港贸易萧条局面的根本原因。此外，进出香港的民船数量有所减少这种现象也不带有全局性，香港港务局的报告特别指出民船贸易的缩减集中出现在两个方向上，其一为香港—澳门方向，其二为香港—粤东北方向。而在这两个方向的水道上近来恰恰新开辟了轮船航线，原先由民船承运的货物已有不少改由轮船运输了，因此导致这两个方向的民船贸易规模缩减的原因也就不难体察了。进出香港的民船数量虽有所减少，但实际的贸易量则未必有相应比例的减少，这才是港务局的报告所要表达的确切意涵；某些商人却将港务局的报告断章取义地解读成一种偏离事实真相的场景。同时，1875年的特大台风造成大量民船倾覆或损坏；部分外贸商品（如汕糖）近来也不再经香港转口输往海外市场（如日本），改为直接出口海外市场；诸如此类的因素都会导致进出香港的民船数量有所减少，而这都与粤方的“封锁”行动无关。[2] 罗伯逊继而指出，近年来进出香港的民船数量基本维持在56000艘次/年，绝大多数船只在进出香港时都载满了货物。这些船只当中有2/3来自东南沿海地区，可见粤方的“封锁”行动并没有将民船驱离香港。粤方的做法实际上保护了那些诚实纳税的商人免受走私者的不正当竞争，进而将涉港贸易活动纳入一种正规的管理体制之下。这与前些年洋税务司制

---

① 英国外交部：《外交部致殖民地部专函附件之一》（FO, E. 1 in FO to CO），见 *BPP*, vol. 25，第396～398页。

② 英国外交部：《外交部致殖民地部专函附件之一》（FO, E. 1 in FO to CO），见 *BPP*, vol. 25，第396～397页。英国外交部：《外交部致殖民地部专函附件之二》（FO, E. 2 in FO to CO），见 *BPP*, vol. 25，第423～424页。

度登场之后，各口海关开始规范进出口贸易管理体制的做法如出一辙。[①]罗伯逊此言把香港贸易萧条（及民船贸易量缩减）与粤方的“封锁”行动之间那种“莫须有”的关联撇清了。香港立法会的一些议员也指出，尽管粤方采取了“封锁”香港的行动，但香港的贸易场景一年比一年繁荣。[②]此言无意间道出了真相。

6. 粤方开展缉私行动时拥有多大的权限

这里要分析的是两类本不应引发争辩的问题：一是粤方开展缉私时能否越界执法；二是粤方有没有权力拦截非广东省的民船并强行征税。但这两类问题并不容易处置。

第一个问题原本无须商榷，清政府当然无权在香港管辖的区域（含水域）内缉私。但实际情况往往比较复杂，有时候也会在一些意外因素（如天气原因）的影响下确实发生越界缉私行为，争议也就随之而来。一些香港华商认为与“封锁”相伴的缉私行动基本上都是在香港水域内进行的，因为这一水域是船只驶往香港港口的必经之路，在此缉私如同瓮中捉鳖，而假如在这一水域之外缉私，难度就会增大。[③] 调查委员会也认定了华商的上述说法；而当罗伯逊就此与粤方进行交涉时，对方表示已三令五申禁止缉私船驶入香港水域滋扰民船，并承诺会进一步核查有关缉私船越界执法的指控是否属实。[④]

随着调查的深入，罗伯逊逐步确认了“近乎全部的拦截和查扣民船的行为都是在香港水域发生的”这种说法与事实不符。尽管确实发生过缉私船在追击走私民船的过程中闯入香港水域并查扣船只的事件，但两广总督

① 英国外交部：《外交部致殖民地部专函附件之一》（FO，E. 1 in FO to CO），见 *BPP*，vol. 25，第400页。

② 港府：《坚尼地致卡纳封专函附件之一》（HKGH，E. 1 in K. to C.），见 *BPP*，vol. 25，第451页。

③ 港府：《坚尼地致卡纳封专函附件之二》（HKGH，E. 2 in K. to C.），见 *BPP*，vol. 25，第361页。

④ 港府：《坚尼地致卡纳封专函附件之二》（HKGH，E. 2 in K. to C.），见 *BPP*，vol. 25，第365～366页。

事后严惩了涉事缉私船的管带和船员。这就说明粤方并不支持此类越界执法的行为，而且此类行为最终经调查坐实者为数不多。此类行为之所以被某些人（特别是走私者）大加渲染，往往是这些人出于“反咬一口”的动机而故意抛出一些歪曲之词和不实之词。这一点在下文将要述及的 KHS 号民船走私案中表现得很清楚。①

第二个问题则涉及不同省份乃至广东省内不同征税机构之间的利益争夺，因此纠纷频发。有很多民船从香港载货之后，原拟驶往广东省外的口岸，此类民船同样也会被粤方缉私船拦截，并在被迫缴税（从而获得统税单据）之后方可继续驶往目的地口岸。论理民船在缴税后获得的统税单据应当视为所有赋税一概缴清的证明，可是当这些船只在驶抵福建等省的口岸之际，又被当地税关勒令再次缴纳相关的税赋，其先前在广东缴税后获得的统税单据并不受认可。② 甚至连本省海南岛的官宪也不认可船主出具的在省会广州或沿海税卡取得的统税单据，强令商人再次缴税。③ 这就说明粤方在无力充分保障统税单据效力的前提下，强行对外省（及一部分本省）民船征税，的确使部分商人因重复纳税而蒙受损失。

对此粤方只是答复船只从外省载货驶往香港，除应（在始发港）缴纳厘金之外，还须按照对外贸易税则在邻近的通商口岸缴纳（对外贸易）出口税。因此，如果这类外省民船只能出示厘金单据而不能出示外贸出口税单据，就足以证明其涉嫌逃税，理应由粤方代为补征。④ 粤方这样操作确实有据可依，后文将通过详解 KHS 号民船走私案来展示粤方这样做的合理性。至于福建及海南岛等地的官宪不认可统税单据的效力，则是基层官场

---

① 英国外交部：《外交部致殖民地部专函附件之一》（FO，E. 1 in FO to CO），见 *BPP*，vol. 25，第 399～400 页。

② 港府：《坚尼地致卡纳封专函附件之二》（HKGH，E. 2 in K. to C.），见 *BPP*，vol. 25，第 366 页。

③ 港府：《坚尼地致卡纳封专函附件之四》（HKGH，E. 4 in K. to C.），见 *BPP*，vol. 25，第 371 页。

④ 港府：《坚尼地致卡纳封专函附件之二》（HKGH，E. 2 in K. to C.），见 *BPP*，vol. 25，第 367 页。

盛行贪腐之风的典型例证，后文将述及这些基层官员也是一伙妨碍正常贸易活动顺利开展的害群之马。

通过对以上六类争议问题进行解析，孰是孰非不言自明。诚如罗伯逊所言，香港的存在助长了华人的走私之风，粤方必须设法应对。粤方“封锁”香港之后，使那些习于靠走私牟利之徒处处碰壁，于是便有了无休止的抱怨之声诉诸港府。走私活动是引发粤港双方互不信任乃至失和的源头，有远见者应从大局着眼来维护中英关系的和平态势，而不应从保护某些小团体的利益出发来处理双方的纠纷。从他经手交涉的一些纠纷案来看，几乎每一桩案件的涉案人都在大搞走私活动。港府对贸易活动的保护不应超出必要的限度，对于那些来香港纯粹就是为了搞走私的华商，港府更不应当对其滥施保护。这样的保护只会导致粤方选择和港府对着干，使港府的处境更加被动。针对某些人所发出的种种搅乱视听的言论，港府最明智的做法就是置之不理。等这些人意识到他们的“喊冤”“叫屈”之声不再能博得外界的同情之后，就会放弃走私，改而通过合法方式来香港做生意。粤方无疑有权在其辖境内以最有效的方式对民船贸易征税，现行的征税体制有助于解决很多令人恼火的问题，民船在香港附近的税卡缴税之后即可免去很多麻烦。而且没有明确的证据可以证明粤方此举旨在扼杀香港在贸易领域所具有的那种旺盛的活力，因此也就不能谴责粤方的此类“封锁”行动有何不当。①罗伯逊的立场最终得到英国殖民地部大臣的肯定，该大臣也认为：当前的事态将香港置于一种保护走私贸易的污名之中，并使有关各方均感恼火；而广东沿海汊港众多、洋面广袤，如果粤方不采取现行的这套制度来打击走私活动，就无以遏制其猖獗的势头，因此粤方在其领水内或外海（公海）拦截并搜查其本国属民的船只，当属一种无可非议的权利。②

---

① 港府：《坚尼地致卡纳封专函附件之五》（HKGH，E. 5 in K. to C.），见 *BPP*，vol. 25，第375页。英国外交部：《外交部致殖民地部专函附件之一》（FO，E. 1 in FO to CO），见 *BPP*，vol. 25，第393～398页。

② （唐宁街）英国首相官邸：《卡纳封致坚尼地专函》（DS，C. to K.），见 *BPP*，vol. 25，第406～408页。

三、真相揭秘——谁是真正的害群之马

由“封锁”香港而引发粤港双方交涉的案件层出不穷，以下先概要性地列举引发有关各方激烈争执的六桩代表性走私案件，旨在使读者了解此类案件的一般性质；继而择取三桩影响较大的案件加以详解，意在阐明在这些争执当中谁是真正的害群之马；最后补充叙述粤方负责征税和缉私的基层官员、兵弁的丑恶行径，以期展示这些人对正当贸易活动造成的危害。

1. 民船走私活动概览

下面通过列表的形式概要展示 1873 年 6 月—1875 年 3 月间发生的六桩具有代表性的民船走私案，以使读者先对这一时期进出香港的民船走私活动获得一个大致的印象。

表 7.1　六桩代表性民船走私案件一览表

案件名称与案情梗概	交涉理由	案情真相
1873 年 6 月 THS 号民船走私硝石案：案件当事人试图从香港走私硝石到内地出售，被缉私船查获。	船只被查扣时正停泊在香港水域，粤方缉私船无权在这一水域执法。船只在这一水域载有违禁品，尚不构成违法。	该船载有硝石潜伏于香港水域多日，企图伺机将硝石运至内地脱手。6 月 12 日海上刮起大风，该船趁机扬帆起航，在驶入中国水域后被缉私船查扣。该船被查扣时处于全速航行状态，故走私事实完全成立。
1873 年 6 月 KCH 号民船走私硝石案：案件当事人企图从香港运输硝石至内地脱手，后被粤方缉私船俘获。	船只被查扣的地点位于香港水域，粤方缉私船涉嫌越界执法。	该船曾于 6 月 13 日从香港驶出，赴粤方设在香港附近 TT 岛的税卡缴税，随后折回香港水域停泊，并加载了 338 包硝石，后于当晚企图摸黑驶离香港水域时被粤方缉私船发现，该船迅即调头逃离。不过在抓捕过程中刮起西南风，该船顺风漂流，最终被俘获的地点可能位于香港水域。粤方确有可能涉嫌越界执法。

（续表）

案件名称与案情梗概	交涉理由	案情真相
1873 年 9 月 YA 号民船走私鸦片并伪造纳税单案：当事人企图从香港贩运 111 颗鸦片球至内地，被缉私船拦截后，船主声称已为这些鸦片缴过税，但其出示的纳税单据疑系伪造。	当事人一口咬定案发时所出示的纳税单据并非由其本人伪造，而是税卡员司故意发给了他假造的纳税单据。	这份伪造的纳税单上只写明为 80 颗鸦片球纳税，另外 31 颗鸦片球则未纳税。缉私员司后来还在该船上搜到另外一张正规的鸦片球纳税单据，该单据显示当事人只为极少量的鸦片球缴过税。因此当事人的走私意图很明显。
1873 年 12 月 SKL 号民船走私杂货案：船主企图由香港走私一批杂货至内地，后被缉私船查扣。船主当场伏法之后又请求港府出面向粤方交涉，以求得宽大处理。	走私行动系船主所为，其他货物托运人并不知情，他们的货物不应被扣留。该船是在香港水域遭查扣的，粤方涉嫌越界执法。	该船主派出的交涉助手在向英国驻广州领事罗伯逊提交相关证明材料时出现重大失误，将该船主与货物托运人密谋走私行动的机密信函当作证明材料交给了对方，该信函使这伙人的走私计划彻底暴露。船只被扣地点位于中国水域。
1874 年 11 月 STL 号民船逃税案：该船往返于内地与香港间运输糖等货物达七八年之久，船主自称从未缴过税。	粤方缉私船将此船查扣，并羁押了四天，获释时一部分所载船货被掠走。	糖并非免税商品，须先行缴纳出口税后方可运往香港。该船主竟然在从不纳税的情况下向香港运输糖达七八年之久，这只能说明他已习于走私。
1875 年 3 月 WCL 号民船逃税案：该船载运匹头货由香港驶出，初拟赴粤方设在香港附近的 CC 税卡缴税。后因遭遇恶劣天气，被风吹至香港水域后遭粤方缉私船查扣。	船只并非蓄意逃税，且被扣地点位于香港水域。	船主确实怀有逃税的动机，因此驾船改驶另外一条航线意欲绕过 CC 税卡，结果被缉私船俘获。后经核实，天气恶劣之说不成立，该船被俘获的地点也不在香港水域，而在 CC 税卡以南的中国水域。

资料来源：英国外交部：《外交部致殖民地部专函附件之二》（FO，E. 2 in FO to CO），见 *BPP*，vol. 25，第 401 ~ 404 页。

以上案例展示出的缉私场景使我们初步了解了走私活动的危害性及猖獗性，也基本弄清了谁是真正的害群之马。当走私船被查扣之后，涉案人总是绞尽脑汁来周旋应对，或试图使部分案犯免受处罚，或要求降低罚款额，乃至想通过抵赖、捏造事实、假造单据、胡搅蛮缠来逃避处罚。还有一些案件当事人则竭力散布与事实不符的小道消息，利用部分公众反对粤方“封锁”行动的心理来造势，从而将水搅浑误导舆论，下文将详述三桩典型案件。

2. 典型案件详解

KHS 号民船走私案、WCL 号民船逃税案、（1876 年）粤方（假）谍报员敲诈香港华商案三桩案件，或曾引发有关各方的激烈争执，或曾产生过较大的社会影响，因而有必要加以详解。此外，案件在处理过程中也曝出很多与走私和缉私相关的秘闻，这些秘闻所反映出的内幕场景有助于我们深化对“封锁香港”问题的认识。

（1）KHS 号民船走私案

这是一桩颇为典型的民船走私案。涉案船主一度将水搅得很浑，令旁观者真伪难辨，莫衷一是。不过在调查过程中案情得以逐步澄清，走私真相也就大白于世。

该船于 1874 年 3 月从台湾淡水港载货驶出，在当地已缴纳过厘金等税费，后在驶至香港附近的鲤鱼门水域时被粤方缉私船拦截，因船主无法出示统税单据，故该船被押往广州处置。案件当事人倪明亭指出，台湾属福建省管辖，从不设海关的淡水港载货驶往香港只需缴纳厘金、不需缴纳出口税，船只行驶途中可经停厦门，若货物不拆包，则无须在厦门缴纳任何税费，这种贸易方式已延续了七八年之久。倪明亭指控粤方横生枝节，以船主不能出具统税单之类的理由在香港周边水域（尤其是英属水域）拦截查扣由台湾驶往香港的船只，最终导致该船连同所载船货被没收后变卖。他虽然提请港府出面交涉，但具体负责交涉事宜的广州领事罗伯逊则有意偏袒粤方，致使此案不了了之。他最终认定，粤方此举的真实目的是迫使原先驶往香港开展贸易的民船改赴广州进行贸易。[1] 港府大律师海勒也颇为关注此案，他认为代理此案涉案人出面向港府提出交涉请求的赖兴是香港的一位德高望重的商人，此类商人是按照香港初受英国殖民统治之际所发布的自由贸易宣言来港经商的，这份宣言承诺港府有责任保护这些商人的权益不受侵犯。而对于驶入香港水域的船只，港府当然有义务加以保护。此际粤方公然在香港水域查扣民船，已可等同于海盗劫掠，罗伯逊就此案进行的交涉完全是敷衍了事，粤方就此案所作的答复也令人很不满，案件的处理过程极不公正。[2]

案发后，当事人与缉私员司各执一词，罗伯逊感到有必要召集双方当庭对质。可 KHS 号民船当事人始终不愿赴广州当面与粤方缉私员司对质[3]，理由是他担心一旦到了广州就会被粤方投入监狱；随后其代理人又声称强令当事人亲赴广州对质，恰恰暴露出粤方查扣民船的不正当性。[4] 在 KHS 号民船当事人迟迟不赴广州对质的情况下，粤方最终将其船货变卖；随后其代理人又辩称在船货已被变卖、所得赃款已被各级官员瓜分的情况下，再令当事人赴广州对质，这种做法纯粹就是一个骗局。种种迹象都表明 KHS 号民船当事人企图将水搅浑，借机诬陷粤方。[5]

其实清政府早有明文规定：船只从不设海关的港口驶出，如欲驶往香港，可先驶往邻近设有海关的口岸缴纳关税，然后便可驶往香港。台湾船只一般均会经停厦门，缴纳关税后再驶往香港。这条规定已实施多年，当

---

① 港府：《坚尼地致卡纳封专函附件之二》（HKGH, E. 2 in K. to C.），见 *BPP*, vol. 25，第 361～362 页。港府：《坚尼地致卡纳封专函附件之七、之十一、之十四》（HKGH, E. 7, E. 11, E. 14 in K. to C.），见 *BPP*, vol. 25，第 381、383～384 页。

② 港府：《坚尼地致卡纳封专函附件之十五》（HKGH, E. 15 in K. to C.），见 *BPP*, vol. 25，第 384～387 页。

③ 港府：《坚尼地致卡纳封专函附件之九》（HKGH, E. 9 in K. to C.），见 *BPP*, vol. 25，第 376 页。港府：《坚尼地致卡纳封专函附件之十五》（HKGH, E. 15 in K. to C.），见 *BPP*, vol. 25，第 381、383～384 页。

④ 港府：《坚尼地致卡纳封专函附件之十四》（HKGH, E. 14 in K. to C.），见 *BPP*, vol. 25，第 384 页。

⑤ 港府：《坚尼地致卡纳封专函附件之十六》（HKGH, E. 16 in K. to C.），见 *BPP*, vol. 25，第 388 页。

事人不可能不知道。可当事人在提请港府出面交涉此案时，只字未提这些规定，而是改换成了其他旨在证明粤方违规拦截民船的证据（如船只是在香港水域被扣），表现出十足的滑头倾向。当事人自称其所在商行有八艘民船常年往来于港台两地运货，且从未申领过统税单据，据此可推知所涉逃税额度巨大。同时，当事人递交给港府的材料和递交给粤方的材料存在诸多相互矛盾之处，却又以“人身安全没有保障”为由，拒不赴广州当堂对质以澄清有关事实，恰恰彰显出其做贼心虚的面目。[①] 罗伯逊认为，综合各方面的证据来看，这是一起典型的走私案，粤方处理此案的方式并无不妥之处。而令他感到纳闷之处在于，当事人既然不愿赴广州当堂对质，却又提出要粤方赔偿损失的无理要求，他不明白当事人凭什么可以提出这样的要求。清政府从未将自己辖境内（含领水内）的属民的管辖权让渡于其他主体，因此粤方在中国领水内打击其属民开展的走私活动实属天经地义。他主张港府别去干预不在香港辖境内发生的那些纯属中国内政的事情，那样会损害中英双方的友善关系。粤方的执法行动没有值得非议之处，也没有得到港府的配合；若港府出面替那些走私者交涉，就会刺激各类欺诈性的贸易活动大行其道，使走私之风愈加猖獗。[②]

（2）WCL 号民船逃税案

此案原本只是一桩简单的民船逃税案，只不过由于粤方处理此案的方式确实殃及无辜，加之一些小道消息在案件交涉过程中越传越玄，致使包括英国殖民地部大臣在内的很多局外人都深受误导，从而使原本简单的案情变得扑朔迷离。而此案的定案过程也有助于后人体悟粤方处理此类案件的难度，进而认识到走私活动给各方造成的麻烦。

此案的基本案情并不复杂，据船主声称，WCL 号民船于 1875 年 3 月 6 日载运匹头货由香港驶出，初拟赴 CC 税卡缴税，并已备齐缴税所需呈验

---

① 港府：《坚尼地致卡纳封专函附件之三》（HKGH，E. 3 in K. to C.），见 *BPP*，vol. 25，第 378～379 页。

② 英国外交部：《外交部致殖民地部专函附件之一》（FO，E. 1 in FO to CO），见 *BPP*，vol. 25，第 400 页。

的各种单据。岂料突遇恶劣天气，该船被风吹至香港水域的 YS 湾，随后该船便被粤方缉私船以走私为由查扣。① 案发后不久，经港府代理总注册师特诺奇之口传出的一些小道消息开始引起社会各界的广泛关注，如案发时天气极为恶劣、被扣船只上的两名船员被粤方投入监狱后遭到严刑拷打等。② 随后粤港双方围绕此案涉及的以下三个问题展开一系列交涉：一、WCL 号民船是蓄意逃税还是受其他因素影响而偏离航道未及缴税；二、案发时天气状况如何，船只被查扣的地点是在香港水域还是在内地水域；三、被捕船员是否遭到粤方狱吏的严刑拷打。

案发后，负责出面交涉的是货运代理人王子善，船只被查扣时他并不在场。后经核实，王子善事先已向船主支付过 30 块银圆并命其向 CC 税卡缴税，而船主则想将这 30 块银圆私吞，因此驾船意欲绕过 CC 税卡，结果被缉私船俘获。关于天气恶劣之说也不成立，当时天气很好，这可从当日《香港政府宪报》《德臣报》《孖剌报》上所刊登的气象讯息中得到证实。该船被俘获的地点也不在 YS 湾（属香港水域），而在 CC 税卡以南的中国水域，因此该船企图逃税的事实完全成立。复经会审公廨提审两名在押涉案人当堂对质，两人均否认曾遭严刑拷打，因此特诺奇所言不实。③ 这就是此案经初步交涉后得出的一些基本结论。

为了进一步弄清真相，英国殖民地部大臣要求港督坚尼地询问特诺奇是从什么渠道获知前述小道消息的。特诺奇答复称，在中国监狱这种阴暗的魔窟里，囚犯肯定会遭到虐待，只是因为他们害怕被官府报复，所以在受审时往往不敢说自己曾遭到严刑拷打。他是从王子善那里获悉船员遭受酷刑折磨的消息，而王子善又是从被押船员翁凯沃的来信中获知其遭受了

---

① 港府：《护督奥斯汀致卡纳封专函附件》（HKGH, E. in A. to C.），见 *BPP*, vol. 25，第 417 页。

② 英国外交部：《外交部致殖民地部专函附件之三》（FO, E. 3 in FO to CO），见 *BPP*, vol. 25，第 425 ~ 426 页。

③ 英国外交部：《外交部致殖民地部专函附件之三》（FO, E. 3 in FO to CO），见 *BPP*, vol. 25，第 425 ~ 426 页。

严刑拷打。王子善则声称他确实收到过翁凯沃的来信，信中述及其在监狱里受到虐待；但由于此后双方的交涉主要围绕着被扣货物展开，船员是否遭受严刑拷打一事后来未及进一步核实真伪，因而船员的来信只能算孤证。同时特诺奇还指出，关于香港报纸上刊载的天气情况与当事人所描述的天气情况大不相同之说，也不矛盾，众所周知“一公里外两重天”的道理，报纸上刊载的只是香港港口内的天气情况，与事发地的天气情况未必相同。[①] 至此，船员翁凯沃是否受到严刑拷打固然还无法确定，但特诺奇关于案发时天气情况的解释显然过于牵强。[②] 后来特诺奇再度就此案发表意见，称船员翁凯沃到底有没有遭受粤方的严刑拷打可能确实是件“说不清楚”的事情，不过此人确实曾对王子善说过自己遭到了“虐待”，而他认为“虐待”一词含义宽泛，诸如供给的食物不足以维系基本的生存、病重之际得不到起码的救治以及牢房里累积的粪便污物不予清除等，都可视为“虐待”，而这与“拷打”在性质上并无不同。[③] 此说显然意在辩白其早先所传播的小道消息并没有严重失实，可见在传言无法得到确切事实佐证的情况下，特诺奇只好借助于曲解“虐待”一词的意涵来自圆其说，而这恰恰反映出其早先的说法是一种信口开河的言论。至此案情真相大白：WCL 号民船船主心怀蓄意逃税的动机，案发时天气状况良好，并不存在导致该船偏离航道而未及缴税的因素，船只被扣地点位于中国水域，被捕船员并未遭到粤方狱吏的严刑拷打。

（3）1876 年粤方（假）谍报员赖阿龙等敲诈香港华商案

1876 年 4 月 24 日，有四名华人被带往香港警察局对质，其中一人被另外三人指控犯有谋杀罪。警方随即进行审讯，警察局华人翻译官翁阿彷以译员的身份全程列席，由于翁阿彷昔日曾在粤方彭超海号蒸汽巡船上任职，故

---

① 港府：《坚尼地致卡纳封专函附件之五、之六》（HKGH，E. 5，E. 6 in K. to C.），见 *BPP*，vol. 25，第 446 ~ 447 页。

② 港府：《坚尼地致卡纳封专函》（HKGH，K. to C.），见 *BPP*，vol. 25，第 442 页。

③ 港府：《坚尼地致卡纳封专函附件》（HKGH，E. in K. to C.），见 *BPP*，vol. 25，第 454 页。

当场认出人犯之一赖阿龙为一诈骗惯犯，由此也就使警方迅速查明了案情真相。此案令港府感到震惊之处在于其所曝出的一些缉私秘闻，这些秘闻令港府意识到粤方对香港华商华人的挟制和滋扰可能远超乎预期的想象。①

此案是一桩典型的敲诈案，以赖阿龙为首的三名华人企图向 SL 号渔船船主郭波立敲诈勒索钱财，所采用的手段是诬陷其子参与了谋杀活动。郭波立当场抵拒了这一敲诈行为，随后三名敲诈者及郭波立之子被带往警察局接受讯问。四人经审讯之后，郭波立之子无罪开释，三名敲诈者被判刑。后经香港法院查实，此三人皆参与过粤方在香港开展的谍报活动，彭超海号蒸汽巡船上的员司与这些潜伏在香港的谍报人员保持着密切的联系，由此对进出香港港口的民船的预期动向了如指掌。②

翁阿彷由于曾在彭超海号蒸汽巡船上供职多年，他在此案审理期间向港府提供了众多涉及粤方缉私活动的机密信息，令港府为之震骇。据翁阿彷所言，彭超海号的管带是一名英国人，该船经常借口补给淡水和食物驶入香港港口停泊，并伺机与粤方派驻香港的谍报员联络。所有从香港驶出的民船皆需先行驶往粤方设在香港附近的税卡缴税，否则彭超海号就会调拨武装缉私艇将逃税民船查扣。粤方之所以能够获知民船走私活动的确切情报，缘于其在香港派驻有大量专职的谍报人员负责监视民船的动向。这些谍报人员持有广州海关洋员核发的证票，因而有资格向彭超海号提供涉及民船走私活动的情报，于是粤方的缉私船即可有的放矢地去围追堵截那些走私船。从既有的案例来看，无论是从香港载运鸦片外驶，还是从广东沿海地区载运铁锅、生猪等货物偷运香港，十有八九可能被谍报人员预先侦知，进而遭到缉私船的查扣。作为酬报，这些谍报人员可从所查获的走私物中分取 30% 作为提成。③ 这样的事实一经披露，港府就意识到事态的严重性。

本案主犯赖阿龙恰恰就是一名持有证票的粤方谍报员，不过他所持的

---

① 港府：《坚尼地致卡纳封专函》（HKGH，K. to C.），见 *BPP*，vol. 25，第 442 页。

② 港府：《坚尼地致卡纳封专函》（HKGH，K. to C.），见 *BPP*，vol. 25，第 442 页。

③ 港府：《坚尼地致卡纳封专函附件之一》（HKGH，E. 1 in K. to C.），见 *BPP*，vol. 25，第 442 ~ 444 页。

证票并不是通过正规渠道获得的，很可能是该证票的原主将该证票遗失后被他拾获的。这就为他提供了招摇撞骗的机会。他极有可能是与走私者串通一气，进而蓄意向粤方散布一些虚假的走私消息，意在将粤方的缉私船引离特定的驻泊区域，驶至虚假消息所描述的区域张网守候，而走私者即可趁缉私船驶离之际驾船离开香港。据猜测，走私者分给此人的提成当远高于粤方明文规定的30%这一比例。在一桩典型的调虎离山欺诈案当中，此人谎称一艘民船载有大量走私货企图闯关逃税，并凭借其证票成功使彭超海号驶至某偏僻水域张网守候达四天之久，结果却未能等来所谓的走私船。事后缉私员司断定此人显然是与走私者合谋，故意利用其证票调离彭超海号，其间肯定有真正的走私船趁机从其他路线驶离香港。① 翁阿彷称自己当时就在彭超海号上全程体验了被赖阿龙所诓骗的过程，因而确信此人显系地痞无赖之徒。②

香港立法会的一些议员及香港大律师金斯梅尔都认定，此案反映出由粤方主导的一套邪恶的谍报侦查制度早已在香港落地生根，粤方雇用一伙社会最底层的华人无赖充当谍报人员，这伙人进而采用威胁、讹诈、勒索等方式滋扰香港无辜商民，手段极其卑劣。③ 香港大法官约翰·斯梅尔则指出，此案多亏翁阿彷提供了可靠的证据才没有殃及无辜，而1875年发生的另一桩性质类似的敲诈案，则直接导致香港一位非常尊贵的华人的兄弟在汕头被粤方处死。事后经核查，此人的“犯罪事实”竟然都是敲诈者凭空捏造出来的。近年来这样的案件为数不少，很难想象其中到底有多少冤假错案。④

---

① 港府：《坚尼地致卡纳封专函附件之一》（HKGH, E. 1 in K. to C.），见 *BPP*, vol. 25，第444页。

② 港府：《坚尼地致卡纳封专函附件之二》（HKGH, E. 2 in K. to C.），见 *BPP*, vol. 25，第444页。

③ 港府：《坚尼地致卡纳封专函附件之三》（HKGH, E. 3 in K. to C.），见 *BPP*, vol. 25，第444～445页。港府：《坚尼地致卡纳封专函附件之一》（HKGH, E. 1 in K. to C.），见 *BPP*, vol. 25，第451页。

④ 港府：《坚尼地致卡纳封专函附件之四》（HKGH, E. 4 in K. to C.），见 *BPP*, vol. 25，第445～446页。

这说明原本是服务于缉私活动的谍报侦查制度，已然脱离了粤方的掌控，表现出巨大的危害性。

3. 粤方基层税吏、缉私员司对贸易活动的危害

内地某些口岸的基层税吏以及一些底层缉私员司同样也难以恭维。1874 年 9 月两广总督和粤海关监督曾联名发布了一份文告，宣称从香港驶出的民船可在位于香港港口东西两处的税卡一次性缴纳完毕所有名目的税赋，并由此获得一份统税单据，凭此单据即可在抵达目的地口岸时免缴任何后续的税赋。这就剥夺了一部分基层税吏借乱征税自肥的机会，于是广东西海岸地区的税吏便拒不执行上述命令，对入港民船不分青红皂白一律强行征收进口税。此类行为使粤方高级官宪的文告流于失效。① 尽管派遣洋员监控缉私行动这一措施在一定程度上约束了部分缉私员司的违规行为，可是这种监控不可能是全方位的，在实际操作层面肯定还有一部分小型缉私艇的行动不便加以约束。② 时评亦指出：“中国之巡船……所用司役之人未免狐假虎威，借此以饱私囊。是故遇有行船必多方盘诘，逾格需索。”③ 而且在某些“潜规则”的支配下，粤方也无意于纠正此类底层缉私员司的违规行为。罗伯逊就此与粤方进行交涉时，发现粤方对于加派洋员监控此类员司的建议极为反感。④

综上所述，敢于无视上级官宪政令的基层税吏以及脱离洋员监控制度约束的基层缉私员司，构成了除走私者、地痞无赖之外的第三类害群之马。走私者的危害性主要有两点：一、逃避理应缴纳的赋税，在给国库造

---

① （唐宁街）英国首相官邸：《殖民地部致外交部专函》（DS，CO to FO），见 *BPP*，vol. 25，第 405 页。港府：《坚尼地致卡纳封专函》（HKGH，K. to C.），见 *BPP*，vol. 25，第 448 页。港府：《坚尼地致卡纳封专函附件之三》（HKGH，E. 3 in K. to C.），见 *BPP*，vol. 25，第 452 ~ 453 页。

② 港府：《护督奥斯汀致卡纳封专函》（HKGH，A. to C.），见 *BPP*，vol. 25，第 415 ~ 416 页。

③ 《论香港缉私事》，载《申报》1874 年 6 月 24 日，转引自陈新文：《“封锁香港”问题研究（1868—1886）》，载《近代史研究》2003 年第 1 期。

④ 英国外交部：《外交部致殖民地部专函附件之一》（FO，E. 1 in FO to CO），见 *BPP*，vol. 25，第 421 ~ 422 页。

成损失的同时也使合法纳税的商人处境被动；二、违禁品走私活动会严重危及清政府相关专卖制度的正常运转（如食盐走私），甚至会加剧基层社会的动荡形势（如军火走私）。地痞无赖的危害性主要表现为掩护走私活动、滋扰无辜民众的日常生活乃至制造冤假错案等。而一部分基层税吏和缉私员司的危害性则表现为妨碍正常贸易活动的顺利开展，使合法从事贸易活动的商人遭受不必要的损失。

四、纠结的困局——“封锁香港”问题难以解决的原因

“封锁香港”问题引起了中英双方各级官员及利益集团的高度关注，但由于形势复杂，各个涉事方一时都拿不出立竿见影的解决方案，而真正可行的解决方案尚需中英双方耗时摸索，加之澳门方面的搅局，这就共同导致了“封锁香港”问题长期得不到妥善解决。

1. 英方无法诉诸武力来解决问题

其实香港商人群体很早就主张动用武力来解决这一问题，他们表示：港府必须采取果断行动来扭转当下这种被动局面，譬如由港督会同广州领事联合向两广总督、粤海关监督施压，迫使其终止此类缉私行为；如果粤方不配合，港府则应调动驻港英军驱逐盘踞在香港周边水域里的这些缉私船，取缔粤方设置在香港港口附近的税卡。① 调查委员会也曾建议港府针锋相对，加派武装汽艇守卫香港的港口及周边水域，保障进出香港的华商民船不受滋扰。② KHS 号民船船主也强烈要求港府配备火力强大的巡船，来制止粤方缉私船在香港周边水域滋扰华商民船的行为。③ 总之，香港各

① 港府：《坚尼地致卡纳封专函附件之二》（HKGH，E. 2 in K. to C.），见 *BPP*，vol. 25，第 389 ~ 390 页。

② 港府：《坚尼地致卡纳封专函附件之二》（HKGH，E. 2 in K. to C.），见 *BPP*，vol. 25，第 365 页。

③ 港府：《坚尼地致卡纳封专函附件之十一》（HKGH，E. 11 in K. to C.），见 *BPP*，vol. 25，第 381、383 ~ 384 页。

界人士屡屡敦促港府采取强硬手段捍卫自身的威望。[①]

英国殖民地部大臣虽然也对粤方的“封锁”行动颇有微词，但他对于港府发出的求助之声也仅是给予道义上的支持。比如，他曾在 1875 年 3 月表示，如果粤方的行动确实妨碍了香港的贸易活动顺利开展，他将敦促英国政府采取必要的手段来改变事态的走向；不过他基本上还是想靠外交手段来解决问题，为此他委托外交大臣训令驻华公使提请清政府对粤方的缉私行动加以规范，尽量不要对进出香港的民船造成不必要的滋扰。[②] 而英国外交大臣则反应冷淡，只是表示会训令驻华公使敦促清政府注意此事，便再无下文。[③] 港府所能支配的水上武装力量相对薄弱，确实无力保护那些经常往来于香港与内地间的华商船只；而英国政府此际财政匮乏，似也意在维持一种友善的对华关系，不愿意为此再打一场“亚罗号”战争，这就导致港督无力对粤方的“封锁”行动做出强硬的回击。[④] 部分香港华人当时就意识到，港府对于粤方如此出格的举动竟然采取了默许的态度，只能说明港府确实畏惧粤方。[⑤]

2. 早期酝酿的解决方案不具可行性

为了解决由“封锁”香港所造成的各种难题，港督坚尼地于 1874 年 8 月提出了如下三条建议：一、粤方撤走非直接隶属于粤海关监督的各类缉私船；二、粤方全面澄清中国相关税收法规的意涵，使商人们明白每一个口岸及税卡具体负责征收哪些税种；三、由中英双方共同派员组建一个调查委员会，该委员会应当常驻香港或（清属）九龙，专司调查和处理各类

---

① 港府：《坚尼地致卡纳封专函附件之十五》（HKGH, E. 15 in K. to C.），见 *BPP*, vol. 25，第 385、387 页。

② （唐宁街）英国首相官邸：《殖民地部致外交部专函》（DS, CO to FO），见 *BPP*, vol. 25，第 404 ~ 405 页。

③ 英国外交部：《外交部致殖民地部专函》（FO, FO to CO），见 *BPP*, vol. 25，第 405 页。

④ 港府：《坚尼地致卡纳封专函附件之一》（HKGH, E. 1 in K. to C.），见 *BPP*, vol. 25，第 360 页。

⑤ （唐宁街）英国首相官邸：《殖民地部致外交部专函》（DS, CO to FO），见 *BPP*, vol. 25，第 429 页。

纠纷案件。不过他认为要将这些建议付诸实施，尚需预先解决很多难缠的问题，比如协调有关各方的利益冲突，为盐、军火、硝石等违禁品贸易设计出一套能令各方接受的管制方式。① 港府大律师海勒也表示，上述联合调查委员会必须保证所有配合调查的证人的人身安全不受到侵犯，并承诺在调查结束之后将对任何违反法律的行为予以惩处。② 此外，香港洋商总会主席莱瑞也建议中方出任上述委员会督察一职的官员必须与粤海关监督没有关联，这样才能减轻华商所遭受的种种欺凌，并约束缉私员司滥施权力的行为。③

罗伯逊对于上述建议明确表示反对，理由如下：一、参与“封锁”行动的缉私船分别隶属于两广总督名下的厘金局、粤海关监督名下的常关，以及盐运使名下的缉私机构。这三类缉私船承担的任务有别，又各自直接对所属上级负责，所征收到的赋税也有不同的用途，因此不可能将不归常关辖制的另外两类缉私船撤走。二、广东省虽为内贸征税体制制订过相应的税则，但是每个府又都会结合当地的特殊情况出台一些地方性的税则，这就意味着要彻底弄清粤方的税目税则将会颇费周折；而且粤方也不愿向港府提供这类材料，因为他们担心这样做会导致日后出现更多纠纷。三、依据过去的经验，由中英双方派员组建委员会去调查有关事项，只会引发中英双方无休止的纠缠，并导致涉案人向港府或粤方更高级别的官员提出上诉，招来无穷的麻烦。总之，坚尼地等人构想的上述解决方案完全脱离实际。④

---

① 港府：《坚尼地致卡纳封专函》（HKGH，K. to C.），见 *BPP*，vol. 25，第 363～364 页。

② 港府：《坚尼地致卡纳封专函附件之十五》（HKGH，E. 15 in K. to C.），见 *BPP*，vol. 25，第 386～387 页。

③ 港府：《坚尼地致卡纳封专函附件之二》（HKGH，E. 2 in K. to C.），见 *BPP*，vol. 25，第 435 页。

④ 英国外交部：《外交部致殖民地部专函附件之二》（FO，E. 2 in FO to CO），见 *BPP*，vol. 25，第 432～433 页。莱特：《中国关税沿革史》，商务印书馆 1963 年版，第 303 页。

3. 晚期酝酿的解决方案需要双方进行旷日持久的交涉

英国殖民地部大臣后来主张以驻华公使威妥玛提出的建议为底本来设计解决方案，即接纳一名中国领事官常驻香港，由其负责向来香港做生意的民船商人核验内地海关开具的出口税单，及向载货驶离香港的民船商人预征进口税并签发进口税单，这样即便这些船只离港后驶往未设有税关的汉港，也没有逃税之嫌了。他不主张将此视为一种权力的让渡，认为这只是认可了清政府有资格派员管理其境外属民而已，依照国际惯例，接纳这样一名领事官无可厚非。① 后来该大臣又屡次重申此方案是医治当下各类缉私乱象的良药，能够将现行的这套广受抱怨的“封锁”体制纳入规范化的管理轨道。② 这就反映出英国政府无意于将事态扩大化。

香港洋商总会则反对上述方案，认为这会给某些贪官污吏提供滥施权力的机会，此类官员的存在及其所要履行的职责将会破坏香港的自由港地位，也会使大英帝国在香港华人眼中威严扫地。同时接纳这样一名领事官对于保障香港华人的福祉而言，恐怕也难发挥积极功效。③ 罗伯逊也不完全支持上述方案，理由是将进出香港的规模庞大的民船贸易置于一名品行和独立行事权均难以保障的中国领事官的管辖之下，实在过于危险。他建议由外国人代表清政府出任此职，这会有助于将粤方现行的征税体制调整至一种港方所能接受的程度。④

港府更看好的一种方案是在香港设立一个由外籍税务司管理的中国海关的分支机构，负责处理进出香港的华商民船所涉税务事宜。不过，

① （唐宁街）英国首相官邸：《卡纳封致坚尼地专函》（DS，C. to K.），见 *BPP*，vol. 25，第 407 ~ 408 页。

② （唐宁街）英国首相官邸：《卡纳封致护督专函》（DS，The Earl of Carnarvon to the Officer Administering the Government），见 *BPP*，vol. 25，第 417 ~ 418 页。

③ 港府：《坚尼地致卡纳封专函附件之二》（HKGH，E. 2 in K. to C.），见 *BPP*，vol. 25，第 435 页。

④ 英国外交部：《外交部致殖民地部专函附件之一》（FO，E. 1 in FO to CO），见 *BPP*，vol. 25，第 421 ~ 423 页。

要落实此方案同样会涉及很多繁杂的问题，需要与清政府进行旷日持久的交涉。[①] 英国殖民地部大臣后来也表示，在香港设立由外籍税务司管理的中国海关的分支机构不失为一种解决问题的可行方案，从而可以避免接纳一名中国领事官常驻香港必然会遇到的强大阻力；只是这需要与清政府进行交涉，恐短期内难以达成协议，导致“封锁香港”问题愈拖愈久。不过，他还是提请外交大臣派员尽早与清政府展开协商，以回应各界的热切期待。[②] 至此，解决“封锁香港”问题的基本方针总算确定下来。

4. 粤港双方的利益诉求尖锐对立

香港洋商总会对粤方的“封锁”行动所持的立场在香港商界中颇为流行，香港洋商总会认为粤方必须撤走全部“封锁”香港的船只，取消设在香港港口出入口处的税卡。只要进出香港的民船被粤方以任何名义强行征税，香港的自由港地位就是一纸空文。[③] 从中可以发现，香港洋商总会只从商人自身的角度着眼来考虑问题，无视粤方所享有的正当征税和缉私的权力，因而这样的要求完全不可能被粤方接受。而罗伯逊则指出，粤方其实也颇感棘手，民船假道香港开展的走私活动非常猖獗，所以“封锁”香港也就成了粤方在迫不得已的情况下推出的一种应对措施，加上粤方也得不到港府的协助与配合，故开销很大。粤方也知道此举注定要遭到部分商人的非难，进而引发粤港两地政府失和。罗伯逊认为这种局面的形成不能完全归罪于粤方，那些反对“封锁”行动的势力除了斥责和谩骂，都提不出一套切实可行的替代性方案来缓解困局，恰是这种远

① 港府：《护督奥斯汀致卡纳封专函》（HKGH，A. to C.），见 *BPP*，vol. 25，第 416 页。

② （唐宁街）英国首相官邸：《卡纳封致护督专函》（DS，C. to OAG），见 *BPP*，vol. 25，第 418 页。（唐宁街）英国首相官邸：《殖民地部致外交部专函》（DS，CO to FO），见 *BPP*，vol. 25，第 418 ~ 419 页。（唐宁街）英国首相官邸：《殖民地部致外交部专函》（DS，CO to FO），见 *BPP*，vol. 25，第 428 页。

③ 港府：《坚尼地致卡纳封专函附件之二》（HKGH，E. 2 in K. to C.），见 *BPP*，vol. 25，第 435 页。

非明智的态度加大了解决这一问题的难度，使粤港双方都很难找到公平合理的解决方案。他最终断言，除非能够设计出一种替代性的制度安排，确保粤方能够征收到其应得的赋税，否则粤方“封锁”香港的行动绝对不会停止。①

5. 澳门搅局

在1887年中葡两国正式签订《中葡和好通商条约》之前，清政府从未承认过澳门为葡萄牙属地，而只认可澳门为葡萄牙向中国租借之地。澳门此时（1887年之前）尽管在事实上已然享有和香港几乎同等的自由港地位，但在清政府看来仍属国内港口，华商赴澳门开展贸易活动在性质上属于内部贸易。因此当澳葡当局强力撵走粤方驻澳门的征税机构之后，粤方也派遣缉私船对澳门实施了类似的“封锁”，在澳门港口外拦截进出澳门的民船补征税款。由于粤方对进出澳门的民船按照内贸税率征税，而对进出香港的民船按照外贸税率征税，这就导致用民船载货进出香港的纳税负担更为沉重。先以糖出口贸易为例，若从广东下四府载运糖出口香港，须在始发港按照0.12两纹银/担的税率缴纳内地税之一出口税，然后在将糖运往香港之前须先运往广州，在广州按照0.08两纹银/担的税率缴纳销号税及0.2两纹银/担的税率缴纳对外贸易出口税，三者累计为0.4两纹银/担。而若将糖运往澳门，则只需在始发港按照0.12两纹银/担的税率缴纳内地税之一出口税，在澳门港口外向缉私船缴纳同样额度的税赋即可驶入澳门港，两者累计只有0.24两纹银/担，较之运往香港少纳40%的税赋。② 再以棉花进口贸易为例，若从澳门贩运棉花至广东西海岸地区，累计纳税额为0.383两纹银/担。而若从香港贩运棉花至广东西海岸地区，则须先在香港港口外的税卡按0.525两纹银/担的税率缴税以获得统税单，在抵达目的地口岸时还须再行缴税以满足基层官

① 英国外交部：《外交部致殖民地部专函附件之一》（FO，E. 1 in FO to CO），见*BPP*，vol. 25，第401页。

② 英国外交部：《外交部致殖民地部专函附件之一》（FO，E. 1 in FO to CO），见*BPP*，vol. 25，第431～432页。

员的贪欲，前后累计缴税额将高达0.819两纹银/担，是前述从澳门贩货缴税额的两倍以上。① 有鉴于此，华商希望粤方能将涉港贸易的征税额度与涉澳贸易划一办理，毕竟在华商眼中澳门与香港的地位实质上没有不同，都是外国管辖下的自由港，理应被粤方等同对待。② 殊不知澳门事实上所享有的自由港地位并没有得到清政府的承认，华商仅从一己之私出发要求清政府将港澳一视同仁，对民船贸易统按涉澳贸易的那种低税率征税，其理由委实站不住脚。③

华商在澳门开展贸易活动，至少就纳税额低这一关键要素而言，条件确实比香港更优越，英国殖民地部大臣对这一点非常敏感。因此澳门的地位如果不加以厘清，对香港的前途而言就始终是一种威胁。港府也担心如果在“封锁香港”问题上处置失当，可能会导致澳门的贸易条件显得更为优越，最终迫使华洋商人舍弃香港进而转战澳门做生意，届时香港会不得不将远东巨埠的地位拱手让与澳门。况且当时已有香港华商向港府代理总注册师表态，如果港府不采取措施来矫正这种从港澳两地贩货赋税轻重不一的局面，他们将不得不考虑把大宗生意部门迁往澳门办公以减少赋税支出。这对于香港而言显然意味着财富的流失，港府非常不愿看到这一幕的发生。港督在致英国大臣的信函当中也曾屡次提及这种可能性，这就导致港府不敢轻举妄动，生怕一着不慎、满盘皆输，无形中也就不得不容忍粤方的“封锁”行动。④

---

① 港府：《坚尼地致卡纳封专函附件之三》（HKGH，E. 3 in K. to C.），见*BPP*，vol. 25，第453页。

② （唐宁街）英国首相官邸：《殖民地部致外交部专函》（DS，CO to FO），见*BPP*，vol. 25，第438页。

③ 港府：《坚尼地致卡纳封专函》（HKGH，K. to C.），见*BPP*，vol. 25，第448页。

④ （唐宁街）英国首相官邸：《殖民地部致外交部专函》（DS，CO to FO），见*BPP*，vol. 25，第438页。（唐宁街）英国首相官邸：《卡纳封致坚尼地专函》（DS，C. to K.），见*BPP*，vol. 25，第439页。港府：《坚尼地致卡纳封专函附件之三》（HKGH，E. 3 in K. to C.），见*BPP*，vol. 25，第453页。

五、“封锁香港”问题的最终解决及其历史启迪

诚如广州领事罗伯逊所总结的那样，除非能拿出一种令各方都能接受的替代性方案，否则粤方的“封锁”行动不可能终止。总税务司赫德于80年代以后开始介入此事，致力于调解各方的纠纷，力争拿出一种折中的解决方案。他在1886年率先与澳门方面达成协议，葡方同意“会同中国在澳门……征收洋药税项事宜”，而中方则允诺澳门归“葡萄牙国永远驻扎管理”。[①] 这个协议使得葡方在真正意义上获得了对澳门的管辖权，而清政府方面则获得了对进出澳门的民船贸易按照对外贸易税率征收赋税的权利。随后香港方面也顺势与清政府达成协议，港府同意清政府在香港设立一个中国海关分支机构（即后来的九龙关），由赫德指派一名英籍海关税务司主持该机构的日常工作。该机构将负责管理往来于香港和内地之间的华商民船，在征收常关税的同时也代征厘金；赫德还会派员对民船与税卡或缉私船之间发生的纠纷进行“查明定断”。这些措施均有利于消除香港华商对厘金局、常关员司滥施权力之风的担忧。这样一来，港方在19世纪70年代中叶就已开始酝酿的解决方案最终得到落实，“封锁香港”问题由此画上了句号。[②] 赫德做出的这种安排将粤港双方的利益诉求基本都照顾到了，唯一的缺憾就是正式承认了澳门受葡萄牙殖民统治。

这一问题从产生到解决的全过程，似乎可以修正我们对中国近代史领域若干“定论”的看法。今日的一些主流学术成果依然非常强调政治史、革命史的观点和立场，用一条线索、一种矛盾来给百年中国近代史定性，这已不能适应新的形势。中国近代史是否就是一段“一团漆黑”的历史，

---

① 参见《澳门督宪罗大臣商同总税务司拟议条约摘要备呈中国葡萄牙国核定之底稿》（光绪十二年七月十一日），见中国近代经济史资料丛刊编辑委员会主编《中国海关与中葡里斯本草约》，中华书局1983年版，第9页。

② 参见《香港鸦片贸易协定》，见王铁崖编《中外旧约章汇编》（第一册），生活·读书·新知三联书店1962年版，第487～488页。陈新文：《“封锁香港”问题研究（1868—1886）》，载《近代史研究》2003年第1期。

没有一点值得称道之处？外人对中国是否竭尽欺压之能事？清政府在面对列强咄咄逼人的势头时是否唯有步步退让这一种选择？本章的研究所展现的场景恰恰不支持这些“定论”。英国驻广州领事罗伯逊处事非常公道，绝没有与港方沆瀣一气；粤方在面对港府的压力时毫无惧色，且在很多情况下表现出强硬的攻势，港府反而常常被逼入一种守势当中不知所措。因此笔者斗胆断言，19世纪90年代之前的清政府尚未衰败到无力有所作为、事事仰人鼻息的程度。然则中国近代史的研究该何去何从？笔者认为从微观层面的具体问题入手展开细致的实证研究不失为一种“突围”方式，在破解具体问题的过程中，研究者的思路往往不易受到特定史观的干扰，并会随着对特定问题的思考不断深入而形成研究者自己对特定历史事件、人物、场景的看法。这样的看法可能不系统、不完善，但跳出了传统观念的窠臼，对“封锁香港”这一问题的剖析就使笔者切实感受到这种研究路径的可取之处。

第八章　港督麦当奴应对香港贸易萧条局面的策略

香港是近代中国华南地区重要的贸易转口港，然而由于其系英国人统治下的自由港，没有关税收入来支撑其政府财政开支。港府的财政收入除了少量来自英国政府的拨款，剩余大部分须自行设法筹措，当中便包含有不少来自“灰色产业”的收入。其中来自鸦片专卖制度（俗称“鸦片庄”）的收入由于历时长久，故早已为世人所熟知，相关的研究成果层出不穷①；相比之下，来自赌场专营制度（俗称“赌博庄”）的收入由于只存续了短短四年时间（1867—1871）便告终止，故不为人所重视，专门探讨该问题的著述并不多见。代表性的香港通史著作对近代香港的赌博问题有所论述②，也有相关的专史著作问世③，但这些著作在提及赌博庄制度时往往轻描淡写、语焉不详。赌博庄制度是由香港第六任总督麦当奴主政后推出的。目前有关著述对麦当奴生平的介绍以《香港二十八总督》一书当中的叙述较为详细，但该书也只是粗线条地勾勒了其在香港推行赌博庄

---

① 参见石楠：《略论港英政府的鸦片专卖政策（1844—1941）》，载《近代史研究》1992 年第 6 期。文基贤：《1845—1885 年香港的鸦片收入》，见［加］卜正民、若林正编，弘侠译《鸦片政权》，黄山书社 2009 年版，第 119 ~ 141 页。陈翠平：《香港的鸦片垄断专营制度（1844—1887）》［Tsui Ping Cheung，“The Opium Monopoly in Hong Kong，1844 – 1887”（Unpublished Master Paper，Hong Kong University，1986）］。

② 可参见《十九世纪的香港》（余绳武、刘存宽主编，中华书局 1994 年版）、《香港史》（［英］弗兰克·韦尔什著，王皖强、黄亚红译，中央编译出版社 2007 年版）等著作相关章节的论述。

③ 鲁言：《香港赌博史》，广角镜出版社 1978 年版。

制度的简单经过，未能对赌博庄制度的具体酝酿过程、实际运作成效和内幕决策信息等诸多关键情节进行深入透彻的分析，且史实叙述存在少量讹误。① 其实赌博庄制度承载了复杂的使命，被港府寄予厚望，也曾发挥过积极功效；那么在很多方面与鸦片专卖制度颇为相似的这套赌博庄制度为何只运行了短短四年时间便告终止？其间到底遇到了哪些无法克服的障碍导致该制度难以为继？本章将从赌博庄制度的酝酿入手，剖析其制度设计初衷和实际运作成效、社会各界对该制度的看法以及英国大臣对该制度具体操作方式的掣肘，为读者还原出香港早期历史上出现的赌博庄制度的真面目。

一、麦当奴主政初期香港的社会现实与赌博庄制度的酝酿

麦当奴主政香港之初面临着非常艰难的形势：政府财政濒临破产，各类刑事案件发案率居高不下导致社会治安状况明显恶化，警察队伍非但无力镇压犯罪活动，反而日趋腐败、工作低效，以众多地下赌场为据点的赌博活动极为猖獗。这种紧迫的形势迫使港府改变传统的思维方式，开始酝酿推行赌博庄制度，试图一揽子解决上述众多难题。

1. 财政窘境

1866 年麦当奴抵港上任伊始，面对的是前任总督罗便臣留给他的一个烂摊子。罗便臣理政无方，更不善经营②，这里仅以其耗费巨资筹建的香港铸钱局为例略加展示。该局一度被寄予厚望，却在麦当奴到任后接连出现巨额亏损，非但不能使港府前期的投资得到回报，反而还须追加拨款以补贴其日常经营，港府在这一过程中蒙受了巨额损失，从而加剧了财政窘境。③ 1866 年香港的公共财政支出达 97 万元，而财政收入只有 85.2 万元，尚有近 12

---

① 张连兴：《香港二十八总督》，朝华出版社 2007 年版。

② 张连兴：《香港二十八总督》，朝华出版社 2007 年版，第 73 ~ 80 页。

③ 英国政府：《哈斯汀斯致伯金汉姆和桑都斯公爵专函附件》（Government House, Enclosure in Copy of a Letter from G. W. Hastings, Esq., to His Grace the Duke of Buckingham and Chandos），见 *BPP*, vol. 25，第 267 页。香港政府：《麦当奴致格兰维尔专函附件之二》（Hong Kong Government House, Enclosure 2 in Copy of a Despatch from Governor Sir R. G. MacDonnell, CB, to the Earl Granville, KG），见 *BPP*, vol. 25，第 284 页。林准祥：《香港铸钱局（1866—1868）个案研究》，见杜恂诚等《汪敬虞教授九十华诞纪念文集》，人民出版社 2007 年版，第 174 页。

万元的缺口无法填补，而此时拟议中的《印花税法》已广受香港各界的非议，一时难以付诸实施，政府财政已处于破产的边缘。① 而屋漏偏逢连夜雨，麦当奴主政香港之际，由于受外界经济环境持续萧条的影响，香港的贸易活动很不活跃②，不仅导致与贸易活动相关的财政收入随之大幅减少，而且因失业者日增引发了治安状况明显恶化的危急形势。因此主政者非常有必要寻找到新的税源来填补财政收支的缺口，特别是要优先保障开展警务工作的各项经费不会出现短绌，以便有力地镇压日渐增多的各类犯罪活动。③

2. 治安混乱

由于香港所处的地理环境较特殊，邻近盗匪充斥的广东省以及海盗云集的伶仃洋水域，从其受英国殖民统治伊始就是各色底层非主流人群的聚集地。④这种情形到19世纪60年代以后也未发生实质性改变，广州当局当时就曾报告，每天都会有成群结队的不务正业之徒从广州出发准备到香港从事劫掠活动。另据不完全统计，仅1867年上半年就有20万人往返于香港和广东省之间。由于很多涌入香港的人口并无稳定的职业，因此赌博、盗窃、抢劫、谋杀便成了这些游手好闲者在困顿之际可能做出的选择。在麦当奴主政香港的第四年（1869年）曾发生过一件轰动一时的大案，有约40名持械歹徒登陆香港，实施抢劫，在打死一名巡佐、重伤两名巡警之后悉数逃之夭夭。另一

---

① （唐宁街）英国首相官邸：《格兰维尔致麦当奴专函附件之一》（Downing Street, Enclosure 1 in Copy of a Despatch from the Earl Granville, KG, to Governor Sir R. G. MacDonnell, CB），见*BPP*, vol. 25，第251页。香港政府：《麦当奴致格兰维尔专函附件之二》（Hong Kong Government House, Enclosure 2 in Copy of a Despatch from Governor Sir R. G. MacDonnell, CB, to the Earl Granville, KG），见*BPP*, vol. 25，第284页。

② ［英］弗兰克·韦尔什著，王皖强、黄亚红译：《香港史》，中央编译出版社2007年版，第312页。

③ 香港政府：《麦当奴致格兰维尔专函》（Hong Kong Government House, Copy of a Despatch from Governor Sir R. G. MacDonnell, CB, to the Earl Granville, KG），见*BPP*, vol. 25，第242页。

④ 马丁：《香港问题报告提要》（Robert Montgomery Martin, "Extracts from a Report on Hong Kong"），见艾达特主编《东方转口港——香港史资料集》（G. B. Endacott, *An Eastern Entrepot: A Collection of Documents Illustrating the History of Hong Kong*），伦敦1964年版，第96～97页。

桩小案件的作案人为三名在赌场里相识的赌徒，三人合伙在香港一处山腰地段杀害了外籍人士何沃西，起因仅是看到何沃西佩戴着一块值钱的手表。后来三人因分赃不均而发生激烈争执，最终落网。大案件时有发生，小案件则不胜枚举，其中很多案件的作案人均为赌徒，反映出此际的香港正处在大量有犯罪倾向的流动性人口的包围之下，指望靠单纯的道德说教来矫正此类飘忽不定的流动性人口的各种恶习（包括赌博）根本不现实，唯有动用警察力量压制住这类人员的嚣张气势，才能有效打击包括赌博在内的各类犯罪活动。[①] 而这一点同样也很难办到，因为警务工作存在很多弊窦。

3. 警务工作弊窦丛生

此际香港警务工作的弊窦可以概括为三点：警察队伍腐败、工作条件糟糕、警务经费匮乏。警察队伍的腐败与欧裔警察数量太少，而华裔、印裔警察数量较多有一定关系。警察总局局长在 1869 年曾向麦当奴报告，香港全境只有 15 名高级欧裔巡佐和 80 名普通欧裔警察，这些素质相对较高的警察分散在各个警区，在中心城区可供调用的欧裔警察只有 7 名，四郊地区当然更少。无奈之下只得大量雇佣印度人和华人充任警察，而这些亚裔警察（特别是华裔警察）素质很低，素以敲诈勒索华人为能事，扰民的情形非常突出，深受民众诟病。[②] 就打击聚众赌博的警务行动而言，很多

① 香港政府：《麦当奴致格兰维尔专函》（Hong Kong Government House, Copy of a Despatch from Governor Sir R. G. MacDonnell, CB, to the Right Honourable Earl Granville, KG），见 *BPP*, vol. 25，第 208 页。香港政府：《麦当奴致格兰维尔专函附件之二》（Hong Kong Government House, Enclosure 2 in Copy of a Despatch from Governor Sir R. G. MacDonnell, CB, to the Earl Granville, KG），见 *BPP*, vol. 25，第 235 页。（唐宁街）英国首相官邸：《格兰维尔致麦当奴专函附件之一》（Downing Street, Enclosure 1 in Copy of a Despatch from the Earl Granville, KG, to Governor Sir R. G. MacDonnell, CB），见 *BPP*, vol. 25，第 255 页。英国社会科学联合会：《皮尔斯致格兰维尔专函附件》（National Association for the Promotion of Social Science, Enclosure in Copy of a Letter from Edwin Pears, Esq., to the Earl Granville, KG），见 *BPP*, vol. 25，第 274 ~ 275 页。

② 香港政府：《麦当奴致格兰维尔专函附件》（Hong Kong Government House, Enclosure in Copy of a Despatch from Governor Sir R. G. MacDonnell, CB, to the Earl Granville, KG），见 *BPP*, vol. 25，第 246 页。

香港警察其实就是附着于地下赌场的寄生虫，以向地下赌场组织者索贿自肥，这一点令麦当奴大伤脑筋。因此如何恢复警察队伍的廉洁与诚信确实是摆在麦当奴面前的一个大问题。① 此外，开展警务工作的条件也着实不佳，尤其是基层警署的办公条件太差，办公用房亟待修缮和扩建，诸多警务工程需要营建，而经费却没有着落。② 同时，欧裔警察与亚裔警察也很难和谐相处，欧裔警察有种族歧视思想，不肯让亚裔警察与之平起平坐。欧裔警察数量太少，华裔警察素质太低，最终只能靠印裔警察（特别是锡克警察）来执行大量繁重的任务；而印裔警察由于不会说中文，在与华人打交道时显然多有不便，导致很多案件无法侦破。③ 要想改变警察队伍的现状，指望在本地招募到大量合格的警察是不现实的，麦当奴深知唯一的办法就是从英国本土聘请品行端正、素质优异的警察来充实香港的警察队伍，而这又涉及经费的问题。④

4. 赌博活动猖獗

麦当奴注意到对于香港的多数华人而言，赌博不失为一种癖好。⑤ 香港华人为何如此嗜赌，这需要结合其身份的特殊性来分析。涌入香港谋生

---

① 香港政府：《麦当奴致伯金汉姆和桑都斯公爵专函》（Hong Kong Government House, Copy of a Despatch from Governor Sir R. G. MacDonnell, CB, to His Grace the Duke of Buckingham and Chandos），见 *BPP*, vol. 25，第 194 页。

② 香港政府：《麦当奴致格兰维尔专函》（Hong Kong Government House, Copy of a Despatch from Governor Sir R. G. MacDonnell, CB, to the Earl Granville, KG），见 *BPP*, vol. 25，第 233 页。

③ 香港政府：《麦当奴致格兰维尔专函摘要附件之二所附第 F 号附录》（Hong Kong Government House, Appendix F in Enclosure 2 in Extract from a Despatch from Governor Sir R. G. MacDonnell, CB, to the Earl Granville, KG），见 *BPP*, vol. 25，第 328 ~ 329 页。

④ 香港政府：《麦当奴致格兰维尔专函》（Hong Kong Government House, Copy of a Despatch from Governor Sir R. G. MacDonnell, CB, to the Earl Granville, KG），见 *BPP*, vol. 25，第 245 页。

⑤ 香港政府：《麦当奴致格兰维尔专函附件之二》（Hong Kong Government House, Enclosure 2 in Copy of a Despatch from Governor Sir R. G. MacDonnell, CB, to the Earl Granville, KG），见 *BPP*, vol. 25，第 235 页。

的华人当中不乏一批经商致富的大商人及买办，但多数人只能充任各类苦力，从事繁重的体力劳动，收入微薄。对于这批苦力而言，微薄的收入不足以助其成家立业，因此攒钱无用，索性一赌了之，幸运的话还能捞到一笔小财，或许这就是华人的嗜赌习性不可遏抑的原因。① 连《孖剌报》主编孖剌的华裔厨师都敢在夜晚召集起一批狐朋狗友公然在报馆里聚赌，足见赌风之炽。② 不过多数赌博活动都是在地下赌场里进行的，而此类地下赌场素来是各种犯罪活动的渊薮。抢劫犯、盗窃犯聚集在这里销赃，其他重罪犯也在这里打探和物色下手的对象。除了这些惯犯，文书、仆役等阶层的分子在此类地下赌场输钱之后，就会拐上犯罪道路。而且多年的治赌经历已经证实，香港警方对此类地下赌场根本无法进行有效的打击，往往是在这头刚捣毁一处，那头就会新出现一处。1865 年，香港警方累计捣毁了 45 处地下赌场，在年底统计地下赌场的数量时却惊异地发现和年初时一样多。而且警察经常和这些赌场的组织者同流合污，从而滋生出越来越多的腐败现象。此类地下赌场已然演变为一种无法根除的“毒瘤”。③ 面对此情此景，麦当奴坦陈港府极有必要规划一种新的治赌方案，比如成立若干家受政府监控的赌场，此类赌场的

---

① 香港政府：《麦当奴致格兰维尔专函附件之三》（Hong Kong Government House, Enclosure 3 in Copy of a Despatch from Governor Sir R. G. MacDonnell, CB, to the Right Honourable Earl Granville, KG），见 *BPP*, vol. 25，第 213 页。

② 英国社会科学联合会：《罗伯逊致伯金汉姆和桑都斯公爵专函附件》（National Association for the Promotion of Social Science, Enclosure in Copy of a Letter from James Robinson, Esq., to His Grace the Duke of Buckingham and Chandos），见 *BPP*, vol. 25，第 268 页。

③ 香港政府：《麦当奴致伯金汉姆和桑都斯公爵专函所附第 A 号附录》（Hong Kong Government House, Appendix A in Copy of a Despatch from Governor Sir R. G. MacDonnell, CB, to His Grace the Duke of Buckingham and Chandos），见 *BPP*, vol. 25，第 191 页。香港政府：《麦当奴致伯金汉姆和桑都斯公爵专函所附附录》（Hong Kong Government House, Appendix in Copy of a Despatch from Governor Sir R. G. MacDonnell, CB, to His Grace the Duke of Buckingham and Chandos），见 *BPP*, vol. 25，第 204 页。香港政府：《麦当奴致格兰维尔专函》（Hong Kong Government House, Copy of a Despatch from Governor Sir R. G. MacDonnell, CB, to the Right Honourable Earl Granville, KG），见 *BPP*, vol. 25，第 220 页。香港政府：《麦当奴致格兰维尔专函》（Hong Kong Government House, Copy of a Despatch from Governor Sir R. G. MacDonnell, CB, to the Earl Granville, KG），见 *BPP*, vol. 25，第 245 页。

危害性预计会比地下赌场小得多，且能有效减少警察的腐败行为。①

5. 赌博庄制度的酝酿

麦当奴在就任港督后很快意识到，由于香港与英国本土的民俗社情差别极大，严峻的形势促使港府必须将香港视为一种特例来对待。港府在施政时所面对的对象是14万华人居民，尽管港府也曾尝试从道德的角度出发劝阻华人戒绝赌博的恶习，可是由于香港华人大多是些居无定所的流动性人口或水上居民，这就使港府无法在相对固定的地点对相对固定的人群施加持久性的教化。即便港府坚持努力，要想在短时间内矫正某些华人底层民众的陋习（包括赌博），也洵属难事。而港府为了实现彻底镇压赌博活动这一崇高却不切实际的理想，已经付出了极为惨痛的代价：警察队伍已经丧失了纯洁性和荣誉感；由于当局经常派人突袭聚众赌博的地下赌场，底层华人已经长期性地处于同当局对抗乃至交战状态，这样一来华人对法律的敬畏感也就丧失了；现行治赌措施的无效性和荒唐性已是尽人皆知，继续执行英国政府发来的那些充满清教徒精神的坚决镇压赌博活动的训令，只会使港府陷于更尴尬的境地。② 麦当奴在实地考察了澳门赌场的经营情况之后，明确表示彻底根除赌博活动这一理想主义的目标无法实现。③

同时麦当奴还注意到，尽管香港警察腐败无能，但这并不意味着香港没有一支高效的侦缉力量，不过这支力量掌握在华人及与其合作的外国人

---

① 香港政府：《麦当奴致伯金汉姆和桑都斯公爵专函》（Hong Kong Government House, Copy of a Despatch from Governor Sir R. G. MacDonnell, CB, to His Grace the Duke of Buckingham and Chandos），见 *BPP*, vol. 25，第197页。

② （唐宁街）英国首相官邸：《格兰维尔致麦当奴专函附件之一》（Downing Street, Enclosure 1 in Copy of a Despatch from the Earl Granville, KG, to Governor Sir R. G. MacDonnell, CB），见 *BPP*, vol. 25，第252~253页。

③ 香港政府：《麦当奴致格兰维尔专函附件之二》（Hong Kong Government House, Enclosure 2 in Copy of a Despatch from Governor Sir R. G. MacDonnell, CB, to the Earl Granville, KG），见 *BPP*, vol. 25，第235页。（唐宁街）英国首相官邸：《格兰维尔致麦当奴专函附件之一》（Downing Street, Enclosure 1 in Copy of a Despatch from the Earl Granville, KG, to Governor Sir R. G. MacDonnell, CB），见 *BPP*, vol. 25，第251页。

（如高和尔先生①）手里。在1866年麦当奴就任港督之初，社会上曾传言港府要采用招标的方式设立合法赌场，此类小道消息立即引发了短暂的混乱局面，当时那些财力不敷的小赌场主坦言要躲避洋人的稽查很容易，而要躲避华人的稽查则相当困难。言外之意就是由华人经营的带有垄断性质的合法赌场一旦正式开业，非法的地下赌场就会面临来自这些华人垄断者的强力打压。② 而推行已久的鸦片庄制度之所以大获成功，其奥秘也在于利用了华人去控制和对付华人。③ 于是麦当奴在就任港督满一年之后，即向英国大臣请示设立合法的娱乐场所（赌场），以取代臭名昭著的地下赌场，并借此降低犯罪率。其理由有如下三条：一、此类赌场的经营者会负责任地将不良华人拒之门外；二、这样做有助于使警察集中力量处理其他领域的案件；三、此举能够有效地阻止其他各类非法娱乐场所（地下赌场）的设立，从而减轻其危害。④ 当时麦当奴在香港立法局的演说词更为坦白地揭示出他不得不考虑推行赌博庄制度的幕后原因："……眼下警方已经为打击地下赌场伤透了脑筋，对此类赌场所滋生的罪孽束手无策，我们唯有借助华人的力量，使其协助政府共同打击危害社会的地下赌场。而为了得到华人的合作，必须推出一套能够使其稳获厚利的制度，因此如果不推行赌博庄制度，就无法改变目前这种乱象。"⑤

---

① 英国社会科学联合会：《致格兰维尔专函》（National Association for the Promotion of Social Science, to the Right Honourable Earl Granville, KG, Her Majesty's Principal Secretary of State for the Colonies），见 *BPP*, vol. 25，第272页。

② 香港政府：《麦当奴致伯金汉姆和桑都斯公爵专函所附第B号附录》（Hong Kong Government House, Appendix B in Copy of a Despatch from Governor Sir R. G. MacDonnell, CB, to His Grace the Duke of Buckingham and Chandos），见 *BPP*, vol. 25，第193页。

③ 石楠：《略论港英政府的鸦片专卖政策（1844—1941）》，载《近代史研究》1992年第6期。

④ 香港政府：《麦当奴致伯金汉姆和桑都斯公爵专函》（Hong Kong Government House, Copy of a Despatch from Governor Sir R. G. MacDonnell, CB, to His Grace the Duke of Buckingham and Chandos），见 *BPP*, vol. 25，第187页。

⑤ 香港政府：《麦当奴致伯金汉姆和桑都斯公爵专函所附第A号附录》（Hong Kong Government House, Appendix A in Copy of a Despatch from Governor Sir R. G. MacDonnell, CB, to His Grace the Duke of Buckingham and Chandos），见 *BPP*, vol. 25，第190页。

二、赌博庄制度的设计与运作

赌博庄制度意在借鉴鸦片庄制度的成功经验，通过设立若干家带有垄断性质的合法赌场，容忍合法赌博活动的存在；进而借助华人的力量来打击地下赌场，减轻非法赌博活动的危害。这些合法赌场须接受港府的监控，以确保有关管理条例得到执行，合法赌场的营业执照将以招标的形式发放。赌博庄制度正式实施后基本上收到了预期的成效，特别是赌照税派上了大用场。

1. 赌博庄制度的设计初衷

港府需要设计出一套能够“一石击四鸟”的制度：首先要解决地下赌场的危害，要遏制住与之相关的犯罪活动不断增加的势头；其次要扭转警察队伍的腐败趋势，增强其打击犯罪活动的能力；再次要筹集到资金应对当时因贸易萧条造成的财政匮乏局面，清偿港府的财政赤字；最后还要满足底层华人借（小额）赌博娱乐的需求。于是便有了赌博庄制度的登场。

首先须明确一点，推行赌博庄制度的用意绝非纵容赌博活动，而是要通过扶植若干家在缴纳承包金（下文简称“赌照税”）之后持有港府所颁发的营业执照（即赌照）的赌场（下文简称“持照赌场”），进而借助华人（即持照赌场经营者）的力量来压制和打击地下赌场，最终目的是减轻赌博活动的危害。① 与此相关的管理条例也在逐渐完善，先后从押注物品、赌客身份、赌场的数量与规制、营业时间、“份子钱”的提成比例、政府监督权力等方面来对此类赌场的日常经营加以规范。为了防止赌徒将抢掠

---

① 香港政府：《麦当奴致伯金汉姆和桑都斯公爵专函》（Hong Kong Government House, Copy of a Despatch from Governor Sir R. G. MacDonnell, CB, to His Grace the Duke of Buckingham and Chandos），见 *BPP*, vol. 25，第 193 页。（唐宁街）英国首相官邸：《格兰维尔致麦当奴专函附件之一》（Downing Street, Enclosure 1 in Copy of a Despatch from the Earl Granville, KG, to Governor Sir R. G. MacDonnell, CB），见 *BPP*, vol. 25，第 253 页。

盗窃而得的财物充当押注物品，进行变相销赃，管理条例专门就押注物品做出了严格的规定，即除金戒指以外的其他首饰皆不得充当押注物。为了防范臭名昭著的赌鬼可能产生的恶劣影响，管理条例当中也含有严密防范此类人物入场赌博的规定。此举可以将一般性赌客与前述赌鬼有效地隔离开来，从而降低一般性赌客受其影响而走上犯罪道路的风险。另一类须加以防范的赌客是各大洋行的仆役，此类仆役经常有机会临时保管洋行的大额资金，一旦他们怀揣巨资进入赌场，后果将非常严重；因此港府后来要求经营者自行设法阻止仆役入场赌博，并承诺由此引发的损失港府将会以降低承包金的方式来补偿。① 外籍赌客和女赌客因为不是赌博庄制度所主要针对的那种容易怀有犯罪倾向的人口，因此港府也要求经营者阻止此类赌客入场。这样一来，有资格进场赌博的赌客就只剩华裔男性人口当中较易受地下赌场风气习染而走上犯罪道路的那些成员了。② 持照赌场的承包人在香港各区域只能按照批准的数量开设赌场，其中维多利亚城可开设 12 家，其他区域各允许开设 1 家。每家赌场只能设立一个出入口，严禁暗设通往屋顶的隐蔽通道或者梯子，不许纵容赌客越房顶逃跑。营业时间段为早 6 点至晚 11 点，不得提早或延时营业，全部持照赌场在星期日须歇业一天，以便尽可能地减轻赌博活动的危害；营业期间须配有大堂经理值班。

---

① 香港政府：《麦当奴致伯金汉姆和桑都斯公爵专函所附第 A 号附录》（Hong Kong Government House, Appendix A in Copy of a Despatch from Governor Sir R. G. MacDonnell, CB, to His Grace the Duke of Buckingham and Chandos），见 *BPP*, vol. 25，第 191 ~ 192 页。

② 香港政府：《麦当奴致伯金汉姆和桑都斯公爵专函》（Hong Kong Government House, Copy of a Despatch from Governor Sir R. G. MacDonnell, CB, to His Grace the Duke of Buckingham and Chandos），见 *BPP*, vol. 25，第 197 页。香港政府：《麦当奴致格兰维尔专函》（Hong Kong Government House, Copy of a Despatch from Governor Sir R. G. MacDonnell, CB, to the Earl Granville, KG），见 *BPP*, vol. 25，第 239 ~ 240 页。香港政府：《麦当奴致格兰维尔专函》（Hong Kong Government House, Copy of a Despatch from Governor Sir R. G. MacDonnell, CB, to the Earl Granville, KG），见 *BPP*, vol. 25，第 245 页。香港政府：《麦当奴致格兰维尔专函附件之一》（Hong Kong Government House, Enclosure 1 in Copy of a Despatch from Governor Sir R. G. MacDonnell, CB, to the Earl Granville, KG），见 *BPP*, vol. 25，第 299 页。

经营者从赌客（赢家）身上提取的“份子钱”不得超过赌客获利额的7%。政府主管部门的官员、警察可以随时进场检查持照赌场的日常经营情况。持照赌场经营者及其特定关系人不得向政府工作人员以馈赠、贿赂、小费、劳务费等名义提供财物。任何一家持照赌场若因违规经营而被没收赌照，则其余持照赌场的月度承包金会随之上调。[①] 上述制度设计旨在明显减轻地下赌场的危害，同时满足底层华人借小额赌博进行娱乐的需求，并可使港府获得一笔可观的赌照税，从而为解决其他方面的难题创造了条件。

赌博庄制度所要解决的第二大类问题包括提高警察的待遇、改良警务工作条件、从英国本土招募高素质警察来香港工作，最终改变香港警察队伍的腐败形象，而赌照税恰好可以用来支付开展上述工作的开销。麦当奴坦言，在香港这样一个处于大量有犯罪倾向的人口包围之下的地方，指望维持一支薪金低廉而工作高效的警察队伍实在是天方夜谭；要想使欧裔警察保持理性和节制，唯有支付高薪才行，毕竟政府说到底还是需要靠警察来打击由赌博引发的种种犯罪活动。[②] 港府还拟支用赌照税来改善基层警署的办公条件和警察的生活条件，给部分表现优异的警察涨工资以增强其荣誉感和敬业精神，奖励学习说中文的警察。此外麦当奴还打算请英国大臣出面在英国本土代为招募30名素质高的警察来香港工作，协助港府彻底

---

① 香港政府：《麦当奴致伯金汉姆和桑都斯公爵专函所附第A号附录》（Hong Kong Government House, Appendix A in Copy of a Despatch from Governor Sir R. G. MacDonnell, CB, to His Grace the Duke of Buckingham and Chandos），见 *BPP*, vol. 25，第192页。香港政府：《麦当奴致格兰维尔专函附件之二》（Hong Kong Government House, Enclosure 2 in Copy of a Despatch from Governor Sir R. G. MacDonnell, CB, to the Earl Granville, KG），见 *BPP*, vol. 25，第312～313页。

② 香港政府：《麦当奴致伯金汉姆和桑都斯公爵专函所附附录》（Hong Kong Government House, Appendix in Copy of a Despatch from Governor Sir R. G. MacDonnell, CB, to His Grace the Duke of Buckingham and Chandos），见 *BPP*, vol. 25，第204页。香港政府：《麦当奴致格兰维尔专函附件之二》（Hong Kong Government House, Enclosure 2 in Copy of a Despatch from Governor Sir R. G. MacDonnell, CB, to the Earl Granville, KG），见 *BPP*, vol. 25，第287页。

摧毁地下赌场。[①] 麦当奴表示要向这些愿意来香港工作的英国警察支付极高的薪酬（100 英镑/年），为其提供舒适的生活条件，并承诺来香港后晋升为高级巡佐的概率很大。他这样表态是有底气的，因为赌照税的结余额预计将会非常大，足以应对此类开销。[②] 如果上述工作能够凭借赌照税的支持顺利开展，那么就有望实现改良警务工作的预期目标，同时也会有助于减少华人的犯罪活动。[③] 完成上述工作之后结余的赌照税还可用于清偿港府的财政赤字以及支付其他类公务开销，于是因贸易萧条造成的财政匮乏局面也会有所改观。

2. 港府对持照赌场日常经营情况的监控和赌照招标方式的调整

港府并未放弃对持照赌场的监控，从一开始就派出 8 名专职密探暗中监视各家持照赌场的日常经营情况，以弄清赌客的成分，以及这些赌场是否能够严格按照规定抵制不良赌客入场赌博。同时为了防止这些密探与持照赌场的经营者串通舞弊，港府还经常调换他们的工作地点，并额外增派两名随意性极大的警督不定期到各家赌场暗访。从现存的资料来看，密探对持照赌场的监控颇为严密，包括各家赌场不同时段的在场赌客数量、赌场内的经营秩序等情况都被详细记录在案，甚至连赌客衣服上的扣子所反

---

① 香港政府：《麦当奴致格兰维尔专函》（Hong Kong Government House, Copy of a Despatch from Governor Sir R. G. MacDonnell, CB, to the Earl Granville, KG），见 *BPP*, vol. 25，第 242 页。

② 香港政府：《麦当奴致格兰维尔专函》（Hong Kong Government House, Copy of a Despatch from Governor Sir R. G. MacDonnell, CB, to the Earl Granville, KG），见 *BPP*, vol. 25，第 246 页。香港政府：《麦当奴致格兰维尔专函附件》（Hong Kong Government House, Enclosure in Copy of a Despatch from Governor Sir R. G. MacDonnell, CB, to the Earl Granville, KG），见 *BPP*, vol. 25，第 248 页。

③ 香港政府：《麦当奴致伯金汉姆和桑都斯公爵专函》（Hong Kong Government House, Copy of a Despatch from Governor Sir R. G. MacDonnell, CB, to His Grace the Duke of Buckingham and Chandos），见 *BPP*, vol. 25，第 194 ~ 195 页。香港政府：《麦当奴致格兰维尔专函附件之一》（Hong Kong Government House, Enclosure 1 in Copy of a Despatch from Governor Sir R. G. MacDonnell, CB, to the Earl Granville, KG），见 *BPP*, vol. 25，第 300 页。

映出的身份信息也在敏锐关注的范围内。① 此外，港府为了摸清各家赌场的营业规模，特意另派密探专门统计光顾各家赌场的赌客数量，由此发现赌场经营者所提供的日流量数据明显低于实际日流量数据，进而了解到经营者低报营业额的内情。② 随后港府逐步调整招标方式，与持照赌场经营者展开博弈。

最早的一种赌照招标方式是由投标人自由竞标，最终将赌照授予报价最高者。后来麦当奴为了减轻经营者的负担，一度调低月度承包金（从2.1万元降至1.3万元）。孰料此举竟然引发了华人异常踊跃的竞标热情，当新一期赌照开始招标之际，华人报出的（年度）竞标价居然高达26万元（折合21667元/月），并拉拢高和尔先生作为竞标合作伙伴，由后者负责协助打击地下赌场、抓捕涉案嫌犯，竞标人向其支付的年薪高达2万元。这种情形令港府猛然意识到持照赌场的实际获利额远高于原先的预估值③，而高和尔先生卷入竞标一事则令麦当奴意识到竞标者很有可能是与其同流合污的那些华人黑社会成员，而非港府起初预期的那些品行端正、地位尊

① 香港政府：《麦当奴致伯金汉姆和桑都斯公爵专函》（Hong Kong Government House, Copy of a Despatch from Governor Sir R. G. MacDonnell, CB, to His Grace the Duke of Buckingham and Chandos），见 *BPP*, vol. 25，第194页。香港政府：《麦当奴致格兰维尔专函》（Hong Kong Government House, Copy of a Despatch from Governor Sir R. G. MacDonnell, CB, to the Right Honourable Earl Granville, KG），见 *BPP*, vol. 25，第209页。香港政府：《麦当奴致格兰维尔专函附件之二》（Hong Kong Government House, Enclosure 2 in Copy of a Despatch from Governor Sir R. G. MacDonnell, CB, to the Right Honourable Earl Granville, KG），见 *BPP*, vol. 25，第211页。香港政府：《麦当奴致格兰维尔专函附件之二》（Hong Kong Government House, Enclosure 2 in Copy of a Despatch from Governor Sir R. G. MacDonnell, CB, to the Earl Granville, KG），见 *BPP*, vol. 25，第240~241页。

② 香港政府：《麦当奴致伯金汉姆和桑都斯公爵专函》（Hong Kong Government House, Copy of a Despatch from Governor Sir R. G. MacDonnell, CB, to His Grace the Duke of Buckingham and Chandos），见 *BPP*, vol. 25，第197~198页。

③ 香港政府：《麦当奴致伯金汉姆和桑都斯公爵专函》（Hong Kong Government House, Copy of a Despatch from Governor Sir R. G. MacDonnell, CB, to His Grace the Duke of Buckingham and Chandos），见 *BPP*, vol. 25，第197~199页。

崇的上层华人大佬。[①] 这就反映出华人竞标者并没有将道义上的责任看得很重，只是想借助赌博庄制度牟利而已，这就与港府推行赌博庄制度的初衷大相径庭。此后港府放弃了这种纯粹以报价高低的方式定标的办法，这就反映出港府并没有将牟利视作推行赌博庄制度的重要考虑因素。[②] 新推出的招标方式则是由港府预先确定年度承包金总额，然后在报纸上公开招标，最后由港督根据竞标人的综合条件，并在征询有关官员的意见之后直接确定中标者。经过上述几道程序中标的承包人都是香港本地家资丰厚且品行端正的华人大佬，这些人在华人社区颇具威望，有足够大的社会影响力，能够较好地保障相关的管理制度得到认真执行，也能够最大限度地配合警方打击犯罪活动，中标者的这些优势都是港督非常看重的，因为这些优势是赌博庄制度的积极效应得以彰显的保障。[③] 当新一轮招标开始之际，若几位投标人的其他条件基本相同，麦当奴认为老承包人拥有丰富的经营经验，因此会更倾向于让老承包人中标。[④] 这种招标方式弊端少，延续的

---

① 香港政府：《麦当奴致伯金汉姆和桑都斯公爵专函附件之三》(Hong Kong Government House, Enclosure 3 in Copy of a Despatch from Governor Sir R. G. MacDonnell, CB, to His Grace the Duke of Buckingham and Chandos)，见 *BPP*, vol. 25，第 199 ~ 200 页。

② 香港政府：《麦当奴致伯金汉姆和桑都斯公爵专函附件之四》(Hong Kong Government House, Enclosure 4 in Copy of a Despatch from Governor Sir R. G. MacDonnell, CB, to His Grace the Duke of Buckingham and Chandos)，见 *BPP*, vol. 25，第 200 ~ 201 页。

③ 香港政府：《麦当奴致格兰维尔专函》(Hong Kong Government House, Copy of a Despatch from Governor Sir R. G. MacDonnell, CB, to the Right Honourable Earl Granville, KG)，见 *BPP*, vol. 25，第 214 页。香港政府：《麦当奴致格兰维尔专函》(Hong Kong Government House, Copy of a Despatch from Governor Sir R. G. MacDonnell, CB, to the Earl Granville, KG)，见 *BPP*, vol. 25，第 231 页。香港政府：《麦当奴致格兰维尔专函附件》(Hong Kong Government House, Enclosure in Copy of a Despatch from Governor Sir R. G. MacDonnell, CB, to the Earl Granville, KG)，见 *BPP*, vol. 25，第 232 页。

④ 香港政府：《麦当奴致格兰维尔专函附件之一》(Hong Kong Government House, Enclosure 1 in Copy of a Despatch from Governor Sir R. G. MacDonnell, CB, to the Earl Granville, KG)，见 *BPP*, vol. 25，第 299 页。

时间也最长。

在英国大臣后来以有违公平原则为由叫停了上述招标方式之后，出现了第三种招标方式。这种招标方式也是事先确定年度承包金总额，然后由投标人自由竞标，最终采用抽签的方式确定中标人。这种方式也不能保证最佳人选必然中标，因为这会刺激某些竞标人玩弄一人伪造多名竞标人投标的诡计来增大中标的概率，结果有可能使原本最合适的人选被淘汰出局，中标者反而可能是最没有社会影响力、最不称职的人选。而且也确实出现过不称职的中标人事后不兑现承诺，导致赌照流拍的恶劣案例，给赌博庄制度的正常运转带来巨大风险，因此麦当奴不看好这种招标方式。①

与后两种招标方式相关的一个问题是年度承包金总额如何确定。麦当奴认为该额度应视情况需要进行动态调整，当赌博活动猖獗时需往高调，而赌博活动明显减少时则往低调。② 当然，承包人往往蓄意夸大各类严苛的限制性规定给其日常经营造成的损失，以促使港府调低承包金额度。而港府也认为推行赌博庄制度的首要目的并非为了获取高额的承包金，同时也不愿意让那些声望好、社会地位高的华商大佬因利润微薄而退出经营，所以也曾数次调低过承包金额度。可是后来港府经过缜密调查后发现，持照赌场的获利水平远高于预期，于是复将承包金额度大幅提高，可为时不过两个月便导致老经营者宣告资不抵债退出经营。这样一来，承包金额度在 20 ~24 万元/年之间历经数次调整之后，港府意识到应当保证经营者获

---

① 香港政府：《麦当奴致格兰维尔专函》（Hong Kong Government House, Copy of a Despatch from Governor Sir R. G. MacDonnell, CB, to the Earl Granville, KG），见 *BPP*, vol. 25，第 308 ~310 页。香港政府：《看守政府官员（护督）致金伯利专函》（Hong Kong Government House, Copy of a Despatch from the Officer Administering the Government to the Earl of Kimberley），见 *BPP*, vol. 25，第 345 页。

② 香港政府：《麦当奴致格兰维尔专函》（Hong Kong Government House, Copy of a Despatch from Governor Sir R. G. MacDonnell, CB, to the Earl Granville, KG），见 *BPP*, vol. 25，第 231 页。

得足够的利润才能使其安心执行相关的管理条例，最终将承包金确定为20万元/年，后来的情况证实这个价码比较合适。①

3. 赌博庄制度的成效

（1）警察腐败的势头受到遏制，治安状况逐步改善

赌博庄制度正式实施以后，昔日里警察借收取保护费的名义勒索地下赌场以自肥的腐败现象逐步减少②，到1869年以后，由于地下赌场的数量已显著减少，上述腐败现象基本消除。③ 而随着秘密监控制度的实施，警察个体与持照赌场经营者已经没有多少利害关系，二者既不会结成利益共同体，也不会有对立情绪。④ 这样一来，密探（在不可能捞取到贿赂的情况下）对其所监控的持照赌场里的营业秩序给予正面表扬，应该是真实场景的如实呈现。⑤ 在赌博庄制度试行初期（1867年下半年），与地下赌场里的赌博活动最相关的仆役阶层从事盗窃活动的发案率无明显变化（仍为80～90起/季度）；不过随后（1868年上半年）此类案件的数量开始呈现出逐步减少的趋势（降为30～40起/季度），到1868年最后两个季度仆役阶层从事盗窃活动的发案率已降至约20起/季度。1869年第一季度适逢农

---

① 香港政府：《麦当奴致格兰维尔专函附件》（Hong Kong Government House, Enclosure in Copy of a Despatch from Governor Sir R. G. MacDonnell, CB, to the Earl Granville, KG），见*BPP*, vol. 25，第232页。

② 香港政府：《麦当奴致伯金汉姆和桑都斯公爵专函所附第A号附录》（Hong Kong Government House, Appendix A in Copy of a Despatch from Governor Sir R. G. MacDonnell, CB, to His Grace the Duke of Buckingham and Chandos），见*BPP*, vol. 25，第192页。

③ 香港政府：《麦当奴致格兰维尔专函》（Hong Kong Government House, Copy of a Despatch from Governor Sir R. G. MacDonnell, CB, to the Earl Granville, KG），见*BPP*, vol. 25，第294页。

④ 香港政府：《麦当奴致格兰维尔专函》（Hong Kong Government House, Copy of a Despatch from Governor Sir R. G. MacDonnell, CB, to the Right Honourable Earl Granville, KG），见*BPP*, vol. 25，第207、209页。

⑤ 香港政府：《麦当奴致格兰维尔专函》（Hong Kong Government House, Copy of a Despatch from Governor Sir R. G. MacDonnell, CB, to the Right Honourable Earl Granville, KG），见*BPP*, vol. 25，第223页。

历春节，原本应是盗窃犯罪活动的高发期，而这一个季度仅发案16起，第二季度只有15起，稳定维持在比较低的水平，警方对这样的结果感到满意。① 同1868年相比，1869年重大刑事案件的发案率下降了22.6%，一般案件的发案率下降了18.4%，如果同麦当奴就任港督之前的时段相比，降幅更大，分别达到51%和45.6%，而与地下赌场里的赌博活动高度相关的仆役阶层从事盗窃活动的发案率下降了80%以上。② 这足以说明治安状况的好转是显而易见的，据《德臣报》报道："（到1870年3月，）过去那种陆上抢劫横行、海盗活动猖獗的恐怖景象已不复存在，重大刑事案件明显减少，这与港督领导下的辅政司励精图治存在直接关联。"③ 此外，原先关满囚犯的切石岛监狱到1869年底已空空如也，中央监狱的在押犯也减少了一半。④ 前文曾提及香港处在大量有犯罪倾向的人口包围之下，治安形势严峻，那么上述转变是如何实现的？赌博庄制度功不可没。持照赌场的经营者在为警方提供抓捕涉案嫌犯的线索方面贡献很大，由其提供的破案线索比600名香港警察自行找到的破案线索多4倍，这就提高了警方的破

---

① 香港政府：《麦当奴致伯金汉姆和桑都斯公爵专函》（Hong Kong Government House, Copy of a Despatch from Governor Sir R. G. MacDonnell, CB, to His Grace the Duke of Buckingham and Chandos），见 *BPP*, vol. 25，第206页。香港政府：《麦当奴致格兰维尔专函》（Hong Kong Government House, Copy of a Despatch from Governor Sir R. G. MacDonnell, CB, to the Right Honourable Earl Granville, KG），见 *BPP*, vol. 25，第223页。香港政府：《麦当奴致格兰维尔专函》（Hong Kong Government House, Copy of a Despatch from Governor Sir R. G. MacDonnell, CB, to the Earl Granville, KG），见 *BPP*, vol. 25，第239页。

② 香港政府：《麦当奴致格兰维尔专函提要》（Hong Kong Government House, Extract from a Despatch from Governor Sir R. G. MacDonnell, CB, to the Earl Granville, KG），见 *BPP*, vol. 25，第319、324页。

③ 香港政府：《麦当奴致格兰维尔专函提要附件之一》（Hong Kong Government House, Enclosure 1 in Extract from a Despatch from Governor Sir R. G. MacDonnell, CB, to the Earl Granville, KG），见 *BPP*, vol. 25，第320页。

④ 香港政府：《麦当奴致格兰维尔专函》（Hong Kong Government House, Copy of a Despatch from Governor Sir R. G. MacDonnell, CB, to the Earl Granville, KG），见 *BPP*, vol. 25，第294页。

案效率，有助维护治安的稳定、降低犯罪率。麦当奴曾明确表示，面对每天都会从周边地区涌入香港的大批亡命之徒，港府一刻也不能离开持照赌场的经营者所提供的这种帮助。① 这也就揭示出港府和持照赌场的经营者已经结成了利益共同体，双方互有所需。

（2）赌博活动受到有效控制，危害性减小

从港府向各家持照赌场所派密探反馈的信息来看，经营者大都按照要求改建了符合规制的标准化赌场，雇用了办事干练的职员负责具体的经营业务，赌场内秩序良好，相关的管理条例得到了严格的执行。尤其是很多仆役身份的赌客在企图入场赌博时被识破身份后拒之门外，即便是在1869年农历春节期间赌场客流量大增的情况下，这条规定也得到了严格执行，累计有50名仆役被拒之门外。如此一来，仆役阶层因涉赌而犯罪的源头就被切断了。此外，据巡视警察报告，在场赌客以苦力、船夫、轿夫等底层社会成员为主，下注金额一般都很低，少量用于押注的物品也不值钱，不太可能是抢劫或盗窃而得的赃物。同昔日地下赌场里那种赌徒们大进大出、惯于将赃物用于押注的赌博活动相比，持照赌场里这类“小打小闹”式的赌博活动的危害性明显要小。与此同时，地下赌场也受到持照赌场经营者的打压，数量锐减。虽然还无法对赌徒的数量在赌博庄制度出台之后的变化情况进行统计，但是从盗窃案件明显减少这一事实来看，至少可以间接证实因赌博输钱而从事盗窃活动的赌徒的数量显然是减少了，这就说明赌博庄制度已基本发挥出了预期的效力。到了1869年，来自各层面的报告均显示赌博活动的规模较前已明显缩小，由赌博引发的犯罪活动也随之

---

① 香港政府：《麦当奴致格兰维尔专函》（Hong Kong Government House, Copy of a Despatch from Governor Sir R. G. MacDonnell, CB, to the Right Honourable Earl Granville, KG），见 *BPP*, vol. 25，第207～209页。香港政府：《麦当奴致格兰维尔专函附件之一》（Hong Kong Government House, Enclosure 1 in Copy of a Despatch from Governor Sir R. G. MacDonnell, CB, to the Right Honourable Earl Granville, KG），见 *BPP*, vol. 25，第209页。

减少。①

4. 赌照税的主要用途

赌博庄制度正式实施后，赌照税以平均2万元/月的入账额迅即成为港府的大宗财政收入，截至1869年6月，为其单独开立的账户里的结余额已高达25万元。其间麦当奴明确提出了管理和使用赌照税的三条基本原则：一、不得以征收赌照税为由削减其他类税种的征收额；二、赌照税应主要用于支付打击犯罪活动的庞大开销，特别是要从中拨款支持打击那些由赌博直接或间接引发的危及私人财产安全和社会公共利益的犯罪活动；三、赌照税还可用于资助特定类目的慈善事业，主要是救助华人弱势群体以及

① 香港政府：《麦当奴致伯金汉姆和桑都斯公爵专函所附第A号附录》（Hong Kong Government House, Appendix A in Copy of a Despatch from Governor Sir R. G. MacDonnell, CB, to His Grace the Duke of Buckingham and Chandos），见*BPP*, vol. 25，第191～193页。香港政府：《麦当奴致伯金汉姆和桑都斯公爵专函》（Hong Kong Government House, Copy of a Despatch from Governor Sir R. G. MacDonnell, CB, to His Grace the Duke of Buckingham and Chandos），见*BPP*, vol. 25，第196～197页。香港政府：《麦当奴致伯金汉姆和桑都斯公爵专函所附附录》（Hong Kong Government House, Appendix in Copy of a Despatch from Governor Sir R. G. MacDonnell, CB, to His Grace the Duke of Buckingham and Chandos），见*BPP*, vol. 25，第204页。香港政府：《麦当奴致格兰维尔专函》（Hong Kong Government House, Copy of a Despatch from Governor Sir R. G. MacDonnell, CB, to the Right Honourable Earl Granville, KG），见*BPP*, vol. 25，第208页。香港政府：《麦当奴致格兰维尔专函附件之二》（Hong Kong Government House, Enclosure 2 in Copy of a Despatch from Governor Sir R. G. MacDonnell, CB, to the Right Honourable Earl Granville, KG），见*BPP*, vol. 25，第211页。香港政府：《麦当奴致格兰维尔专函附件之三》（Hong Kong Government House, Enclosure 3 in Copy of a Despatch from Governor Sir R. G. MacDonnell, CB, to the Right Honourable Earl Granville, KG），见*BPP*, vol. 25，第212～213页。香港政府：《麦当奴致格兰维尔专函》（Hong Kong Government House, Copy of a Despatch from Governor Sir R. G. MacDonnell, CB, to the Right Honourable Earl Granville, KG），见*BPP*, vol. 25，第215页。香港政府：《麦当奴致格兰维尔专函》（Hong Kong Government House, Copy of a Despatch from Governor Sir R. G. MacDonnell, CB, to the Right Honourable Earl Granville, KG），见*BPP*, vol. 25，第223页。香港政府：《麦当奴致格兰维尔专函》（Hong Kong Government House, Copy of a Despatch from Governor Sir R. G. MacDonnell, CB, to the Earl Granville, KG），见*BPP*, vol. 25，第231页。香港政府：《麦当奴致格兰维尔专函》（Hong Kong Government House, Copy of a Despatch from Governor Sir R. G. MacDonnell, CB, to the Earl Granville, KG），见*BPP*, vol. 25，第294页。

帮助贫困华人改善身心健康。① 第一条原则主要是出于保持港府财政安全的考虑，与本章所论主题联系不大。在实际操作当中，赌照税大体上是按照上述后两条原则来管理的，其具体用途包括以下两类：

（1）弥补政府公务支出缺口，改良警务工作条件

港府从常例性的财政收入中拨付给警务工作的经费难以大幅增加，而此际治安混乱、百废待兴的形势又迫使港府不得不耗费巨资来改良警务工作条件。为此港府总会计师瑞恩建议，可将赌博庄制度正式实施前的1866年全年的警务工作开支额12万元确定为从常例性财政收入中固定的拨款额度，此后年份的警务开支超出上述额度的部分则拟从赌照税中拨付。② 这样一来，包括开工营建诸多大型的警用工程（如建立封锁线、电报网、专用巡逻道路）、组建山间巡逻队以及增加警察编制在内的一系列工作所涉及的庞大开销就有了来源。此外，鉴于港务局担负有繁重的水上警务工作，但受制于座船（帆船）过于简陋的困扰，很多工作无法顺利开展。辅政司建议从赌照税中拨款4万元为港务局订购两艘警用汽艇，以提高其工作效率。麦当奴认为这是一项正当而迫切的开销，特别是在赌照税结余甚巨的情况下，理应拨款改善港务局的办公用船。待上述工作逐步完成以后，前文案例中提到的那些亡命徒再想逃之夭夭就比较难了，借助电报网可以将警报在几分钟内传送至每一个基层警署，各个警署的警察随即可以进行包围；而两艘新汽艇也可以在45分钟内完成启航准备，然后分别沿东、西两个方向去追击那些可能藏匿有逃犯的船只。麦当奴坦言，开展上述工作注定开支浩大，除了使用赌照税来支付相应的开销，别无良策。另

---

① 香港政府：《库务司关于赌照税独立账目截至1868年7月4日收支及结余情况的报告提要》（Hong Kong Government House, Abstract showing the monies received and paid by the colonial treasurer, and the balance remaining under his separate charge, at the end of the week, Saturday July 4, 1868），见*BPP*, vol. 25，第196页。香港政府：《麦当奴致格兰维尔专函》（Hong Kong Government House, Copy of a Despatch from Governor Sir R. G. MacDonnell, CB, to the Earl Granville, KG），见*BPP*, vol. 25，第234页。

② 香港政府：《麦当奴致格兰维尔专函附件》（Hong Kong Government House, Enclosure in Copy of a Despatch from Governor Sir R. G. MacDonnell, CB, to the Earl Granville, KG），见*BPP*, vol. 25，第243页。

据代理警察局长福德兰·克里夫在1870年报告：1866年以来，香港的警务工作条件有了明显改善，新的华人分遣警队、更夫队伍也组建起来，夜间巡逻工作得以渐次推开，收到了良好的效果，特别是维多利亚城和九龙等地的夜间治安状况明显好转，大批华人惯犯被警方抓获归案。①

（2）救助华人弱势病患群体，支持公益事业发展

香港的华人数量是外国人数量的15～18倍，而去公立医院（西医）就诊的华人却比外国人少得多，这一方面是由于华人对西医存在偏见，另一方面则是因为贫困，因此现有的公立医院并不受华人欢迎。麦当奴特别关注香港底层华人的生活，注意到他们在患病乃至病危弥留之际的凄惨处境，而冷漠的社会氛围又进一步加剧了这些身在异乡者的绝望之情。麦当奴表示这笔从华人身上获得的赌照税应当用来资助建立中式医院，以帮助极度贫困的华人减轻患病时的痛苦。此类中式医院将成为接收贫困华人患者的试点场所，再斥资将寺庙及其周围的房屋改造为停尸房，存放过去十几年间过世者的遗体和棺材。然后招募负责任的华人在港府的监督下管理此类机构。在港府的全力支持下，相关的筹办工作进展顺利。1869年6月下旬，第一家中式医院（即后来的东华医院）已基本建成。开展上述工作所需的经费除由华人自筹一部分之外，其余均从赌照税中拨付。此外麦当奴还打算从赌照税中拨款来救助贫困华人的生计、改善华人居住区的卫生条件、帮助港务局清偿因减免华人船只登记费而出现的收支赤字、建立新式华人学校向华人传播和普及科学知识等。从单独为赌照税开列的账目明细收支表中可以发现，很多款项都拨付到了上述救助华人弱势群体及支持

① 香港政府：《麦当奴致伯金汉姆和桑都斯公爵专函》（Hong Kong Government House, Copy of a Despatch from Governor Sir R. G. MacDonnell, CB, to His Grace the Duke of Buckingham and Chandos），见 *BPP*, vol. 25，第194～195页。香港政府：《麦当奴致格兰维尔专函附件之二》（Hong Kong Government House, Enclosure 2 in Copy of a Despatch from Governor Sir R. G. MacDonnell, CB, to the Earl Granville, KG），见 *BPP*, vol. 25，第235页。香港政府：《麦当奴致格兰维尔专函附件之二》（Hong Kong Government House, Enclosure 2 in Copy of a Despatch from Governor Sir R. G. MacDonnell, CB, to the Earl Granville, KG），见 *BPP*, vol. 25，第285页。香港政府：《麦当奴致格兰维尔专函附件之一》（Hong Kong Government House, Enclosure 1 in Copy of a Despatch from Governor Sir R. G. MacDonnell, CB, to the Earl Granville, KG），见 *BPP*, vol. 25，第300～301页。

公益事业发展的领域。① 这一类开销赌照税的方式道出了港府在基层社会治理层面的一些良苦用心，将赌照税这种“不义之财”用于改善民生，能够有效抵消赌博庄制度的负面效应。

三、社会各界对赌博庄制度的非议与港府的回应

上文的分析容易使读者误以为赌博庄制度是一套深得人心的制度，实际情况并非如此。赌博庄制度甫一推出，即遭到社会各界的非议，而且这种非议在该制度运行期间一直没有停息过。包括香港本地教会、英国社会科学联合会常务委员会（下文简称“英国社联”）、香港总商会等团体，以及香港最高法院的大法官约翰·斯梅尔、部分民间人士等个人都曾对赌博庄制度的种种弊端进行过揭露和批评，而港府方面也对此进行了回应。究竟孰是孰非，需要进行深入分析才能下结论。总体而言，有关各方的争论主要围绕着以下三个议题展开：

1. 弘扬道义至上与治赌实效至上之争

香港本地教会着重从道义的角度谴责赌博庄制度的反动性，英国社联也认为这套制度存在很多污点，这两个团体的主要反对意见可概括为如下三条：①不论英国本土还是中国内地，都明令禁止赌博；而港府竟然反其

① 香港政府：《麦当奴致格兰维尔专函》（Hong Kong Government House, Copy of a Despatch from Governor Sir R. G. MacDonnell, CB, to the Earl Granville, KG），见 *BPP*, vol. 25，第 234、236 页。香港政府：《麦当奴致格兰维尔专函提要》（Hong Kong Government House, Extract of a Despatch from Governor Sir R. G. MacDonnell, CB, to Earl Granville, KG），见 *BPP*, vol. 25，第 237 ~ 238 页。香港政府：《麦当奴致格兰维尔专函》（Hong Kong Government House, Copy of a Despatch from Governor Sir R. G. MacDonnell, CB, to the Earl Granville, KG），见 *BPP*, vol. 25，第 242 页。香港政府：《麦当奴致格兰维尔专函附件之二》（Hong Kong Government House, Enclosure 2 in Copy of a Despatch from Governor Sir R. G. MacDonnell, CB, to the Earl Granville, KG），见 *BPP*, vol. 25，第 285 ~ 286 页。香港政府：《麦当奴致格兰维尔专函附件之二》（Hong Kong Government House, Enclosure 2 in Copy of a Despatch from Governor Sir R. G. MacDonnell, CB, to the Earl Granville, KG），见 *BPP*, vol. 25，第 304 ~ 305 页。香港政府：《麦当奴致格兰维尔专函提要附件之二》（Hong Kong Government House, Enclosure 2 in Extract from a Despatch from Governor Sir R. G. MacDonnell, CB, to the Earl Granville, KG），见 *BPP*, vol. 25，第 320 ~ 323 页。

道而行之，在华人众目睽睽之下设立合法赌场，这将使华人蔑视我们的文明水平和宗教圣洁。赌博庄制度就是在支持和纵容那些赌鬼去变相窃取他人的钱财，这些持照赌场的存在将使民众的道德品质愈加败坏。②港府推行这套制度就是为了牟利，因为报价最高的竞标者最终拿到了港府颁发的赌照。其实为了解决财政赤字无法填补及警察因收入微薄而敲诈索贿这两个问题，只需将《印花税法》付诸实施即可筹措到足够的资金，而港府却将英国政府的荣誉弃之不顾，一意孤行地推出这套臭名昭著的赌博庄制度，理由是赌照税的征收额会比印花税更高。政府的行动应当以弘扬道义为先，而不应以牟利为先。③赌博庄制度在推行过程中曝出很多丑闻，特别是声名狼藉的高和尔先生居间上下其手，利用其对黑白两道的影响帮助港府抬高赌照竞标价，自己也趁机捞取巨额好处费，此事引发了公众的普遍不满。港府采用如此龌龊的手段来招标已经背离了最起码的道德底线。①

针对上述指责，港府侧重从不同治赌方式的利弊这一角度进行了回应，并顺势反驳了上述关于“牟利”和“丑闻”的指控，其要点如下：①如果不推出赌博庄制度而继续维持原状，只能驱使各色赌徒到地下赌场里聚赌，进而滋生出大量犯罪活动，毕竟香港 90% 以上的重大刑事案件都是

---

①　香港政府：《麦当奴致伯金汉姆和桑都斯公爵专函附件之一》（Hong Kong Government House, Enclosure 1 in Copy of a Despatch from Governor Sir R. G. MacDonnell, CB, to His Grace the Duke of Buckingham and Chandos），见 *BPP*, vol. 25，第 202 ~ 203 页。香港政府：《麦当奴致格兰维尔专函》（Hong Kong Government House, Copy of a Despatch from Governor Sir R. G. MacDonnell, CB, to the Right Honourable Earl Granville, KG），见 *BPP*, vol. 25，第 222 页。香港政府：《麦当奴致格兰维尔专函附件之一》（Hong Kong Government House, Enclosure 1 in Copy of a Despatch from Governor Sir R. G. MacDonnell, CB, to the Right Honourable Earl Granville, KG），见 *BPP*, vol. 25，第 224 ~ 225 页。（唐宁街）英国首相官邸：《格兰维尔致麦当奴专函附件之一》（Downing Street, Enclosure 1 in Copy of a Despatch from the Earl Granville, KG, to Governor Sir R. G. MacDonnell, CB），见 *BPP*, vol. 25，第 254、256 ~ 259 页。英国政府：《哈斯汀斯致伯金汉姆和桑都斯公爵专函附件》（Government House, Enclosure in Copy of a Letter from G. W. Hastings, Esq., to His Grace the Duke of Buckingham and Chandos），见 *BPP*, vol. 25，第 267 页。英国社会科学联合会：《致格兰维尔专函》（National Association for the Promotion of Social Science, To the Right Hon. the Earl Granville, KG, Her Majesty's Principal Secretary of State for the Colonies），见 *BPP*, vol. 25，第 271 ~ 272 页。

在地下赌场里预谋的。而且地下赌场处在黑社会成员的控制下，维持原状也就等于默许这些黑社会成员继续危害社会，听任事态朝着更糟糕的方向发展。此外，维持原状还会让人抱有“政府日后能够彻底镇压赌博活动”这一不切实际的幻想，使政府最终丧失对赌博活动施展有效管控的机会。②企图采用强力镇压的手段在短时间内彻底消除赌博活动也难收实效，而且会加剧警察的腐败，还会给基层社会带来更多的不安定因素。③既然如此，就只能退而求其次，寻求华人的合作，对赌博活动进行管控以减轻其危害。而要想获得华人的合作，必须酬之以厚利。唯有当华人意识到借助赌博庄制度开设合法赌场可获厚利时，才会卖力地为政府办事，打击地下赌场。④很多人并不了解港府的良苦用心，只是注意到该制度简单的表象，于是便有一些不负责任的评论家将港府推行赌博庄制度的根本目的与牟利混为一谈。港府出台这套制度并非纯粹为了牟利，港督后来已经明确回绝了那些报价最高的竞标者。⑤赌照招标事宜基本都是由港督和有关官员亲手张罗，高和尔先生参与了其中的一些环节，但他对政府和竞标者的影响不大，港督后来已经刻意阻止了高和尔的居间包揽之举。[①]

---

① 香港政府:《麦当奴致伯金汉姆和桑都斯公爵专函附件之一》(Hong Kong Government House, Enclosure 1 in Copy of a Despatch from Governor Sir R. G. MacDonnell, CB, to His Grace the Duke of Buckingham and Chandos), 见 *BPP*, vol. 25, 第 202 ~ 203 页。香港政府:《麦当奴致格兰维尔专函》(Hong Kong Government House, Copy of a Despatch from Governor Sir R. G. MacDonnell, CB, to the Right Honourable Earl Granville, KG), 见 *BPP*, vol. 25, 第 216 ~ 222 页。香港政府:《麦当奴致格兰维尔专函附件之三》(Hong Kong Government House, Enclosure 3 in Copy of a Despatch from Governor Sir R. G. MacDonnell, CB, to the Right Honourable Earl Granville, KG), 见 *BPP*, vol. 25, 第 226 页。(唐宁街)英国首相官邸:《格兰维尔致麦当奴专函附件之一》(Downing Street, Enclosure 1 in Copy of a Despatch from the Earl Granville, KG, to Governor Sir R. G. MacDonnell, CB), 见 *BPP*, vol. 25, 第 254 ~ 255 页。香港政府:《麦当奴致格兰维尔专函附件之一》(Hong Kong Government House, Enclosure 1 in Copy of a Despatch from Governor Sir R. G. MacDonnell, CB, to the Earl Granville, KG), 见 *BPP*, vol. 25, 第 300 页。香港政府:《麦当奴致格兰维尔专函附件之一所附第 D 号附录》(Hong Kong Government House, Appendix D in Enclosure 1 in Copy of a Despatch from Governor Sir R. G. MacDonnell, CB, to the Earl Granville, KG), 见 *BPP*, vol. 25, 第 303 页。

事后看来，虽然教会和英国社联发出的批评并无恶意，但是由于不了解香港治赌形势的复杂性，仅从理想主义的角度出发对赌博庄制度求全责备，流于唱高调，却拿不出更具可行性的处置方案，只会坐视事态进一步恶化。而港府方面则实事求是，两害相权取其轻，借助赌博庄制度“让华人去对付华人”，结果确实减轻了赌博活动的危害性。这就反映出追求治赌实效比弘扬道义更切合实际，在前述复杂的形势下推出赌博庄制度可谓“对症下药”。

2. 围绕赌博庄制度广义社会治理成效的争议

香港教会、香港总商会以及部分商人代表、（上层）华人社区代表一针见血地指出了赌博庄制度滋生的种种社会弊病，进而否认该制度收到了预期的广义社会治理成效，其理由可概括为如下四条：①各家持照赌场会千方百计诱使那些原本并无赌博癖好之人进场聚赌，势必引发赌博活动激增，导致更多赌客因输钱而走上犯罪道路。持照赌场只是改变了赌博活动的场所，却没有消除其危害性。②反面的案例多如牛毛，苦力们在这里输掉了生活费，买办们在这里将雇主的钱输光，父亲输了钱以后只得将女儿卖给妓院，还有人挥霍光了祖传的家产后吞鸦片自杀；此外，本地洋行中的华人仆役都学会了对雇主撒谎，华人之间也经常相互猜疑，这是因为他们抵制不住赌场的诱惑，违规支用了洋行的资金，于是只能借说谎作伪来弥缝局面，良善的举动不再为人们所敬佩。上述恶劣倾向已招致华人的普遍不满，也势必危及本地的繁荣。这套制度非但不能消除民众的赌博恶习，还会使日后镇压赌博活动的难度进一步加大。③赌博庄制度所规定的一些管理条例很难得到严格执行，众多反面案例说明那些已经习惯于索贿的警察会以同样的手段放纵持照赌场里的违法活动，所谓的管理条例只会成为一纸空文，警察的腐败势头不会因赌博庄制度的登场而逆转。④港府每年从各家持照赌场获得的赌照税高达 16 万元，其中会有 10 万元积存在银库里花不掉。可见大部分赌照税并没有以港府此前所宣称的那些正当理由开销，这中间一定有不为人知的暗箱操作。①

面对上述非议，港府主要采取了“摆事实、讲道理”的方法予以回应，其要点如下：①赌博庄制度出台以后，赌博活动即便会进一步增加也不会妨碍其积极效应的彰显。因为新制度可以过滤掉昔日里地下赌场所滋生的那些危害，所以对公共利益而言显然是有好处的。例如香港的犯罪率因此降低了1/3，盗窃案件的发案率下降了3/4，华人岂能对这样的结果表示“不满”？很多诽谤之词其实源自英国本土公众那些不负责任的说法，不足为凭。②来自华人社区的意见无须加以重视，因为这并非华人社区公正舆论的如实呈现，而是仅代表了发起人的倾向。经港府派总注册师实地调查，华人社区对于赌博庄制度并不存在一种普遍的反对倾向，况且真正有影响力、处于领导地位的华人大佬基本都支持这套制度。在华人社区那些持反对意见的人士当中，包括参与赌照竞标而未得手者，还有一些“反对者”本身就是臭名昭著的赌徒，其行迹之卑劣在华人社区尽人皆知，这些人的意见不具有参考价值。③针对这套制度在实施过程中确实出现过的

① 香港政府：《麦当奴致伯金汉姆和桑都斯公爵专函附件》（Hong Kong Government House, Enclosure in Copy of a Despatch from Governor Sir R. G. MacDonnell, CB, to His Grace the Duke of Buckingham and Chandos），见 *BPP*, vol. 25，第188～190页。（唐宁街）英国首相官邸：《格兰维尔致麦当奴专函附件之一》（Downing Street, Enclosure 1 in Copy of a Despatch from the Earl Granville, KG, to Governor Sir R. G. MacDonnell, CB），见 *BPP*, vol. 25，第254页、第256～259页。香港政府：《看守政府官员（护督）致金伯利专函附件》（Hong Kong Government House, Enclosure in Copy of a Despatch from the Officer Administering the Government to the Earl of Kimberley），见 *BPP*, vol. 25，第348页。香港政府：《看守政府官员（护督）致金伯利专函》（Hong Kong Government House, Copy of a Despatch from the Officer Administering the Government to the Earl of Kimberley），见 *BPP*, vol. 25，第350～351页。香港政府：《看守政府官员（护督）致金伯利专函附件》（Hong Kong Government House, Enclosure in Copy of a Despatch from the Officer Administering the Government to the Earl of Kimberley），见 *BPP*, vol. 25，第351页。

一些弊端，港府已经在摸索妥善的解决方案。①

总体而言，来自教会、总商会等团体和个人的反对意见带有以偏概全的色彩，是以微观层面的反面案例来否定赌博庄制度在宏观层面取得的广义社会治理成效。而港府则力图促使人们分清主流和支流。从全局来看，赌博庄制度取得的广义社会治理成效令人满意，应当视为主流；反面的案例确实存在，但这只能算支流。此外，对于赌照税在英国大臣的干预下出现巨额结余的内幕由于不便向外界透露，所以港府未予答复，下文将详述这一问题。

3. 赌博庄制度与其他治赌方式孰优孰劣之争

英国社联、香港总商会和香港最高法院的大法官约翰·斯梅尔以赌博庄制度存在前述诸多弊端为由，断言该制度并非最好的治赌方式，进而提出了如下三类替代性的治赌建议：①不论华人如何嗜赌，英式管理体制都足以应对此类嗜赌的民众。例如在巴登和赫尔果兰岛等与香港条件相仿的由英式政府统治大量外籍人口的地方，都从未推行过此类赌博庄制度。香港警察的腐败问题固然属实，但这并不能成为港府无力从根本上镇压赌博活动的理由。况且香港的警察密度远高于其他同等的英占地，因此只要港府痛下决心，这支警察队伍一定能够将赌博活动打压至一种微不足道的规

---

① 香港政府：《麦当奴致伯金汉姆和桑都斯公爵专函附件之一》（Hong Kong Government House, Enclosure 1 in Copy of a Despatch from Governor Sir R. G. MacDonnell, CB, to His Grace the Duke of Buckingham and Chandos），见 *BPP*, vol. 25，第 202～203 页。香港政府：《麦当奴致格兰维尔专函》（Hong Kong Government House, Copy of a Despatch from Governor Sir R. G. MacDonnell, CB, to the Right Honourable Earl Granville, KG），见 *BPP*, vol. 25，第 216～222 页。香港政府：《麦当奴致格兰维尔专函附件之三》（Hong Kong Government House, Enclosure 3 in Copy of a Despatch from Governor Sir R. G. MacDonnell, CB, to the Right Honourable Earl Granville, KG），见 *BPP*, vol. 25，第 226 页。（唐宁街）英国首相官邸：《格兰维尔致麦当奴专函附件之一》（Downing Street, Enclosure 1 in Copy of a Despatch from the Earl Granville, KG, to Governor Sir R. G. MacDonnell, CB），见 *BPP*, vol. 25，第 254～255 页。香港政府：《看守政府官员（护督）致金伯利专函附件》（Hong Kong Government House, Enclosure in Copy of a Despatch from the Officer Administering the Government to the Earl of Kimberley），见 *BPP*, vol. 25，第 351～352 页。

模。②港府其实并没有真正下大力气去治赌，包括像“十户、百户联保”“公开发誓戒赌”这些在中国行之有效的治赌方法，港府未加尝试就宣称这些方法无效；而广州的官员通过采用上述方法大力治赌，已基本根除了赌博活动的危害。[①] ③斯梅尔则主张采用严刑峻法来打击猖獗的赌博活动，并提出了非常具体的建议：“任何人不论以任何身份参与、容留、掩护、协助他人在香港任何公共或私人空间范围内开展赌博活动，即便是初犯也将受到严惩，若是累犯将遭到当众鞭笞后驱逐出境。旁观者、坐视同屋之人赌博而不闻不问者，也要受到同样的处罚。……若某房间内发现了纸牌、骰子、赌球、算盘、赌桌等赌具及其他可能用于赌博的物品，该房间即可被定性为赌场，就算在场人员在警察到来之际并未赌博，也要按照赌博治罪。……警察有权任意进入任何疑似正在进行赌博活动的房屋搜查，若有人胆敢不配合警察执行公务，乃至恶意销毁赌具，都会被定性为赌博

① 香港政府：《麦当奴致伯金汉姆和桑都斯公爵专函附件之一》（Hong Kong Government House，Enclosure 1 in Copy of a Despatch from Governor Sir R. G. MacDonnell，CB，to His Grace the Duke of Buckingham and Chandos），见 *BPP*，vol. 25，第 202～203 页。香港政府：《麦当奴致格兰维尔专函》（Hong Kong Government House，Copy of a Despatch from Governor Sir R. G. MacDonnell，CB，to the Right Honourable Earl Granville，KG），见 *BPP*，vol. 25，第 222 页。香港政府：《麦当奴致格兰维尔专函附件之一》（Hong Kong Government House，Enclosure 1 in Copy of a Despatch from Governor Sir R. G. MacDonnell，CB，to the Right Honourable Earl Granville，KG），见 *BPP*，vol. 25，第 224～225 页。英国政府：《哈斯汀斯致伯金汉姆和桑都斯公爵专函附件》（Government House，Enclosure in Copy of a Letter from G. W. Hastings，Esq.，to His Grace the Duke of Buckingham and Chandos），见 *BPP*，vol. 25，第 267 页。英国社会科学联合会：《致格兰维尔专函》（National Association for the Promotion of Social Science，To the Right Hon. the Earl Granville，KG，Her Majesty's Principal Secretary of State for the Colonies），见 *BPP*，vol. 25，第 271～272 页。香港政府：《看守政府官员（护督）致金伯利专函附件》（Hong Kong Government House，Enclosure in Copy of a Despatch from the Officer Administering the Government to the Earl of Kimberley），见 *BPP*，vol. 25，第 348 页。香港政府：《看守政府官员（护督）致金伯利专函》（Hong Kong Government House，Copy of a Despatch from the Officer Administering the Government to the Earl of Kimberley），见 *BPP*，vol. 25，第 350～351 页。

活动的组织者从严惩处……”①

针对上述建议，港府对前两类进行了详细回应，要点如下：①在警察腐败问题得到有效解决之前，靠香港现役警察队伍来镇压赌博活动根本不现实。有大量案例可以证实嫌犯会通过贿赂警察来逃脱法律的惩处，赌徒可以用钱来换取无罪释放，在香港现有的条件下，制订再严酷的法律也无济于事。②香港同赫尔果兰岛的情况大不相同，赫尔果兰岛是一个主要由欧裔人口组成的殖民地，那里的警察工作效率很高；而香港则是2000名外国人处在13万华人包围下，因此将赫尔果兰岛实施的政策原封不动地搬到香港来是不可行的。③香港多数华人都对“保甲”体制极为抵触，因为这会迫使很多人不得不为他人的过失承担责任，推行此类体制很容易引发公众的不满情绪。在中国内地，被里甲交出的挨罚者并非真正的人犯，而是替罪羊，从而酿成冤案。香港已逐渐确立起带有英式法律精神的基本立法原则，这种带有浓厚的中式法律意味的“保甲”体制与英式法律精神不相容。④根据港府掌握的可靠信息，清政府官员治理赌博活动的动机大多非常卑鄙，比如为了掠夺赌徒用来押注的各种奢侈品，或者是打着治赌的旗号敛财，所采用的手段更是令人惊悚——强拆房屋、严刑拷打等暴力行为屡见不鲜。但是这些残酷的治赌措施并未收到预期的成效，当下中国内地任何一个城市里的赌博活动都极为猖獗，广州尤甚。⑤从驻广州城的传教士杜德利特和安德森各自发回的报告来看，中国官府的禁赌法令和治赌实践完全是两张皮，官府的禁赌令不过是一纸空文，而实际上各类赌博活动在广州大行其道。港督在访问广州期间，也曾目睹了那里街头巷尾无处不在的苦力赌博的景象，而广州官宪却对此熟视无睹。广州负责治赌的兵丁

---

①　香港政府：《看守政府官员（护督）致金伯利专函提要附件之三》（Hong Kong Government House, Enclosure 3 in Extract from a Despatch from the Officer Administering the Government to the Earl of Kimberley），见 *BPP*, vol. 25，第337页。香港政府：《看守政府官员（护督）致金伯利专函提要附件之三所附第A号附录》（Hong Kong Government House, Appendix A in Enclosure 3 in Extract from a Despatch from the Officer Administering the Government to the Earl of Kimberley），见 *BPP*, vol. 25，第339~342页。

衙役简直一团腐败，他们非但不能镇压赌博，反而在纵容赌博。总之与那些并不了解香港特殊情况的人相争辩毫无意义，在香港只能借助与华人的合作来打击非法赌博活动，并将合法赌博活动控制在一定范围内，这是唯一可行的治赌办法。①

至此，赌博庄制度与其他替代性的治赌方式孰优孰劣已不言自明。需要补充说明的一点是，约翰·斯梅尔提出上述采用严刑峻法打击赌博活动的建议时，麦当奴已远赴欧洲休假，因此无法予以答复。其实约翰·斯梅尔的这些建议对赌博活动的定案条件进行了漫无边际的扩展，且试图赋予警察以无限大的扫赌权力。这种治赌方式貌似威严，实则完全脱离实际，不仅会给基层社会造成巨大的滋扰，而且还会助长警察滥施权力的势头，为警察实施敲诈勒索提供了更多的机会；能不能减轻赌博活动的危害暂且不论，可以确定的一个结果是，整个基层社会都会因无法无天的扫赌行动而鸡犬不宁。这恰恰从另一个角度证实了赌博庄制度尽管存在种种弊端，但在当时特殊的时代环境中，赌博庄制度说到底还是最可行的治赌方式。

四、来自英国大臣的掣肘与赌博庄制度的终结

在麦当奴担任港督期间，伯金汉姆和桑都斯公爵和格兰维尔先后出任

---

① 香港政府：《麦当奴致伯金汉姆和桑都斯公爵专函附件之一》（Hong Kong Government House, Enclosure 1 in Copy of a Despatch from Governor Sir R. G. MacDonnell, CB, to His Grace the Duke of Buckingham and Chandos），见 *BPP*, vol. 25，第 202 ~ 203 页。香港政府：《麦当奴致格兰维尔专函》（Hong Kong Government House, Copy of a Despatch from Governor Sir R. G. MacDonnell, CB, to the Right Honourable Earl Granville, KG），见 *BPP*, vol. 25，第 216 ~ 222 页。香港政府：《麦当奴致格兰维尔专函附件之三》（Hong Kong Government House, Enclosure 3 in Copy of a Despatch from Governor Sir R. G. MacDonnell, CB, to the Right Honourable Earl Granville, KG），见 *BPP*, vol. 25，第 226 页。香港政府：《麦当奴致格兰维尔专函附件》（Hong Kong Government House, Enclosure in Copy of a Despatch from Governor Sir R. G. MacDonnell, CB, to the Earl Granville, KG），见 *BPP*, vol. 25，第 237 页。（唐宁街）英国首相官邸：《格兰维尔致麦当奴专函附件之一》（Downing Street, Enclosure 1 in Copy of a Despatch from the Earl Granville, KG, to Governor Sir R. G. MacDonnell, CB），见 *BPP*, vol. 25，第 254 ~ 255 页。

英国殖民地部大臣。前者对麦当奴推行赌博庄制度并无太多掣肘，对拟议中的设立持照赌场、改良警务工作等方面的具体操作模式大多予以认可，并批准相关的开销可从赌照税中拨付，这也是赌博庄制度在前期能够顺利推进的原因。[①] 而后者则颇为注重细节管理，不容属下官员违背其命令，有时简直到了锱铢必较的地步，导致赌博庄制度在后期逐渐陷于举步维艰的境地，已经开展的工作无法继续推进，最终随着麦当奴的离任而宣告终止。

1. 英国大臣格兰维尔和港督麦当奴在施政理念层面的分歧

格兰维尔的施政理念与其前任大不相同。在他看来，推行赌博庄制度的目的是要为日后镇压赌博活动摸索经验，同时还要借机积累起巨额资金充当日后强力禁赌时的经费保障。[②] 于是他便就该制度运行过程中涉及的诸多问题向麦当奴发出详尽的训令，包括赌照招标过程所应采用的具体方法、赌照税的记账方式与支用权限、赌照税利息的处理方式、甄别常例开销与特殊开销的依据等细节问题，其中大多数都与赌照税相关，他主张从严管理赌照税。而正是这些训令束缚了麦当奴自主施政的手脚，进而引发了双方的严重分歧。麦当奴认为同赌博庄制度取得的广义社会治理成效相比，赌照税只是该制度的一项伴生物，将这笔钱以正当的方式花掉就可以了，不必为每一笔开支究竟属于常例开销还是特殊开销而过分计较。他还指出，局外人由于无法切身体验香港百废待兴的迫切形势，所以总觉得这笔钱应当留待日后情况危急的时候再使用，这实在令港府感到为难；如果每一笔开支款都要遵循英国大臣的批复意见来确定应不应当从赌照税中拨

---

① 香港政府：《麦当奴致格兰维尔专函附件之一所附第 B 号附录》（Hong Kong Government House, Appendix B in Enclosure 1 in Copy of a Despatch from Governor Sir R. G. MacDonnell, CB, to the Earl Granville, KG），见 *BPP*, vol. 25，第 302 页。

② （唐宁街）英国首相官邸：《格兰维尔致麦当奴专函》（Downing Street, Copy of a Despatch from the Earl Granville, KG, to Governor Sir R. G. MacDonnell, CB），见 *BPP*, vol. 25，第 263 页。

付，势必造成巨大的不便。① 双方的分歧很大，结果麦当奴后续的施政方案屡遭格兰维尔掣肘。下面以改良警务工作的计划最终搁浅和港府被迫将“维多利亚号”汽艇转手出售两个例子为证，来展示麦当奴后期的工作所面临的困境。

在格兰维尔上任伊始，当麦当奴打算按老办法继续用赌照税来改良基层警署的工作条件时，却意外遭到格兰维尔的反对，理由是此类开销并非事先难以预料的特殊开销，所以应当从常例财政收入中拨付。而麦当奴所说的改良远非一般意义上的简单改善，而是包括诸多大型的改扩建工程，建立封锁线、电报网、专用道路，组建山间巡逻队以及增加警察编制等，耗资巨大，靠来自常例财政收入的拨款根本不够。② 几经争取之后，格兰维尔也只是勉强批准从赌照税中拨款3万元/年支持上述警务改良工作，这一额度远低于麦当奴的预期。③ 甚至在从英国招募30名高素质警察赴香港工作这样重要的事务上，格兰维尔首先考虑的竟然不是如何促成此事，而是扩编警察队伍所涉及的经费问题，如果这笔经费连同其他警务开支合计超出了上述3万元/年的封顶额度，将不予批准。④ 格兰维尔这种态度令麦

---

① 香港政府：《麦当奴致格兰维尔专函》（Hong Kong Government House, Copy of a Despatch from Governor Sir R. G. MacDonnell, CB, to the Earl Granville, KG），见 *BPP*, vol. 25，第293～297页。香港政府：《麦当奴致格兰维尔专函附件之一》（Hong Kong Government House, Enclosure 1 in Copy of a Despatch from Governor Sir R. G. MacDonnell, CB, to the Earl Granville, KG），见 *BPP*, vol. 25，第298页。

② 香港政府：《麦当奴致格兰维尔专函附件之二》（Hong Kong Government House, Enclosure 2 in Copy of a Despatch from Governor Sir R. G. MacDonnell, CB, to the Earl Granville, KG），见 *BPP*, vol. 25，第235～236页。（唐宁街）英国首相官邸：《伯金汉姆和桑都斯公爵致麦当奴专函》（Downing Street, Copy of a Despatch from His Grace the Duke of Buckingham and Chandos to Governor Sir R. G. MacDonnell, CB），见 *BPP*, vol. 25，第248页。

③ （唐宁街）英国首相官邸：《格兰维尔致麦当奴专函》（Downing Street, Copy of a Despatch from the Earl Granville, KG, to Governor Sir R. G. MacDonnell, CB），见 *BPP*, vol. 25，第263页。

④ （唐宁街）英国首相官邸：《格兰维尔致麦当奴专函》（Downing Street, Copy of a Despatch from the Earl Granville, KG, to Governor Sir R. G. MacDonnell, CB），见 *BPP*, vol. 25，第265页。

当奴非常失望，他感叹很多原先预定的目标都会因为得不到充足的财力支持而落空，首当其冲者便是上述招募高素质警察来港履职的计划立即泡汤。① 随后港府耗费巨资订造的“维多利亚号”汽艇也成了一块“烫手山芋”。订造这艘汽艇的初衷是为了有效改善港务局的办公条件，前期的费用以一次性开销的形式从赌照税中拨款 1.6 万元支付。1870 年初因为要给该船装配大型锅炉、蒸汽机等设备，需额外再拨款 8000 英镑（约折合 3.2 万元），麦当奴仍打算从结余额甚巨的赌照税中拨付这笔款项。为此他特意向格兰维尔详细介绍了港务局当时的状况：办公条件不佳，很多基本的职责都无法履行，迫切需要利用这艘汽艇来减轻清政府厘卡缉私船和反盐枭缉私船对香港水域商船的滋扰，并借此打击邻近水域的海盗活动。同时，这艘汽艇也非常有助于港务局更有效地监控和登记进出港的华人船只。况且，前期的投资额已经很大，后期的投资若不跟进，只能导致半途而废。② 而格兰维尔则表示该船的日常维护费为一笔持久性的开销，不应从赌照税中拨付，而应从常例财政收入中拨付；并训令麦当奴如果无法从常例财政收入中拨付所需款项的话，便应将该船卖掉，售船所得资金须归入赌照税账户名下，未经授权不得随意开销。③ 而当时港府的常例财政收入显然尚无巨额结余来应付这笔不菲的开销，最终留给麦当奴的选择只有一个——将汽艇出售，所有前期的努力只因格兰维尔的一份批文而化为泡影，而此际巨额赌照税（30 万元）却积存在港府的银库里找不到用武之地。

以上列举的只是两个最具有代表性的例子，其实受制于格兰维尔的严

① 香港政府：《麦当奴致格兰维尔专函》（Hong Kong Government House，Copy of a Despatch from Governor Sir R. G. MacDonnell，CB，to the Earl Granville，KG），见 *BPP*，vol. 25，第 293 页。

② 香港政府：《麦当奴致格兰维尔专函提要》（Hong Kong Government House，Extract from a Despatch from Governor Sir R. G. MacDonnell，CB，to the Earl Granville，KG），见 *BPP*，vol. 25，第 306 ~ 307 页。

③ （唐宁街）英国首相官邸：《格兰维尔致麦当奴专函》（Downing Street，Copy of a Despatch from the Earl Granville，KG，to Governor Sir R. G. MacDonnell，CB），见 *BPP*，vol. 25，第 307 ~ 308 页。

厉训令而无法顺利开展的工作还有很多：许可从赌照税中拨付的供筹建中式医院的款项低于预期额度（仅为1.3万元）[①]；除前述几类业经批准的开支款外，所有其他类拟从赌照税中拨款支应的开支总额不得超过2万元/年；不得将赌照税用于改良香港某些学校的办学条件；赌照税积存在银行所得的利息也须一并计入专为赌照税单独开立的收支账目当中，不得任意开销。[②] 格兰维尔还要求麦当奴定期呈交单独记录的赌照税明细收支账目，以备英国政府审查，力图进一步限制其财政自主权。[③] 麦当奴虽反复申辩这些训令窒碍难行[④]，但格兰维尔答复相关的训令必须执行，不得延宕。[⑤] 到了1870年上半年，麦当奴已经意识到自己的工作不会得到格兰维尔的支持，便不再进行争辩。[⑥]

通过上文的分析可以发现，格兰维尔和麦当奴的施政理念格格不入，这是造成两人发生龃龉的根本原因。从格兰维尔的训令当中可以感受到

---

① （唐宁街）英国首相官邸：《格兰维尔致麦当奴专函》（Downing Street, Copy of a Despatch from the Earl Granville, KG, to Governor Sir R. G. MacDonnell, CB），见 *BPP*, vol. 25，第261页。

② （唐宁街）英国首相官邸：《格兰维尔致麦当奴专函》（Downing Street, Copy of a Despatch from the Earl Granville, KG, to Governor Sir R. G. MacDonnell, CB），见 *BPP*, vol. 25，第292～293页。（唐宁街）英国首相官邸：《格兰维尔致麦当奴专函》（Downing Street, Copy of a Despatch from the Earl Granville, KG, to Governor Sir R. G. MacDonnell, CB），见 *BPP*, vol. 25，第306页。

③ （唐宁街）英国首相官邸：《格兰维尔致麦当奴专函》（Downing Street, Copy of a Despatch from the Earl Granville, KG, to Governor Sir R. G. MacDonnell, CB），见 *BPP*, vol. 25，第262页。

④ 香港政府：《麦当奴致格兰维尔专函》（Hong Kong Government House, Copy of a Despatch from Governor Sir R. G. MacDonnell, CB, to the Earl Granville, KG），见 *BPP*, vol. 25，第314～316页。

⑤ （唐宁街）英国首相官邸：《格兰维尔致麦当奴专函》（Downing Street, Copy of a Despatch from the Earl Granville, KG, to Governor Sir R. G. MacDonnell, CB），见 *BPP*, vol. 25，第316页。

⑥ 香港政府：《麦当奴致格兰维尔专函》（Hong Kong Government House, Copy of a Despatch from Governor Sir R. G. MacDonnell, CB, to the Earl Granville, KG），见 *BPP*, vol. 25，第316页。

“财政安全”这一考虑因素占有最重要的地位，他最担心的是港府会因为有了赌照税这笔飞来横财而大幅改变原先的财政收支计划，毕竟赌照税只是一种临时性的税收，若以此来替代常例财政拨款所应扮演的角色，万一日后赌照税无以为继了，那么港府将会因被迫增税而引发混乱局面，而这恰恰是英国政府最不愿看到的结果。因此，格兰维尔认为唯有特殊情况或紧急情况下的一次性开销可以考虑从赌照税中拨付，持久性的常例开销则不可支用赌照税。麦当奴则认为“财政安全”已不是一个非常迫切的问题，特别是在香港警务工作条件亟待改善、公益事业需款孔亟的情况下，不应坐视赌照税如滚雪球一样越积越多，而应利用这笔钱去解决上述燃眉之急。最终的结果是来自英国大臣的掣肘扼杀了赌博庄制度的活力，其后续的命运只能是择机收场。

2. 赌博庄制度的终结

其实到了 1869 年，贸易活动好转的势头已经帮助港府逐渐走出了财政收支不抵的困境，这一年各项财政支出已超过 100 万元，而年底财政结余额仍有 23 万元。① 进入 70 年代以后，港府财政状况的好转使得更多的人开始非议征收赌照税的必要性，乃至否定赌博庄制度的合理性。当麦当奴于 1870 年 4 月赴欧洲休假后，代理港督惠特菲尔德便开始收集诬陷赌博庄制度的“黑材料”，并将其呈报给英国大臣。惠特菲尔德明确表示，会尽快终止这套赌博庄制度，因为他无法相信开办此类持照赌场能够有效地遏制犯罪活动的蔓延，也不支持采用这样一种体制来筹措资金。② 在他的影响下，赌博庄制度成了很多社会不满情绪发泄的焦点。香港看守政府遂决定在 1870 年 12 月 31 日现任承包人所持赌照期满后，终止全部现有持照赌

① 香港政府：《麦当奴致格兰维尔专函附件之一》（Hong Kong Government House, Enclosure 1 in Copy of a Despatch from Governor Sir R. G. MacDonnell, CB, to the Earl Granville, KG），见 *BPP*, vol. 25，第 297、300 页。

② 香港政府：《看守政府官员（护督）致金伯利专函》（Hong Kong Government House, Copy of a Despatch from the Officer Administering the Government to the Earl of Kimberley），见 *BPP*, vol. 25，第 329 页。

场的经营。[1] 不过惠特菲尔德所要面对的英国殖民地部大臣也不再是喜欢吹毛求疵的格兰维尔，而是新上任的金伯利。金伯利的态度较为审慎，希望避免政策的大幅波动，主张采取渐变的原则循序推进。当金伯利获知惠特菲尔德要关闭持照赌场的消息后，立即向他发布了如下训令：旧赌照到期后随即签发新赌照，未经英国政府认可，不得擅自妨碍现行赌博庄制度的正常运转。同时还训斥他作为一名看守政府的代理总督，在未得到英国政府明确训令，且事态也并非极端紧迫的条件下，匆忙叫停暂时休假的正式港督所制订的政策并不明智。[2] 尽管惠特菲尔德不得不执行英国发来的训令，于 1871 年 1 月继续采用招标的形式，依照报价高者中标的原则从 35 名竞标人中遴选出新的承包人何亚锡，承包金额度为 1.58 万元/月[3]，不过这已经是赌博庄制度的落日余晖了。此后惠特菲尔德仍竭尽全力搜集关于赌博庄制度的负面消息呈报英国政府，并煽动香港总商会、华人社区代表乃至某些个人呈递反对赌博庄制度的抗议书。[4] 这些举动最终迫使金伯利表态，将训令麦当奴在休假结束返回香港之际，重新考虑是否有必要

---

① 香港政府:《看守政府官员（护督）致金伯利专函附件》（Hong Kong Government House, Enclosure in Copy of a Despatch from the Officer Administering the Government to the Earl of Kimberley），见 *BPP*, vol. 25，第 330 页。

② （唐宁街）英国首相官邸:《金伯利致看守政府官员（护督）专函》（Downing Street, Copy of a Despatch from the Earl of Kimberley to the Officer Administering the Government），见 *BPP*, vol. 25，第 330 ~ 331 页。

③ 香港政府:《看守政府官员（护督）致金伯利专函》（Hong Kong Government House, Copy of a Despatch from the Officer Administering the Government to the Earl of Kimberley），见 *BPP*, vol. 25，第 346 ~ 347 页。

④ 香港政府:《看守政府官员（护督）致金伯利专函》（Hong Kong Government House, Copy of a Despatch from the Officer Administering the Government to the Earl of Kimberley），见 *BPP*, vol. 25，第 348 页。香港政府:《看守政府官员（护督）致金伯利专函》（Hong Kong Government House, Copy of a Despatch from the Officer Administering the Government to the Earl of Kimberley），见 *BPP*, vol. 25，第 350 ~ 351 页。香港政府:《看守政府官员（护督）致金伯利专函》（Hong Kong Government House, Copy of a Despatch from the Officer Administering the Government to the Earl of Kimberley），见 *BPP*, vol. 25，第 351 ~ 352 页。

坚持推行赌博庄制度。① 而麦当奴在1871年下半年返港后任期行将届满，除勉强维持现状外也无力再进行大刀阔斧的改革，最终在1872年初离任之际授意辅政司终止赌博庄制度。② 麦当奴离任以后，地下赌场死灰复燃，警察的腐败问题也卷土重来。赌博庄制度从头到尾表现出非常明显的“人来政举、人去政息”的特点。

五、结 语

赌博庄制度是特定历史时期、特定历史环境下的产物，一度承载了复杂的使命。这套制度从酝酿、实施到终止虽然为时不长，却为后人研究香港早期的历史断面提供了一个新视角，但是目前关于这一制度还存在诸多疑点有待深入探讨。其一，这套制度与广为人知的鸦片庄制度有很多相似之处，但各自的命运缘何大相径庭。其二，麦当奴的治赌实践总体上该如何评价，赌博庄制度的终止是否意味着这套制度不具有历史进步性，真理究竟掌握在为数众多的反对者手里，还是掌握在少数决策者手里。其三，本章所论述的问题其实属于基层社会治理当中不可回避的一类普遍性难题——民众恶习的管控问题，政府在处置这类问题时应当秉持一种什么样的态度，值得深思。下面仅依据并不完备的资料对上述疑点进行粗浅答复。

1. 鸦片庄制度与赌博庄制度为何同途而殊归

鸦片庄制度与赌博庄制度有很多相似之处，两者都是为了管控华人的恶习

---

① （唐宁街）英国首相官邸：《金伯利致看守政府官员（护督）专函》（Downing Street, Copy of a Despatch from the Earl of Kimberley to the Officer Administering the Government），见 *BPP*，vol. 25，第349页。（唐宁街）英国首相官邸：《金伯利致看守政府官员（护督）专函》（Downing Street, Copy of a Despatch from the Earl of Kimberley to the Officer Administering the Government），见 *BPP*，vol. 25，第351页。（唐宁街）英国首相官邸：《金伯利致看守政府官员（护督）专函》（Downing Street, Copy of a Despatch from the Earl of Kimberley to the Officer Administering the Government），见 *BPP*，vol. 25，第353页。（唐宁街）英国首相官邸：《金伯利致看守政府官员（护督）专函提要》（Downing Street, Extract from a Despatch from the Earl of Kimberley to the Officer Administering the Government），见 *BPP*，vol. 25，第355页。

② 张连兴：《香港二十八总督》，朝华出版社2007年版，第86页。

（前者为吸鸦片，后者为赌博）而出台的特殊制度，都采用招标的形式将专营权授予华商大佬，在特定时期里都为港府提供了巨额的“灰色”财政收入。何以鸦片庄制度行之持久，而赌博庄制度却昙花一现？目前尚无法给出非常全面的解释，但以下两点原因或许有助于廓清某些原委：第一，鸦片庄制度早在1844年香港草创时期便开始实施，当时遇到的阻力不会如后来赌博庄制度酝酿之际那样大，此后该制度历经长期调整而渐趋完备，其负面效应已被控制在比较小的范围内，相对容易获得公众的认可；而赌博庄制度酝酿于香港社会阶层已渐趋多元化之际，招致非议的可能性随之大增，且在有限的时间内未能迅速臻于完备，由此便导致反对声浪甚嚣尘上。第二，新加坡殖民当局也推出了鸦片庄制度，且收效良好，进而成为港府的参考样板①，导致对此持异议者缺乏强有力的论据来反对鸦片庄制度；而新加坡并未推行赌博庄制度，从而给持异议者提供了反对该制度的口实。当然这不过是浅层的表象，导致这两种制度同途而殊归的更深层原因还有待进一步发掘。

2. 对麦当奴治赌实践的历史评价

事后看来，麦当奴推出的这套赌博庄制度在其正常运转期间基本上发挥了预期的效力，而各类反对意见或者是在空洞地唱高调，或者因脱离实际不具可行性，或者仅反映了小团体的利益诉求，因而都是行不通的，有时甚至是反动的。但是由于信息的不对称性，赌博庄制度的负面效应容易被夸大，而积极效应却经常被忽视。时任香港大律师的朱立安·保斯弗蒂已经注意到，这些被夸大的负面效应只会鼓动起调皮的报纸编辑们向中日两国的外侨社区和英国民众散发与事实不符的小道消息，从而激起他们对赌博庄制度的反感。② 这导致各类反对意见往往颇得公众舆论的支持，而现实

① 陈翠平：《香港的鸦片垄断专营制度（1844—1887）》［Tsui Ping Cheung，“The Opium Monopoly in Hong Kong，1844－1887”（Unpublished Master Paper，Hong Kong University，1986），29－56］。

② 香港政府：《看守政府官员（护督）致金伯利专函提要附件之二》（Hong Kong Government House，Enclosure 2 in Extract from a Despatch from the Officer Administering the Government to the Earl of Kimberley），见 *BPP*，vol. 25，第335～337页。

情况又不可能允许这些反对者去践行自己的治赌理念，这样就出现了“真理掌握在少数人手里”的现象，使事态到后来逐渐拐上了“你（反对者）骂你的，我（港府）干我的”这样一条轨道。尽管赌博庄制度一直是在唾骂声中运行的，并且最终以“失败”收场，但这并不能否定其具有历史进步性。毕竟赌博庄制度只是一种治赌的尝试，在执行过程中肯定会因事先考虑不周而遇到这样那样的麻烦，遇到麻烦之后怎么办？“开倒车”还是“向前看”？持反对意见者大多主张恢复原状，即“开倒车”；麦当奴则认为如果发现制度设计当中存在缺陷就加以纠正，即“向前看”，这样的真知灼见是难能可贵的。麦当奴离任后，香港后续的治赌实践最终为上述争议做出了公正的裁决。

3. 赌博庄制度留给后人的启迪

各级政府在管控基层社会民众的恶习时，似乎很难找到能够“斩草除根”的办法，那么如何处置为上策？麦当奴主政香港期间推出的赌博庄制度留给后人一些启迪。当时香港尚处于“港九时代”，辖区只有香港岛、九龙半岛以及周边一小片水域，远非1898年租借新界之后那样广袤。既然连处于上升期的英式政府都无法在这样一个狭小的区域里根除危害社会的赌博活动，那么已陷入衰退期的清政府在偌大的中国势必更加无力应对这一问题。靠镇压来治赌绝不可能收到持久的成效，而脱离政府管控的娱乐场所（如地下赌场）又势必会发展成为罪恶的渊薮，这两种势头都在昔日的香港表现得非常清楚。赌博庄制度是麦当奴打破传统思维设计出的一种替代性的治赌方式，一度收到了比较满意的成效，也曾顶住了甚嚣尘上的非议之声，最终却在英国大臣的掣肘下流于“失败”。赌博庄制度短暂而曲折的经历，值得后人深思。

在近代香港，港英政府施政的首要目标无疑是维护英国及英国商人的利益，进而巩固英国对香港的殖民统治。在社会治理层面，港英政府的做法也不例外。不过在这种施政理念的指引下，港英当局在市政管理、移风易俗以及强调法治等方面，引入了当时西方比较文明的管理模式，这类做法在某种程度上具有积极意义。对此类问题进行深入研究，有助于我们更好地解读近代香港的历史发展进程。当然我们在对港英政府的一些施政举措予以肯定的同时，也应对其特有的统治色彩保持警惕。

结语：转口贸易与香港的繁荣

“香港本属荒岛，重峦复岭，孤峙海中，距新安县城一百余里。从前本系洋盗出没之所，绝少居民，只有贫穷渔户数十家，在土名赤柱湾等处畸零散处”，这就是第一次鸦片战争后香港岛被割让之际的样子。到了20世纪初年，香港已发展成为远东贸易中心、航运中心、金融中心，“乃异族东来，凿山通道，遂造屋开市，险者夷之，朴者华之，一转瞬间，遂成中西第一关津，华夷第一巨埠，斯固亦山灵所不及料”。香港在晚清时期所经历的巨变令时人和后人无不惊叹！结语部分将围绕香港本地商业的发展、航运业的勃兴以及金融中心的形成这三个问题，来细致剖析转口贸易的发展对香港城市经济的繁荣产生的巨大推动力，然后以香港的转口贸易作为切入点，对一些相关的理论进行检验、修正和补充。

一、华人对香港商业繁荣做出的巨大贡献

香港受英国殖民统治以后，最早来此开展商业活动的机构多为外商洋行。但在本书所研究的时段当中，外商洋行虽然在香港的商业活动中具有较大的影响力，但其经营的侧重点已逐渐转向投资巨大且利润丰厚的航运业、金融业等贸易辅助行业。于是各类华商行号一跃成为香港市场上颇为活跃的商业势力。

1. 华人在香港的商业经营活动

19世纪60年代以后，随着大量移民涌入香港，香港逐渐成了华人浪

荡子弟的乐园，他们无论是充任买办、赌商，还是诱拐移民出洋都可获厚利。① 华人在香港可以同时拥有中英两国官员的头衔，其作为中国官员的身份可以通过向清政府捐纳取得，而作为英方官员的身份（如香港立法会官守议员或非官守议员）也可以通过多纳税的方式取得。如此一来，顶着双重头衔受中英两国政府保护（特别是受港英政府保护）的华人买办商人，就成了香港发达的商业环境中颇为得势的一种角色，双重国籍也成为一种奇货可居的身份。薪金收入、佣金收入、自营企业所得的利润遂成为买办的三种主要收入来源，而“诡寄经营”的模式也为买办们提供了一把独特的“保护伞”，使其日常商业经营活动可避开中国官府的管制，然后通过为洋商承揽贸易活动的上下游配套辅助业务而大发利市。这些香港华商买办的国籍观念已经非常淡漠了，如服务于太古洋行的莫氏家族，服务于怡和洋行的何东家族，服务于汇丰银行的罗伯常、罗鹤朋、刘渭川、刘泮樵，以及充当兵船买办的卢景等人，都很不看重自己的华人身份。在香港取得商业成功的华商继而在国内外其他地区开设联号，逐步构建起一个囊括了中国沿海地区、南洋一带，直至日本、朝鲜、俄领东北亚（海参崴港）的东亚贸易网络。②

若论及华商在香港开办的企业行号，最成功也最具代表性的当属南洋庄和金山庄。随着19世纪下半叶大批华人出洋谋生，逐渐在海外形成了众

---

① 黎志刚：《香山商人的冒险传统》，见郝延平、魏秀梅主编《近世中国之传统与蜕变——刘广京院士七十五岁祝寿论文集》，台湾“中研院”近代史研究所特刊（5），1998年，第427～452页。

② 莫应溎：《英商太古洋行在华南的业务活动与莫氏家族》，见中国人民政治协商会议全国委员会文史资料研究委员会《文史资料选辑》编辑部编《文史资料选辑——港澳台及海外来稿专辑》（第十四辑），中国文史出版社1988年版，第127～175页。冯邦彦：《香港华资财团（1841—1997）》，三联书店（香港）有限公司1997年版，第8、32页。温伟国：《香港上海汇丰银行买办研究》，香港中文大学硕士学位论文，1991年，第57页。Pui-tak Lee, “Chinese Merchants in the Hong Kong Colonial Context, 1840 - 1910,” in *Hong Kong Economy and Society: Challenges in the New Era*, eds. Siu-Lun Wong and Maruya Toyojiro (Hong Kong: Centre of Asian Studies, The University of Hong Kong, 1998), 102 - 103.

多华人社区，为满足这些海外华人社区对国内土特产品的需求，在香港经营南北洋转口贸易的“南北行”和专门贩运国内土特产品到北美及南洋的“金山庄”“南洋庄”等行号纷纷趁势兴起，迅速发展成为香港当地华人商业圈中最强盛的一股势力，这些行号大约掌握了香港贸易总额的1/4。①

南北行所经营的业务，包括对北线和对南线的贸易。此类行号能将来自北线天津、上海、福州、厦门、汕头等地的豆类、食油、杂粮、药材等各类土特产品经香港转销到南洋各埠；又能将南洋暹罗、新加坡、马来西亚、缅甸、越南、印尼、菲律宾等地出产的大米、树胶、锡锭、椰油、椰干、沙藤、海产等特产品经香港贩卖到中国沿海各埠，进而形成一个以香港为中转枢纽，北至华北各埠、日本，南至东南亚各国的贸易网络。

南北行对所经手转销的大宗货物一般都可逐步实现垄断经营。以药材生意为例，当时由南北行的11家大药材行共同组成的同业组织公志堂，实际上垄断了经由内地（四川、陕西、云南、广西、江苏、浙江等）十多个省份从上海、青岛、武汉、重庆、天津各埠发货，运往南洋一带销售的中药材贸易，以及经香港转口销往内地市场的花旗参、胡椒、高丽参等外来药材贸易。香港本地的各家药材铺都要到南北行商号公志堂属下的11家药材行购买药材，南北行在香港特色商品转口贸易领域的显赫地位由此可见一斑。比较著名的几家南北行商号有元发行、乾泰行、合兴行、怡丰行、顺发行等。②

金山庄则是以沟通中国与美、澳等洲的贸易商品对流为主业。其中专门贩运货品供应北美华侨的行号称作金山庄，专门贩运货品供应南洋华侨的行号称作南洋庄；此外，还有秘鲁庄、安南庄、暹罗庄、渣华庄、吕宋庄等。从19世纪70年代到19世纪末，金山庄和南洋庄行号已从起初的30多家增加到100多家，到了20世纪20年代，则进一步增加到280余家，跃升为推动香港转口贸易发展的一股重要力量。值得一提的是，无论是南

---

① 林友兰：《香港史话》，香港上海印书局1978年版，第4页。

② 鲁言：《香港南北行药材商及垄断事件》，见鲁言编《香港掌故》（第12集），广角镜出版社1989年版，第92~93页。

北行还是金山庄，其经营领域往往不限于转口贸易，以合兴号金山庄为例，举凡汇兑、钱庄、航运、地产、赌业甚至鸦片、苦力贸易都有涉及，这就反映出香港华商在拓展业务方面的高超能力。①

大批华侨在国外经营商业颇为得法，当他们积累了一定经验之后，往往也会选择回国投资兴业，驰名国内的港沪、港穗连锁经营商店先施、永安、大新、中华等四大百货公司就是其中的佼佼者。这些百货公司在创立之初都会选择香港作为最初的立足点，当积累了一定营销经验之后便在广州、上海等地分设联号，随后再进一步将分支机构推广到国内各主要商埠。华人的商业活动既已如此发达，则其对香港经济的繁荣做出的贡献自然不可小觑，香港华人在商业经营活动中具有很强的独立性，因此轻易断言华商（包括买办商人）对洋商的依赖性很强似显笼统。②

2. 华商与香港转口贸易辐射力的扩散

在前面几章当中，笔者已多次提及华商在香港面向沿海各地区开展的转口贸易活动中占有优势地位，实际上华商的竞争优势已经延展到香港对整个东亚地区的转口贸易活动中。以东北亚地区为例，在甲午战争爆发前的这段时期，朝鲜、日本开港其实在更大程度上意味着对华商的开港，华商在日本和朝鲜的商业势力一度十分强盛。特别是粤商在中国香港、东部沿海地区，以及朝鲜、日本之间编织出一张极为紧密的商业网络，进而通过相互关联的东北亚经济圈、华南经济圈、东南亚经济圈，最终得以在东北亚地区的跨国贸易往来中执牛耳，其中广东香山商人在仁川和汉城等地的势力尤为突出。③ 特别是对于海产品、中药材等洋商不

---

① 赖连三：《香港纪略》，香港上海万有书局 1931 年版，转引自冯邦彦《香港的华资财团（1841—1997）》，三联书店（香港）有限公司 1997 年版，第 22 页。

② 黎志刚：《香山商人的冒险传统》，见郝延平、魏秀梅主编《近世中国之传统与蜕变——刘广京院士七十五岁祝寿论文集》，台湾“中研院”近代史研究所特刊（5），1998 年，第 427～452 页。

③ 黎志刚：《近代广东香山商人的商业网路初探》，见汤熙勇主编《中国海洋发展史论文集》（第七辑），台湾“中研院”中山人文社会科学研究所 1999 年版，第 233～255 页。

太熟悉的商品，华商经营起来得心应手，竞争优势也就更加明显。以在南洋一带销路很好的日本海产品为例，日本与南洋地区的贸易若不通过华商经香港、上海两地居间转运，几乎无法进行，而华商则从中获利丰厚。“长崎港的海产品出口贸易，向来经由中国商人之手，本邦（日本）商人甚觉不便，要想直接出口，甚感困难。因为中国海产品贸易者，在长崎、神户等地设有分公司，或出张所、代理店，彼此联络。如果听到本邦商人试着要直接出口，就马上互相呼应，不肯购买，使其在仓库内腐败，或以极不利的条件，让本邦商人不得不廉价出售。因此本港海产品贸易业者，均只能作为收购批发商，再卖给华商，转手出口。也就是至今仍持续着所谓居留地贸易习惯。”① 而很多种欧美来货在香港、上海卸货以后，也需要借助华商在本区域内的交易网络输往日本、朝鲜乃至俄领东北亚地区（海参崴港）。如英国匹头货可以从上海或香港出口到长崎，再经由那里的华商内销日本国内市场或进一步转销往朝鲜的釜山等地。华商还十分注重发挥适应性强的优势，刻意去迎合朝鲜人新年穿新衣的习俗。华商意识到朝鲜人尤其喜爱各色新鲜花样的中国丝绸，于是专门在上海、香港等地将丝绸加工成朝鲜人喜爱的花色、款式，再供应朝鲜市场。“因为华商勤勉、节俭，中国商人在汉城的繁华街道上日渐增多。作为零售商，他们不仅贩卖外国进口货，也贩卖国内商品，慢慢地独占了市场。中国的行商……行遍全国（朝鲜）各地。”② 日本驻香港领事在1899年直白地指出，日商在包括香港在内的众多东亚市场上不敌华商的原因有如下三条：一、华商富于团结性，能不求一时之利，而考虑将来。二、日商缺乏资金，一败之后，即不得不退让。三、生产在华适销商品的日本厂商直接售货于华商，绕过了居间转贩的日商。因此这一时期日商欲在香港市场上与华商竞争是

---

① 长崎商业会议所编：《长崎商业会所25年史》，长崎商业会议所1919年版，第270页。

② 韩佑欣：《韩国开港期的商业研究》，韩国一潮阁1970年版，第53页。

难有作为的。①

华商通过自身编织的繁密的商业网络，将香港转口贸易的辐射力远推至中国沿海各口岸以及西南内陆区域，这一点在前面的几章当中已有所提及。以上所述内容则进一步反映出华人的商业网络还延伸到包括日本、朝鲜在内的整个东北亚地区。华商之所以能具有如此强劲的商业竞争力，显然与拥有香港这一大型贸易转口港作为大本营存在密切关系，香港发达的商业环境为华商采购适销货源、对货物进行精加工、筹措商业资金、开展贸易投机等活动创造了良好的条件，成为华商扩展贸易辐射力的稳固后盾。

二、转口贸易发展对香港城市经济繁荣产生的拉动效应

在大宗正规商品贸易兴盛之前，鸦片贸易和移民苦力过境贸易是香港商人的主要获利之源，英国人早期在香港开展城市建设的经费来源也与此有关，香港能够在19世纪50年代就出现大量店铺显然与此类贸易存在密切关联。鸦片走私活动及苦力远渡重洋需要大量交通工具，这就带动了香港航运业和船舶修造业的兴起。紧步航运业兴起之后尘，金融业很快也成为香港城市经济的重要支柱行业。最后兴起的是特色制造业，主要有制糖业、造船业、纺织业、水泥加工业等。此外，客栈业、旅行业等服务行业也大有发展。其中航运业和金融业是维系香港城市经济繁荣的支柱产业。②

1. 航运业的兴起

首先兴起的是航运业。早期发达的鸦片贸易和苦力贸易成为香港航运

---

① 许紫芬：《1880年代东北亚地区华商的贸易活动》，见汤熙勇主编《中国海洋发展史论文集》（第七辑），台湾“中研院”中山人文社会科学研究所1999年版，第171～199页。

② 冯邦彦：《香港华资财团（1841—1997）》，三联书店（香港）有限公司1997年版，第8页。李国祁：《由近代港澳的发展论商业殖民的特征及对华影响》，见近代中国学术研讨会论文集编辑委员会编《港澳与近代中国学术研讨会论文集》，台湾“国史馆”1990年版，第54页。刘泽生：《苦力贸易与香港早期经济发展》，见近代中国学术研讨会论文集编辑委员会编《港澳与近代中国学术研讨会论文集》，台湾“国史馆”1990年版，第119页。

业发展的助推器，到了19世纪60年代以后，英国割占了九龙半岛，完全控制了港九间的维多利亚海港，进一步确立了香港作为转口港的地理优势，通航地域和潜在的市场随之扩大，使得更多的航运企业入驻香港。这些航运企业可以分为两种：一种是以香港为总部所在地，专事近海和内河航运，如德忌利士轮船公司、省港澳轮船公司等；另一种是在香港设立分支机构和代理行，兼营中国沿海沿江航线和远洋航线的外国远洋轮船公司，除了众所周知的大英轮船公司，还有法国火轮船公司、美国太平洋邮船公司等。到了甲午战争爆发前，太古轮船公司、怡和轮船公司、德忌利士轮船公司成为香港本地最大的三家航运企业；德国轮船航业局、东方澳洲轮船公司、意大利邮船公司、北德意志轮船公司、加拿大昌兴轮船公司、日本邮船会社、美国泛太平洋轮船公司及英国海洋轮船公司等众多外国航运企业也都将香港作为重要的驻泊地，在这里装卸客货，补充给养。到甲午战争结束以后，德国亨宝轮船公司、日本大阪商船会社、东洋汽船会社相继打入以香港为枢纽的远东航运市场。1889年，港英政府宣布香港已成为英帝国范围内仅次于伦敦和利物浦的第三大商业港；到了1906年，在香港登记和结关的轮船吨位数已跃居世界各商港之首。①

香港航运业的发达使得众多航线以香港为中心伸向华南内河、中国沿海乃至世界各地。广州—香港—澳门线是珠江三角洲一带的三条快速短程航线，早期由省港澳轮船公司独家经营。该公司始创于1865年，成立伊始就派出4艘轮船往返于香港和广州两地，由于省港两地人员货物往来极为频繁，且航程仅需6小时，所以这条航线的生意格外兴隆。香港—澳门线则是粤西南一带进出口物资的重要通道，因为澳门是琼州口岸、北海口岸以及邻近的雷州府、高州府等地的进出口物资通往香港的集散地。② 香

① 徐曰彪：《近代香港航运业的兴起》，见近代中国学术研讨会论文集编辑委员会编《港澳与近代中国学术研讨会论文集》，台湾“国史馆”1990年版，第298页。

② 广州海关志编委会：《近代广州口岸经济社会概况—粤海关报告汇集》，暨南大学出版社1995年版，第15、35、71、82页。莫世祥等编译：《近代拱北海关报告汇编》，澳门基金会1999年版，第126页。

港—汕头—厦门—福州线是又一条连接华南沿海地区主要通商口岸的常川航线，早在19世纪60年代前期，德忌利士轮船公司和大英轮船公司就分别派轮船往返行驶于这四个重要口岸之间。几年后德忌利士轮船公司又开辟了厦门—台湾支线，经厦门通往台湾安平等港作为该干路航线的补充，从而使该航线的船只配置更趋合理，在甲午战争爆发以前德忌利士轮船公司在这条航线上一直居于近乎垄断的地位。这条航线是华南地区开埠早期最重要的一条轮船航线，而香港就是这条航线的尾闾。19世纪60年代以后，大英轮船公司、旗昌洋行等7家专营或兼营航运业务的外资企业、洋行先后把香港作为其船只重要的停靠口岸，使香港和欧洲、印度、东南亚、中国沿海多个地区之间有了直接航线，成为远洋来船进入中国沿海各港口前的寄泊港。这些航线主要有如下几条：怡和轮船公司辟有加尔各答—香港地区—日本线、香港地区—新加坡—三宝垄（Samarang）—苏腊巴亚（Sourabaya）线、香港地区—库达特（Kudat）—山打根（Sandakan）线、香港地区—马尼拉线、仰光—马六甲海峡—香港地区—中国内地线等；太古轮船公司则在上海、日本、香港地区、澳大利亚及香港地区与菲律宾间辟有航线。此外，尚有多条国际航线驶经香港。如北德意志轮船公司（The Norddeutscher Lloyd）辟有不来梅（或汉堡）经地中海、印度洋、香港地区至日本的航线，以及日本—香港地区—新几内亚—澳洲航线；加拿大太平洋铁路公司（The Canadian Pacific Railway Company）和太平洋邮船公司（The Pacific Mail Steamship Company）均辟有香港地区—上海—日本（长崎、横滨）—温哥华或旧金山线；日本邮船会社（Nippon Yusen Kabushiki Kaisha）辟有香港地区—上海—日本线及汕头—香港地区—曼谷线。① 正是借助这些繁密的远洋航线，大批鸦片、日用消费品、粮食、能源、机械、军火等洋货得以倾销中国。需要说明的是，许多远洋航线既是大宗洋货出口中国的运输线，其船只在返程时也往往载运中国土货至远方市场。

---

① Arnold Wright, *Twentieth Century Impressions of Hong Kong: History, People, Commerce, Industries, and Resources* (Singapore: Graham Brash, 1990), 201–203, 205–206, 211.

随着航运业的发展，直接为航运业服务的香港造船和修船业也获得了长足进步。前期以1863年成立的香港—黄埔船坞公司实力最为雄厚，拥有先进的船舶修造设备和造船能力。1888年香港—黄埔船坞公司获得英国海军部的重金资助，建成一座可容纳英国海军最大舰船的新船坞——海军船坞。到19世纪末，该公司拥有5个船坞，在华南地区的造船业中居于垄断地位。进入20世纪以后，太古洋行在香港建成太古船坞工程公司，其造船能力更在香港—黄埔船坞公司之上，一大批马力强、吨位大的轮船陆续在香港建成下水。①

此外，码头、仓栈等航运辅助行业也经历了一个快速的成长过程。19世纪60年代初，怡和洋行最先在香港设立货主码头、仓栈。1871年，第一家公仓——香港码头货仓公司在香港成立。到1886年，上述两家货仓公司合并成立了香港九龙码头货仓公司，随后在九龙增设具有深水泊位的第一、第二码头，供远洋来船停泊。到19世纪末，该货仓公司已发展成为香港最大的专业码头货栈。为了保障航运安全，灯塔、天文气象台、避风塘等设施相继建立，进一步推动了香港航运业的发展。

2. 金融中心的形成

另一项随着贸易日渐兴盛而发展起来的行业是金融业。香港最早的金融机构多是一些大洋行的附属部门，怡和、宝顺、旗昌等洋行都附设有代理店办理银行业务。早期进入香港的专业金融机构多为英国和印度的英资银行在香港设立的分行。1845年，总行设在孟买的丽如银行首先进入香港拓展业务。1857年，另一家孟买银行有利银行也在香港设立分行。1859年，著名的渣打银行（又称麦加利银行）进入香港，渣打银行此后一直是香港银行体系中最重要的金融机构之一，其地位仅次于下文提到的汇丰银行。早期进入香港设立分支机构的其他银行还有法兰西银行、呵加喇汇理银行、印度东方商业银行等。在汇丰银行设立之前，总共有11家银行在香

---

① 张仲礼：《太古集团的扩展》，见《张仲礼文集》，上海人民出版社2001年版，第439～442页。

港设立分行或办事处。这些银行都以经营贸易押汇和国际汇兑业务为主，大体都属于为转口贸易提供融资服务的商业银行，不向一般公众提供普通银行服务。这些银行对中国沿海一带的国内贸易活动，对香港本地的公共事业都缺乏提供融资支持的兴趣，因此香港的主要洋行普遍对这些银行感到不满。①

19 世纪 60 年代以后，中外贸易规模的扩大为香港转口贸易的发展提供了广阔的前景，而上述这些银行明显无法适应客观形势的需要，香港洋行的大班们迫切感到创办一家本地银行的重要性，以便靠其为商人们提供及时、充足的信贷服务，应付急剧膨胀的贸易对资金的需求。而当时香港的金融市场绝对可以容纳一家既注重香港本地业务，又能开拓中国沿海地区潜在客户，乃至开拓日本市场的银行来满足贸易活动的需要。② 在这样一种背景下，1864 年以香港为总行所在地的汇丰银行应运而生，该银行得到香港本地主要大洋行的鼎力支持。③ 在度过创业初期的困境之后，汇丰银行迅速成长为香港最大的银行，到 1880 年已垄断了香港半数以上的银行业务，并在中国各主要城市，以及日本、南洋各地设立分行，依托以中国为主导的东亚区间和区际贸易，发展银行业务，很快就铺开一张以香港为总汇囊括东亚的金融网络。在占据了贸易融资的最大份额之后，汇丰银行后期的业务进一步扩展，陆续深入到对中国政府提供贷款，独家保管中国关税和盐税，对中国重要铁路、矿山、工厂提供贷款等领域。在香港这样一个繁荣的贸易场上，汇丰银行以其灵活多样而又扎实稳健的经营模式获得了无可争议的金融领导地位。

到了 19 世纪与 20 世纪之交，转口贸易规模的扩大吸引了越来越多的

---

① 冯邦彦：《香港金融业百年》，三联书店（香港）有限公司 2002 年版，第 4 ~ 8 页。

② 温伟国：《香港上海汇丰银行买办研究》，香港中文大学硕士学位论文，1991 年，第 42 页。

③ 《1864 年汇丰银行募股书》，见温伟国《香港上海汇丰银行买办研究》，香港中文大学硕士学位论文，1991 年，附录 1，第 A1：2 页。

外资银行进入香港。有法国东方汇理银行，日本正金银行、台湾银行，美国花旗银行、运通银行、大通银行，英国大英银行，荷兰小公银行、安达银行，比利时华比银行等。这些银行的业务囊括了存储、按揭等众多领域，继汇丰银行创造第一个黄金时代之后促成了香港银行业发展的第二次高潮，为香港与各所属国的贸易活动提供了更多的融资便利。

19 世纪 80 年代以后，华商经营的多种金融机构也在香港日趋繁荣的转口贸易活动中获得了大显身手的机会。华商金融机构最早是以银号的形式发展起来的，起初主要是为了满足香港面向广东各地乃至海外各埠的汇兑需求。到了 19 世纪 90 年代此类金融机构已增至 30 家，业务范围逐渐扩展到按揭、金银找换、货币兑换、货币炒卖等领域。华商金融机构充当了外资银行与大量南北行、金山庄、米行、药材行、花纱行等华商行号之间的桥梁，从前者拆借到大笔款项后贷于后者，发挥了重要的媒介功能。到了 19 世纪末，香港转口贸易的发展已使华商对押汇、信用证、支票的使用量大幅增加，而传统的华资银号不能满足此类业务发展的客观需要，进而促使华人将西式银行的经营理念与传统银号的业务相结合，建立起现代华资银行。最早的一家现代华资银行是 1891 年创立的中华汇理银行，不过华资银行在香港真正取得长足进步是在民国以后。①

三、以香港转口贸易为切入点对一些理论进行检验、补充和修正

西方列强来到东方，不是为了帮助中国实现强盛，而是为了自身的利益。他们的所作所为充满血腥气，迫使中国一次又一次割地、赔款、丧权。然而人们又不得不承认，比中国传统的制度更具旺盛生命力的西方政治、经济，以及建立在此基础上的科学和文化，在这一过程中也同时传入中国，由此导致中国社会发生了巨大变迁。有关中国现代化进程的研究，

① 冯邦彦：《香港金融业百年》，三联书店（香港）有限公司 2002 年版，第19～32 页。

除了从理论层面展开探讨和进行中西比较，选择某一切入点进行实证研究也是可取的途径。香港的转口贸易为研究中国现代化进程的推进提供了一个独特的视角，香港转口贸易的兴起对中国沿海其他口岸（特别是华南口岸和西南内陆口岸）产生了很大影响，加深了香港与这些贸易对象口岸之间在航运、金融、电讯、信息等多方面的联系，从而将市场扩大和贸易全球化产生的深远影响传递到这些贸易对象口岸，继而通过这些口岸将前述影响辐射到内陆腹地。香港之所以能够发展成为中国经济现代化的领头羊之一，转口贸易以及经由贸易而产生的其他联系就是导致其迅速崛起的主要推动力。下面试以晚清时期香港的转口贸易为切入点，对若干涉及中国近代经济发展的理论进行检验、补充和修正。

1. 汪敬虞先生把“资本主义的发展与不发展”作为贯穿中国近代经济史的一根主线，他认为各个经济部门中的资本主义成分在晚清时期取得了初步发展，但半殖民地半封建的时代环境使得资本主义经济在中国的发展处处受到制约，以致无法获得充分发展，甚至是根本就不能发展。①

2. 台湾学者林满红通过研究甲午战争爆发前台湾的对外贸易，认为对外贸易给台湾经济发展带来的影响，几乎全是正面和积极的。这体现在进出口贸易条件的改善、贸易盈余的积累、内地开发的深入、贸易活动产生了一系列示范效应等方面。她进一步指出，在1887年以前，海关统计的只是原始贸易额，没有按照到岸价格和离岸价格标准对贸易额进行修正，到岸价格就是征收进口税以前的价格，离岸价格就是征收出口税以后的价格，这就造成进口额（因为包括进口税）偏高，出口额（因为不包括出口税）偏低，于是就歪曲了贸易额的真相，夸大了中国在外贸领域所处的不利地位。经她修正以后，直到1888年以前中国的对外贸易一直处于出超的状态，而不是像海关原始统计数据所呈现的那样在19世纪60年代以后对外贸易就转为入超。她由此推出贸易发展对近代中国（特别是甲午战争以

① 汪敬虞主编：《中国近代经济史（1895—1927）》，人民出版社2000年版，导言。

前的中国）经济的影响明显是利大于弊。当然，她也认为贸易活动确实存在负面影响，最突出的表现就是吸食鸦片的风气的确导致很大一部分贸易盈余化为乌有，但这不是贸易本身必然会造成的结果，而是由中国的特殊国情造成的。①

汪敬虞和林满红都归纳出了近代中国经济发展（包括贸易发展）过程中非常重要的特征。但从香港来看，在本书所研究的时段当中，其对内地不同区域开展的转口贸易在十分不利的环境中却取得了惊人的发展，贸易总额增长了5倍多，茶、丝、鸦片、棉纺织品、金属等大宗商品的贸易规模极为可观。除这些大宗商品之外，豆货、侨需品、矿产品等出口货，糖、煤油、粮食等进口货的贸易规模同样也有大幅增长，在东部沿海地区、内陆云南省与香港之间，华洋商人的商业营销活动非常活跃，东部沿海地区的商业资本主义经济经历了快速的发展过程。

此外，仅根据台湾一地的贸易情况得出的结论不太适合用来概括全国的情况。对于可以提供大宗出口产品的地区，比如福建有茶、东北地区有豆货、云南有矿产品大锡，这些地区通过与香港或其他地区开展贸易活动，对当地经济的发展确实产生了积极和正面的影响。但另外一些地区的情况就很不乐观，比如广西的北部湾地区、浙南温州一带，还有茶叶贸易衰落后的闽南地区，贸易活动对地方经济发展产生的主要是负面影响，对外贸易使当地经济凋敝，甚至完全依靠本地在外华侨的汇款来弥补贸易入超，地方经济表现出非常明显的寄生性特征。

汪敬虞和林满红对近代中国经济发展、贸易发展过程中出现的问题提出的一些不同看法，可以通过分部门、分区域的研究加以厘清，不便一概而论。

3. 吴承明先生从市场的角度切入，分析了不同层次市场间的相互依赖关系。② 那么从香港转口贸易这个问题入手，确实证实了在这些不同层次

---

① 林满红：《清末台湾与我国大陆之贸易型态比较（1860—1894）》，载《台湾师范大学历史学报》第六期。

② 吴承明：《18世纪与19世纪上叶的中国市场》，见《吴承明集》，中国社会科学出版社2002年版，第197页。

的市场之间，货物的流动方式的确表现出一定的规律性。香港是华南地区（即从福建到广西），还有西南地区（主要是云南）这样一个大范围空间里多种进出口商品的重要中转市场。即便对于遥远的北方环渤海地区来说，香港至少也算是糖、印度棉纱、废旧金属、军火、高丽参、豆货等商品的重要中转市场。

4. 郝延平、王良行、聂宝璋等学者在对近代商业、贸易和在华洋行等主题进行研究的过程中，都曾提到中国对外贸易领域出现的商权转移问题，也就是洋商的势力逐渐减退，华商在与洋商的竞争中屡占上风，最后迫使洋商调整经营领域，向航运、金融、保险这几类贸易辅助行业转型，而直接的商品经营活动主要掌握在华商手里。①

通过对香港的转口贸易进行研究，可以进一步弄清华洋商人各自的优势。洋商在 19 世纪 80 年代以前，主要从事鸦片、棉纺织品、茶、丝等大宗进出口商品以及苦力贸易的垄断性经营，故其资本原始积累丰厚。香港之所以能够迅速兴起，在很大程度上就是因为充当了大批量货物的廉价免税仓库。但是洋商的经营成本一直比较高，根据政治经济学的相关原理，在垄断利润向平均利润转化的过程中，洋商的处境必然逐渐恶化。最明显的表现就是越来越多的华商直接到香港市场采购各类商品，进而压缩了洋商作为“二道贩子”的利润空间。华商资本虽少，但华商熟悉内地的商业环境，能够明显降低交易成本，所以到了 19 世纪 70 年代以后，华商在除鸦片以外的绝大多数商品贸易中已经占有优势，而鸦片贸易由于需要大量资本维系货物周转，所以仍保留在洋商特别是沙逊洋行手中，可以算一个例外。

随着贸易规模的不断扩大，商人们对金融、航运、保险等贸易辅助行业的依赖性也越来越强。这些行业所需的资本投入额很大，华商无力胜

---

① 聂宝璋：《1870 年至 1895 年在华洋行势力的扩张》，见《聂宝璋集》，中国社会科学出版社 2002 年版，第 79 ~ 108 页。王良行：《清末对外贸易的关联效果》，见《近代中国对外贸易史论集》，台北知书房出版社 1997 年版，第 125 页。[美] 郝延平著，陈潮、陈任译：《中国近代商业革命》，上海人民出版社 1991 年版，第 300 ~ 310 页。

任，只有资本雄厚的大洋行有能力经营。这些资本密集型的行业需要一个繁荣的经济环境和稳定的政治环境，而且还得靠近广阔的中国市场，那么能够满足所有这些条件的环境就只有香港市场才可以营造出来。太古洋行、怡和洋行的经营侧重点向航运业转型，麦加利银行、汇丰银行总行都设在香港，还有50多家保险公司选择了香港作为注册地。可见香港的繁荣绝不单单是英国人经营的结果，华洋商人在不同领域取得的成就都有助于推动香港转口贸易的发展，特别是在19世纪80年代以后，华商对香港商业的繁荣做出的贡献明显增大。

四、小　结

开展转口贸易活动，是香港和中国沿海地区乃至西南内陆地区发生经济联系的主要方式，香港也正是通过与国内主要贸易对象口岸间的转口贸易联系，体现出其作为贸易中心的强大影响力。这种密切的贸易往来使香港和主要贸易对象口岸之间产生了一种互动关系。就香港来说，通过对各个地区开展转口贸易，香港本地商业迅速发展起来，无论是经营外洋来货贸易的各大洋行，还是经营土货贸易的南北行、金山庄都经历了快速的成长过程。就主要贸易对象口岸来说，通过取道香港开展转口贸易刺激了各个口岸城市及其腹地外向型经济的兴起，表现在土货出口商品结构日渐丰富，新兴洋货的消费习惯逐渐形成等方面。

香港因转口贸易而兴起，当地发达的航运业、金融业均主要是为外贸服务的。贸易的繁荣推动了香港跃升为集远洋、沿海及内河航线于一身的航运中心，贸易活动中强烈的融资需求也刺激了金融业日趋发达。香港在港口及配套航运设施方面拥有无可比拟的便利条件，再加上香港拥有稳固的金融中心地位，这都有助于进一步促进香港与其他口岸间转口贸易活动的发展，进而增强其他口岸在贸易领域对香港的依赖性。来自国外的先进生产力和经营理念就这样随着贸易的进行，一并通过香港的中转被传递到与其存在转口贸易联系的各口岸城市，继而再辐射到广大内陆地区，最终使香港成为近代中国经济现代化的领头羊之一。

参考文献

一、中文著作

滨下武志著，马宋芝译：《香港大视野——亚洲网络中心》，商务印书馆（香港）有限公司1997年版。

陈慈玉：《近代中国的茶叶发展与世界市场》，台湾“中研院”经济研究所现代经济探讨丛书第六种，1982年。

戴一峰：《区域性经济发展与社会变迁：以近代福建地区为中心》，岳麓书社2004年版。

戴一峰主编：《中国海关与中国近代社会——陈诗启教授九秩华诞祝寿文集》，厦门大学出版社2005年版。

戴国辉：《台湾史研究——回顾与探索》，台北远流出版事业股份有限公司1985年版。

戴宝村：《清季淡水开港之研究》，台湾师范大学历史研究所专刊（11），1986年。

董孟雄、郭亚非：《云南地区对外贸易史》，云南人民出版社1998年版。

［美］费维恺著，虞和平译：《中国早期工业化——盛宣怀（1844—1916）和官督商办企业》，中国社会科学出版社1990年版。

福州海关编：《近代福州及闽东地区社会经济概况》，华艺出版社1992年版。

莫世祥等编译：《近代拱北海关报告汇编》，澳门基金会1999年版。

广州市地方志编纂委员会办公室、广州海关志编纂委员会编：《近代广州口岸经济社会概况——粤海关报告汇集》，暨南大学出版社 1995 年版。

广州海关方志学会、三水市口岸办公室、三水市方志办公室合编：《近代三水口岸贸易概况》，1994 年。

［美］郝延平著，陈潮、陈任译：《中国近代商业革命》，上海人民出版社 1991 年版。

［美］郝延平著，李荣昌等译：《十九世纪的中国买办——东西间桥梁》，上海社会科学院出版社 1988 年版。

杭州海关译编：《近代浙江通商口岸经济社会概况——浙海关、瓯海关、杭州关贸易报告集成》，浙江人民出版社 2002 年版。

胡雪梅：《近代中国大豆出口贸易述论》，辽宁师范大学硕士学位论文，2003 年。

黄富三、林满红、翁佳音主编：《清末台湾海关历年资料》，台湾“中研院”台湾史研究所筹备处 1997 年版。

江西省社会科学院历史研究所、江西省图书馆选编：《江西近代贸易史资料》，江西人民出版社 1988 年版。

交通部烟台港务管理局编：《近代山东沿海通商口岸贸易统计资料（1859—1949）》，对外贸易教育出版社 1986 年版。

雷慧儿：《东北的豆货贸易（1907—1931）》，台湾师范大学历史研究所专刊（7），1981 年。

李必樟译编：《上海近代贸易经济发展概况（1854—1898 年）——英国驻上海领事贸易报告汇编》，上海社会科学院出版社 1993 年版。

李国祁：《中国现代化的区域研究：闽浙台地区（1860—1916）》，台湾“中研院”近代史研究所专刊（44），1982 年。

李金强、刘义章、麦劲生合编：《近代中国海防——军事与经济》，香港中国近代史学会 1999 年版。

李文治编：《中国近代农业史资料（1840—1911）》，生活·读书·新知三联书店1957年版。

连横：《台湾通史》（下），商务印书馆1996年版。

林满红：《茶、糖、樟脑业与台湾之社会经济变迁（1860—1895）》，联经出版事业股份有限公司1997年版。

林仁川：《福建对外贸易与海关史》，鹭江出版社1991年版。

陆韧：《云南对外交通史》，云南民族出版社1997年版。

刘素芬：《烟台贸易研究（1867—1919）》，台湾商务印书馆1990年版。

［美］马士著，张汇文等译：《中华帝国对外关系史》，上海书店出版社2000年版。

中国第二历史档案馆、海关总署办公厅编：《中国旧海关史料》，京华出版社2001年版。

蒙自县志编纂委员会编：《蒙自县志》，中华书局1995年版。

聂宝璋编：《中国近代航运史资料》（第一辑），上海人民出版社1983年版。

聂宝璋：《中国买办资产阶级的发生》，中国社会科学出版社1979年版。

聂宝璋：《聂宝璋集》，中国社会科学出版社2002年版。

彭泽益：《中国近代手工业史资料（1840—1949）》，中华书局1962年版。

上海社会科学院经济研究所、上海市国际贸易学会学术委员会编：《上海对外贸易（1840—1949）》（上），上海社会科学院出版社1989年版。

［德］施丢克尔著，乔松译：《十九世纪的德国与中国》，生活·读书·新知三联书店1963年版。

苏云峰：《中国现代化的区域研究——湖北省（1860—1916）》，台湾“中研院”近代史研究所专刊（41），1981年。

台湾银行经济研究室编：《台湾经济史六集》，1955年。

汤象龙：《中国近代海关税收和分配统计》，中华书局1992年版。

吴弘明等译编：《津海关年报档案汇编（1865—1911）》（上），天津社会科学院，1993年。

厦门市志编纂委员会、《厦门海关志》编委会编：《近代厦门社会经济概况》，鹭江出版社1990年版。

谢国兴：《中国现代化的区域研究——安徽省（1860—1937）》，台湾“中研院”近代史研究所专刊（64），1991年。

徐雪筠等译编：《上海近代社会经济发展概况（1882—1931）——〈海关十年报告〉译编》，上海社会科学院出版社1985年版。

许涤新、吴承明主编：《中国资本主义发展史》，人民出版社2003年版。

杨群熙辑编点校：《潮汕地区商业活动资料》，潮汕历史文化研究中心、汕头市文化局、汕头市图书馆，2003年。

姚洪卓主编：《近代天津对外贸易（1861—1948年）》，天津社会科学院出版社1993年版。

姚贤镐编：《中国近代对外贸易史资料（1840—1895）》，中华书局1962年版。

余绳武、刘存宽主编：《十九世纪的香港》，中华书局1994年版。

章有义编：《中国近代农业史资料》，生活·读书·新知三联书店1957年版。

中国海关学会汕头海关小组、汕头市地方志编纂委员会办公室合编：《潮海关史料汇编》，1988年。

郑可茵、赵学萍、吴里阳辑编点校：《汕头开埠及开埠前后社情资料》，潮汕历史文化研究中心、汕头市文化局、汕头市图书馆，2003年。

中国人民政治协商会议福建省委员会文史资料研究委员会编：《福建文史资料》（第10辑），1985年。

周石山：《岳州长沙自主开埠与湖南近代经济》，湖南人民出版社2001年版。

周勇、刘景修译编：《近代重庆经济与社会发展》，四川大学出版社

1987 年版。

二、中文论文

陈梅龙等译:《宁波英国领事贸易报告选译》，载《档案与史学》2001 年第 4 期。

范毅军:《汕头贸易与韩江流域手工业的变迁（1867—1931)》，载《“中研院”近代史研究所集刊》1982 年第 11 期。

范毅军:《广东韩梅流域的糖业经济（1861—1931)》，载《“中研院”近代史研究所集刊》1983 年第 12 期。

黄富三:《台湾开港前后怡和洋行对台贸易体制的演变》，载黄富三、翁佳音主编《台湾商业传统论文集》，台湾“中研院”台湾史研究所筹备处 1999 年版。

黄富三:《清季台湾外商的经营问题——以美利士洋行为例》，载中国海洋发展史论文集编辑委员会主编《中国海洋发展史论文集》（第一辑)，台湾“中研院”三民主义研究所 1984 年版。

黎志刚:《近代广东香山商人的商业网路初探》，载汤熙勇主编《中国海洋发展史论文集》（第七辑)，台湾“中研院”中山人文社会科学研究所 1999 年版。

刘素芬:《近代北洋中外航运势力的竞争》，载张彬村、刘石吉主编《中国海洋发展史论文集》（第五辑)，台湾“中研院”中山人文社会科学研究所 1993 年版。

麦劲生:《十八至十九世纪德国商人在中国沿海的活动》，载李金强、刘义章、麦劲生合编《近代中国海防——军事与经济》，香港中国近代史学会 1999 年版。

莫世祥:《近代澳门贸易地位的变迁——拱北海关报告展示的历史轨迹》，载《中国社会科学》1999 年第 6 期。

曲晓范:《近代营口航运经济的建立和发展与东北地区社会经济的早期现代化》，载复旦大学历史地理研究中心主编《港口—腹地和中国现代化进程》，齐鲁书社2005年版。

王良行：《清末对外贸易的关联效果（1860—1911）》，载张炎宪主编《中国海洋发展史论文集》（第六辑），台湾“中研院”中山人文社会科学研究所1997年版。

王怀远：《旧中国时期天津的对外贸易》，载《北国春秋》1960年第1~3期。

吴政宪：《近代台湾“彗星牌”灯油销售通路（1860—1940）》，载台湾师范大学、台湾省文献委员会编《回顾老台湾、展望新故乡——台湾社会文化变迁学术研讨会论文集》，2001年。

朱德兰：《近代长崎华商泰益号与厦门地区商号之间的贸易》，载汤熙勇主编《中国海洋发展史论文集》（第七辑），台湾“中研院”中山人文社会科学研究所1999年版。

张仲礼、沈祖炜：《近代上海市场发育的若干特点》，载《上海社会科学院学术季刊》1994年第2期。

三、外文资料

Wright, Arnold. *Twentieth Century Impressions of Hong Kong: History, People, Commerce, Industries, and Resources.* Singapore: Graham Brash, 1990.

Endacott, George Beer. *An Eastern Entrepot: A Collection of Documents Illustrating the History of Hong Kong.* London: Her Majesty's Stationery Office, 1964.

Noronha & Company. *Historical and Statistical Abstract of the Colony of Hong Kong, 1841 - 1930.* Hong Kong: Noronha & Company, Government Printers, 1932.

The Bedikton Company. *Commercial and Industrial Hong Kong: A Record of 94 Years Progress of the Colony in Commerce, Trade, Industry and Shipping, 1841 -1935*, Hong Kong: Bedikton Co. , 1935.

Shih, Min-shong. "Production and Trade of Silk in the Late Ch'ing Period

（1843－1911）”，载台湾“中研院”经济研究所编《中国近代经济史会议论文集》，台北，1977 年。

Lin, Man-houng. “Economic Ties Between Taiwan and Mainland China, 1860－1895: Strengthening or Weakening?”载郝延平、魏秀梅主编《近世中国之传统与蜕变——刘广京院士七十五岁祝寿论文集》，台湾“中研院”近代史研究所特刊（5），1998 年。

Cheung, Tsui Ping. “The Opium Monopoly in Hong Kong, 1844－1887.” Unpublished Master Paper. Hong Kong University, 1986.

后　记

这本书是在博士论文的基础上修改充实而成的，原稿写得十分粗陋，虽经努力订正，仍离预期目标相差甚远，期待各位读者批评指正。回忆当年初入吴松弟先生门下，开始本书的写作时，本人对于学术研究并无明确概念，以为随便写写就能安稳毕业。岂料从定题到找资料，再到撰写初稿，及至最终完稿、答辩，每一步都备感艰辛。吴老师手把手教给我做学问的方法、为人处世的基本原则，并在我参加工作以后依然持续关心我们这些学生的生活和事业，令人感激涕零。能遇到这样的好老师，是我一生的荣幸！只可叹这些年来我杂事缠身，没有好好读书，有负恩师的期望。风物长宜放眼量，我想再过三五年时间，待我把眼下困扰我的难题再努力解决一部分之后，就可以专心读书了。感谢吴老师的宽容、大度和至善，要是没有这样一种让人备感温暖的力量在背后支撑着我，恐怕我很早就泯灭在无止境的生活琐事当中了，所以我一定要用后半生的勤奋与上进来回报吴老师的知遇之恩。此外，华林甫、郭常英、翁有为、张秀丽、常永胜、樊如森、王哲、王毅、李智君、邓玉娜、姜修宪、唐巧天、庞乃明、张金苹、林嵩等多位师长、学友亦在本书的撰写过程中给予我很多支持和鼓励，在此一并致谢。

眨眼之间，我来天津工作已近十四年。十四年的时间原本可以做很多事情，可是我却荒废了学业，这是让我最最痛心的一段消沉的经历。这段经历使我成熟了很多，也逐渐学会了去坚强地面对生活中的磨难和挫折，顶风扛雨向前走。最后，感谢父母、姐姐和妻子、女儿对我的关爱、督促和支持，感谢几位随我继续求学的研究生对我的体谅和担待。